Die Engel antworten

Diana Cooper

Die Engel antworten

Himmlische Hilfe
für die wichtigsten
Lebensfragen

Aus dem Englischen übersetzt
von Manfred Miethe

Ansata

Die englische Originalausgabe erschien 2007 unter dem Titel
»Angel Answers« im Verlag Hodder & Stoughton Ltd., London.

Umwelthinweis:
Dieses Buch wurde auf
chlor- und säurefreiem Papier gedruckt.

Ansata Verlag
Ansata ist ein Verlag der Verlagsgruppe Random House GmbH

ISBN 978-3-7787-7339-0

1. Auflage 2007

Einbandgestaltung: HildenDesign, München, nach einem Motiv
der Originalausgabe, unter Verwendung der Illustrationen von
© Rüdiger Baun/istockphoto (Frau) und © Photodisc/
Getty Images (Flügel)
Layout/Herstellung: Ursula Maenner
Gesetzt aus der Spectrum MT bei Leingärtner, Nabburg
Druck und Bindung: CPI Moravia, Pohořelice, CZ

*Ich widme dieses Buch voller Liebe meinem Enkel Finn,
der etwas ganz Besonderes ist.*

Inhalt

Einleitung 11
Ihr Schutzengel 14

Spirituelle Fragen 19

Engel 21
Schutzengel 24
Erzengel 29
Geistführer und -helfer 34
Dunkle Engel 38
Atlantis 41
Die Kristallschädel 48
2012 52
Energie 63
Karma 74
Finanzielles Karma 86
Kollektives Karma 93
Begleichung von Karma 96
Die Lebensaufgabe 107
Natur 114
Religion und Spiritualität 120
Geist und Seele 130

Astralreisen 136
Erdung 143
Der Weltraum 150
Spirituelle Themen 153
Auras und Chakras 153
Erleuchtung und Aszendenz 159
Meister und Gurus 160
Allgemeine Themen 162
Einhörner 168

Soziale Fragen 179

Alkohol, Drogen und Süchte 181
Kinder 189
Von der Empfängnis bis zur Geburt 189
Jugend 201
Indigo-, Kristall- und Regenbogenkinder 210
Sterben und Tod 213
Koma 213
Der Sterbeprozess 216
Babys und Kinder 220
Zeit zum Sterben 223
Mord, Sterbehilfe, Selbstmord 231
Auf dem Weg ins Licht 240
Begräbnisse 246
Familie 250
Elternschaft 250
Adoption 255
Gesundheit 260
Schul- und Naturmedizin 267

Krebs und Alzheimer 270
Genmanipulierte Nahrungsmittel 276
Die Ehe 282
Umweltverschmutzung 289
Beziehungen 297
Adel und Königtum 310
Sexualität 315
Gesellschaft 328
Die Seelenalter 346
Regierungen 354
Krieg, Gewalt und Terrorismus 363

Allgemeine Fragen 373

Wohlstand 375
Tiere 384
Mitschöpfung 401
Katastrophen 409
Naturkatastrophen 413
Träume 423
Traumbotschaften 432
Hellsichtige Träume 441
Metaphern und Symbole in Träumen 447
Wiederkehrende Träume 449
Spirituelle Träume 456

Schlusswort 460
Verzeichnis der Übungen, Visualisierungen
und Gebete 461

Einleitung

Im Alter von 42 Jahren erschien mir in einem Moment tiefster Verzweiflung, in die ich angesichts meiner bevorstehenden Scheidung gestürzt war, ein Engel. Das strahlende, etwa 1,80 Meter große Wesen gewährte mir einen Blick in die Zukunft. Ich sah mich auf einem Podest stehend in einem Saal voller Menschen, denen ich einen Vortrag über Spiritualität hielt. All diese Menschen hatten regenbogenfarbene Auras und der Engel erklärte mir, dass das darauf hindeutete, dass sie spirituell sehr offen und weit entwickelt waren.

Durch diesen kostbaren Moment der Erleuchtung kehrten Hoffnung und Sinn in mein Leben zurück. Ich hatte bisher nichts über Engel gewusst und nicht einmal bewusst an sie gedacht. Auch Religion und Spiritualität waren mir bis dahin fremd. Ich behielt dieses Erlebnis eine Zeit lang für mich, aber als ich mich schließlich getraute, anderen Menschen davon zu erzählen, hörte ich Sätze wie: »Warum ausgerechnet du? Ist das vielleicht gerecht? Du warst nicht einmal spirituell!« In einer Meditation wurde mir gesagt, dass jeder Mensch im Lauf seines Lebens mit einer Vision gesegnet wird, dass aber die meisten Menschen diese als Produkt ihrer Einbildung abtun. Ich

aber glaubte meiner Vision und machte sie zu meiner Wirklichkeit.
Es dauerte allerdings noch zehn Jahre, bis ich anfing, mit den Engeln zu arbeiten. Und das nur, weil sie mir auftrugen, den Menschen von ihnen zu erzählen. Zuerst wies ich ihr Ansinnen entsetzt zurück. Sicher würden mich alle für eine Spinnerin halten. Aber sie bestanden darauf. Ich erinnere mich noch gut, dass ich im Morgenmantel die Treppe herunterkam und meiner Tochter erzählte, dass ich den Menschen in Zukunft von den Engeln erzählen würde. Einen Moment lang sahen wir uns völlig entsetzt an. Aber diese Entscheidung veränderte mein ganzes Leben. Seither kommuniziere ich mit den Engeln und reise um die ganze Welt, um ihr Licht zu verbreiten. Auf ihre ausdrückliche Anweisung hin schrieb ich *A Little Light on Angels*[1] und *Angel Inspiration*[2].
Einige Jahre später baten mich die Engel, Informationen über Atlantis zu veröffentlichen. Alles fing mit einem Traum an, in dem mir der erste Teil eines spirituellen Romans offenbart wurde, in dem ein junger Mann namens Marcus von einem tibetischen Mönch eine atlantische Schriftrolle mit dem Auftrag erhält, diese zu übersetzen und zu veröffentlichen. Wie hätte ich dieser Verlockung widerstehen können? Das führte dazu, dass ich mich intensiv mit dem Thema auseinandersetzte und schließlich

---

1 Deutsch: *Der Engel-Ratgeber. In jeder Lebenslage Schutz, Beistand und Trost durch die himmlischen Wesen finden.* Ansata, München 2003

2 Deutsch: *Die Engel, deine Freunde. Vom Wirken himmlischer Mächte im Alltag.* Ansata, München 2003

mit *The Silent Stones*[3], *The Codes of Power* und *The Web of Light* eine Romantrilogie schrieb, in der ich spirituelle Informationen über Atlantis veröffentlichte.

Dann teilten mir die Engel von Atlantis – Wesen mit einer besonders hohen Schwingung, die die Weisheit und das Wissen der alten Atlanter hüten – mit, dass sie zurückkehren würden, um der Menschheit zu helfen. Sie baten mich, über die goldene Zeit von Atlantis zu schreiben. Die Atlanter besaßen Talente und Kräfte, die weit über unsere gegenwärtige Vorstellungskraft hinausgehen. Es war eine gewaltige Aufgabe, aber sie arbeiteten eng mit mir und meiner Freundin Shaaron Hutton, einem unglaublichen Medium, zusammen, und gemeinsam schrieben wir *Discover Atlantis*[4].

Danach genoss ich ein Jahr lang eine wohlverdiente Schreibpause. Aber wo immer ich auch hinkam, fragten mich die Menschen nicht nur nach Engeln, sondern auch nach der geistigen Welt und der verwirrenden Realität, die wir Menschen uns erschaffen haben. Es scheint mir, als ob alle irgendwie erwachen und anfangen, Fragen zu stellen. In diesem Buch beantworten die Engel einige der am häufigsten gestellten Fragen wie »Warum lässt Gott zu, dass sich Erdbeben ereignen?« – »Wo waren die Engel, als mein Kind starb?« – »Wenn es wirklich einen Gott gibt, wie kann er dann all diese furchtbaren Dinge geschehen

---

3 Deutsch: *Das Schweigen der Steine*. Heyne, München 2007

4 Deutsch: *Entdecke Atlantis. Das Unwissen der Menschheit verstehen und heute nutzen.* Ansata, München 2006

lassen?« – »Wodurch wurde der 11. September 2001 verursacht?« – »Wo lag Atlantis und warum ging es unter?«
Ich hoffe sehr, dass dieses Buch Ihnen ein Gefühl des Friedens und der Klarheit schenken wird und dass Sie die göttliche Ordnung der Dinge besser verstehen lernen.

Ihr Schutzengel

Da jeder Mensch einen persönlichen Schutzengel hat, haben auch Sie einen, der dazu bestimmt ist, Ihnen zu helfen. Auch wenn Sie sich dessen nicht bewusst sind, so können Sie seine Präsenz doch spüren. Obwohl sich viele Engel in Ihrer Nähe befinden, die Ihre Fragen beantworten können, ist es doch einfacher, sich mit Fragen direkt an Ihren Schutzengel zu wenden.
Sie können Ihrem Engel sowohl Fragen über persönliche als auch über kosmische Dinge stellen. Im Folgenden stelle ich Ihnen eine Methode vor, die Sie einmal ausprobieren können. Wenn das Gefühl, das Sie dabei bekommen, nicht liebevoll und friedvoll ist, handelt es sich nicht um einen Engel des Lichts, denn ein Engel des Lichts wird Ihnen immer ein Gefühl des Friedens vermitteln und Ihnen liebevoll antworten. Stellen Sie sich in einem solchen Fall einfach vor, dass Sie von einem blauen Schutzmantel bedeckt sind und öffnen Sie die Augen.

Visualisierungsübung, um Kontakt zu Ihrem Schutzengel aufzunehmen

- Setzen Sie sich an einem ruhigen Ort bequem hin und sorgen Sie dafür, dass Sie eine Zeit lang nicht gestört werden.
- Zünden Sie eine Kerze an und weihen Sie sie Ihrem Schutzengel.
- Atmen Sie ruhig und gleichmäßig. Konzentrieren Sie sich bei der Einatmung auf Liebe und bei der Ausatmung auf Frieden.
- Wenn Sie entspannt genug sind, atmen Sie Liebe ein und goldfarbenes Licht aus, bis Sie ganz von einem goldenen Kokon umhüllt sind.
- Stellen Sie sich vor oder spüren Sie, dass Ihr Schutzengel direkt vor Ihnen steht. Vielleicht spüren Sie eine leichte Berührung oder riechen einen bestimmten Duft, vielleicht nehmen Sie aber auch gar nichts wahr.
- Formulieren Sie die Frage an den Engel so präzise wie möglich.
- Bleiben Sie einige Minuten lang still sitzen und konzentrieren Sie sich auf die Entspannung Ihres Körpers.
- Es mag sein, dass Sie während dieser Zeit eine Antwort erhalten, es kann aber auch sein, dass Sie warten müssen und dass Sie die Antwort spä-

ter erhalten, wenn Sie am wenigsten damit rechnen.

- Da Sie sich während dieser Übung geöffnet haben, stellen Sie sich vor, dass Sie Ihre Aura wie einen Mantel eng um sich ziehen und ein Schutzsymbol wie ein Kreuz oder das Ankh-Zeichen vor sich, hinter sich, unter sich, über sich und an den Seiten platzieren. Zusätzlich können Sie sich noch eine Sphäre goldenen Lichts um sich herum vorstellen.
- Öffnen Sie nun wieder die Augen.
- Haben Sie Geduld. Wiederholen Sie diese Übung täglich, bis Sie eine Antwort erhalten haben.

Wenn Sie sich daran gewöhnt haben, mit Ihrem Engel zu kommunizieren, können Sie Ihre Fragen immer stellen, wenn Sie einen Moment lang ungestört sind, zum Beispiel wenn Sie einen Spaziergang machen, im Café sitzen oder im Garten arbeiten. Denken Sie aber bitte immer daran, dass Ihr Verstand lange genug still sein muss, um die Antwort hören zu können. Sie können auch vor dem Einschlafen eine Frage stellen, die Antwort wird dann in einem Traum oder einer plötzlichen Erkenntnis in den nächsten Tagen kommen.

Die Antworten werden nicht unbedingt in der Form kommen, die Sie erwarten. Sie mögen eine plötzliche Eingebung oder einen Geistesblitz haben, aber wahrscheinlicher ist es, dass ein Freund plötzlich etwas zu Ihnen sagt, das die Antwort enthält. Sie können die Antwort aber auch im Radio hören oder in einem Buch lesen. Die Engel werden immer einen Weg finden, Ihnen zu antworten. Ihre Aufgabe ist es lediglich, aufmerksam zu sein und zuzuhören.

Der Kontakt zu den Engeln hat mein ganzes Leben verändert. Er kann auch Ihr Leben verändern. Da ich ein sehr neugieriger Mensch bin, habe ich den Engeln im Lauf der Jahre unzählige Fragen gestellt. Und ich habe bisher noch auf jede Frage eine Antwort erhalten. Es kommt aber vor, dass ich noch nicht bereit bin, die Antwort zu verstehen.

Im Folgenden teile ich die Antworten, die ich auf die Rätsel des Lebens erhalten habe, mit Ihnen. Ich hoffe, sie sind Ihnen eine Hilfe und Inspiration und spenden Ihnen Trost.

Bedenken Sie bitte, dass es für jedes Problem auf einer höheren Ebene eine Lösung gibt und dass die Engel Ihnen helfen können, sie zu finden. Sie müssen sie nur um Hilfe bitten.

Spirituelle Fragen

Engel

Was sind Engel?
Engel sind hohe geistige Wesen, die dem Herzen Gottes entstammen und seinen Willen erfüllen. Sie leben im siebten Himmel – einem anderen Wort für die siebte Dimension. Ihre Schwingung ist so leicht und so hoch, dass sie normalerweise für Menschen nicht sichtbar sind.

Haben die Engel einen freien Willen?
Engel des Lichts besitzen keinen freien Willen, sie müssen den Willen Gottes erfüllen, immer im Interesse des Höchsten handeln und Liebe und Licht verbreiten.

Sind sie männlich oder weiblich?
Engel sind androgyn, sie haben kein Geschlecht.

Was ist ihr Daseinszweck?
Ihr Daseinszweck besteht darin, der Quelle der Existenz zu dienen. Schutzengel fungieren als Botschafter und Mittler zwischen den Welten der Menschen und Gott. Höhere Engel haben ein unendliches Spektrum an Aufgaben zu erfüllen.

Warum wird gerade jetzt so viel über Engel gesprochen?
Da sich die Schwingung des Planeten Erde erhöht, spüren mehr und mehr Menschen ihre Präsenz. Wenn auch meistens noch unbewusst, so fangen doch viele Menschen an, sich Fragen in Bezug auf Engel zu stellen. Zudem nehmen immer mehr Menschen tatsächlich Kontakt zu den Reichen der Engel auf und haben Teil an der Weisheit der Engel.

Sind zurzeit mehr Engel auf der Erde als sonst und falls ja, warum?
Zurzeit befinden sich mehr Engel auf Erden als jemals zuvor. Ein Grund liegt darin, dass sich mehr Seelen inkarniert haben und dass jeder Mensch einen Schutzengel hat. Der zweite Grund besteht darin, dass sich die Schwingung unseres Planeten auf göttliche Weisung hin um zwei Dimensionen erhöht, was eine gewaltige Veränderung darstellt. Um dabei zu helfen, wurden Millionen zusätzliche Engel auf die Erde geschickt. Sie helfen, die Lichtarbeiter zusammenzubringen, die Pläne zum Wohle des Planeten zu koordinieren, jene zu trösten, die geliebte Menschen verlieren, und denen zur Seite zu stehen, die durch die erhöhte Schwingung aus dem Gleichgewicht gebracht werden. Kurz, sie verbreiten das Licht wo immer sie können.

Wenn Engel tatsächlich Wesen der Liebe sind, warum retten sie die Menschen dann nicht vor Tod, Leid und Schmerz?
Ihr höheres Selbst hat im Interesse Ihres Wachstums bestimmte Entscheidungen getroffen, dank derer Sie bestimmte Erfahrungen machen. Wenn diese Weckrufe beispielsweise Unfälle beinhalten, um Sie auf einen anderen Weg zu bringen oder Sie Geduld zu lehren, dann darf sich kein Engel des Lichts einmischen. Wenn Ihre Seele beschlossen hat, Ihren Körper zu einem bestimmten Zeitpunkt sterben zu lassen, darf Ihr Schutzengel dies nicht verhindern.
Alles ist göttlich und daher vollkommen, auch der Tod, der nichts weiter als das Tor zu Freiheit, Liebe und Licht ist.

Befinden sich tatsächlich Engel in den Engelwolken?
Wenn ein Engel am Himmel eine Weile innehält und die atmosphärischen Bedingungen günstig sind, können sich um den Engel herum Niederschläge bilden und eine Wolke in Engelform bilden. Der Engel mag sich inzwischen weiterbewegt haben, aber Sie können sicher sein, dass er da gewesen ist.

An einem herrlichen Sommertag ging ich mit einer Freundin am Strand spazieren. Als wir zum Himmel aufschauten, sahen wir Tausende perfekter Engelwolken über uns. Der blaue Himmel erinnerte uns an das Deckengewölbe einer Kathedrale, auf das unzählige Reihen weißer geflügelter Wesen gemalt waren. Die Wolken hielten sich etwa eine halbe Stunde lang, bevor sie sich auflösten.

Ich habe schon viele schöne Engelwolken gesehen, aber dieser Anblick war unbeschreiblich.

Sind die Wolkenstreifen, die ich manchmal sehe, Engelpfade?
In der Tat entstehen sie, wenn eine Engelsschar vorbeigezogen ist und eine Spur aus Dampf hinterlässt, die an einen Pfad oder eine Treppe erinnert.

Margaret hat mir einmal erzählt: »Ich habe schon häufig Engel gesehen, aber an diesem Tag sah ich am Himmel eine große Schar Engel vorbeiziehen. Sie bewegten sich sehr schnell, als ob sie eine Mission zu erfüllen hätten. Nachdem sie verschwunden waren, bildete sich eine Wolkenspur genau an der Stelle, an der sie vorbeigezogen waren.«

Schutzengel

Wann nimmt ein Schutzengel Kontakt zu einem Neugeborenen auf?
Der Schutzengel ist bei der Geburt anwesend und nimmt sofort nach der Geburt Kontakt auf. Meistens hat er bereits während der gesamten Schwangerschaft über seinen Schützling gewacht.

Bleibt der Schutzengel das ganze Leben über bei einem?
Ja.

Begleitet einen der Schutzengel durch alle Leben?
Für jedes Leben wird Ihnen ein Schutzengel zugeteilt, je nach dem Grad Ihrer spirituellen Reife. Da sich auch Ihr Engel mit Ihnen entwickelt, kann es durchaus vorkommen, dass dasselbe Wesen in mehreren aufeinanderfolgenden Leben bei Ihnen ist.

Was tun Schutzengel eigentlich?
Sie sind im Besitz des göttlichen Planes für Ihr Leben, in dem Ihr höchstes Potenzial verzeichnet ist, und erinnern Sie ständig daran. Sie trösten Sie, wenn Sie traurig sind, sie singen, wenn Sie Aufmunterung brauchen, sie sorgen dafür, dass Sie die richtigen Menschen zur richtigen Zeit treffen und Sie retten sie, wenn Ihre Zeit noch nicht abgelaufen ist. Sie tragen Ihre Gebete zu Gott und fungieren als Mittler zwischen Gott und Ihnen, wenn dies nötig sein sollte.

Muss ich sie um Hilfe bitten?
Ja, auf jeden Fall. Weil Sie einen freien Willen besitzen, kann Ihnen Ihr Schutzengel nicht helfen, wenn Sie ihn nicht darum bitten. Sie können Ihnen etwas zuflüstern und hoffen, dass Sie ihren Rat befolgen, aber ohne Ihre ausdrückliche Zustimmung dürfen sie nicht eingreifen.

Sollte ich mich bei ihnen bedanken?
Natürlich. Wie auf der Erde, so auch im Himmel. Engel schätzen es sehr, wenn man sie schätzt. Da unterscheiden sie sich nicht von Ihnen. Wenn Sie Ihnen von Herzen danken, öffnen sich die Tore des Überflusses. Wenn Sie spü-

ren, dass sie Ihnen geholfen haben, danken Sie ihnen. Es ist noch effektiver, ihnen schon bei der Fragestellung für die Antwort zu danken, weil das zeigt, dass Sie daran glauben, dass sie Ihnen helfen werden.

Wie kann einem der Schutzengel helfen?

Ihr Schutzengel mag Ihnen im Traum begegnen und Ihnen Ratschläge erteilen, weil es im Traum für Sie möglicherweise einfacher ist diese anzunehmen als im Wachzustand. Sie werden sich wahrscheinlich nicht an diese Begegnungen erinnern, aber Sie werden die Botschaften aufgenommen haben. Wenn Sie offen und bereit sind, kann der Engel Sie auch geistig heilen oder Sie zu dem für Sie passenden Heiler dirigieren. Er kann auch den Schutzengeln anderer Menschen Ihre Botschaften übermitteln, um so eine Beziehung oder eine Situation zu verbessern. Ihr Engel hüllt Sie ständig in seine Liebe ein und tröstet Sie. Er kann Sie vor Gefahren beschützen und Sie vor einem frühzeitigen Ende bewahren, wenn Ihre Zeit noch nicht gekommen ist.

Ist es wichtig, dass ich den Engeln sage, was nicht in Ordnung ist?

Nein. Wenn Sie sich auf das konzentrieren, was nicht in Ordnung ist, können Ihnen die Engel nicht helfen, weil Sie an das denken, was Sie nicht wollen. Das aber interpretiert das Universum immer als Wunsch. Es ist hilfreich, sich auf das gewünschte Ergebnis zu konzentrieren und dieses den Engeln mitzuteilen. Fügen Sie immer hinzu, dass Sie dieses zum Wohle aller Wesen erreichen möchten. Dieser Zusatz erlaubt den Engeln Ihren Wunsch zu ignorieren, wenn es noch etwas Besseres für Sie geben sollte.

Kann mir mein Schutzengel die Liebe bringen?
Wenn Sie darum bitten und wenn Sie – was noch wichtiger ist – dafür bereit sind, wird Ihr Schutzengel dafür sorgen, dass Sie der Liebe Ihres Lebens begegnen.

Kann mein Schutzengel mein Leben retten?
Ja. Viele Menschen sind durch das Eingreifen Ihres Schutzengels gerettet worden. Engel des Lichts können auch bestimmte Ereignisse so arrangieren, dass ein Arzt im Moment einer lebensgefährlichen Krise »zufällig« zur Stelle ist, dass ein Passant »zufällig« einen Erste-Hilfe-Koffer dabei hat oder dass Sie bei einem Aufprall zwar durch die Luft geschleudert werden, aber weich landen. Engel können Ihr Leben auf vielfältige Weise retten.

Molly erzählte mir: »Ich fuhr mit dem Fahrrad, als ein Auto mit hoher Geschwindigkeit um eine Kurve gerast kam und mich vom Rad warf. Der Aufprall schleuderte mich hoch in die Luft, aber plötzlich merkte ich, dass ich wie in Zeitlupe schwebte. Ich landete so weich, dass ich nicht einmal eine Schramme davontrug. Ich war völlig unverletzt. Keiner der Zuschauer konnte glauben, was er gesehen hatte. Ich bin überzeugt, dass mich mein Schutzengel gerettet hat.«

Was, wenn ich nicht auf meinen Schutzengel höre?
Wenn Sie nicht auf ihn hören, verpassen Sie eine günstige Gelegenheit oder kommen ganz vom Kurs ab. Wenn Sie

innerlich zur Ruhe kommen, kann Ihr Schutzengel Ihnen bestimmte Dinge einflüstern. Ihnen erscheint das denn wie ein plötzlicher Einfall oder ein Gedankenblitz. Deshalb sollten Sie sich Zeit zur Meditation nehmen und genügend ruhen, damit Sie die Ratschläge der Engel hören können.

Werden Schutzengel manchmal böse auf ihre Schützlinge?
Schutzengel sind unendlich geduldig und strahlen nichts als Liebe aus. Zorn ist ein rein menschliches Gefühl.

Hat jeder Mensch nur einen Schutzengel?
Ja, jeder Mensch hat nur einen, obwohl Ihnen manchmal auch andere Engel zu Hilfe kommen. Außerdem haben Sie Geistführer und -helfer.

Sind wir auch von anderen Engeln umgeben?
Wenn Sie anfangen mit Engeln zu arbeiten, kann es vorkommen, dass sich mehr als einer angesprochen fühlt. Wenn Sie dann die Engel zu jemandem schicken, der Hilfe braucht, werden Sie zur einer Lichtbrücke, durch die die Engel in das Energiefeld der anderen Person eintreten können. Manche Menschen sind von Hunderten von Engeln umgeben.

Woher stammen die Engel?
Sie entstammen dem Herzen Gottes.

Sind Engel früher einmal Menschen gewesen?
Engel sind reiner Geist und haben keine körperlichen Inkarnationen hinter sich. Die einzigen Mitglieder der Engelhierarchie, die ihre Arbeit in einem Körper verrichten, sind einige Delphine. Einige wenige unbeschreiblich hoch entwickelte Wesen wie die Jungfrau Maria gehören dem Reich der Engel ebenso an wie dem der Menschen.

Erzengel

Was sind Erzengel?
Erzengel sind Engel mit einer extrem hohen Schwingung, die die Schutzengel beaufsichtigen. Es gibt Tausende von Erzenegeln, aber bis vor Kurzem haben nur sehr wenige mit der Menschheit gearbeitet. Heute gibt es allerdings Hunderte, die direkt mit jenen Individuen und Gruppen arbeiten, die in der Lage sind, ihr Licht zu kanalisieren und es zu verbreiten.

Was tun Erzengel?
Die Erzengel leiten die Schutzengel an. Sie beschäftigen sich auch mit größeren Projekten, um der Erde zu helfen. Sie übermitteln den Engelfürsten und den Mächtigen, die Wesen einer noch höheren Schwingung sind, Ideen und Informationen. Bestimmte Erzengel wie Michael oder Gabriel haben ganz bestimmte Aufgaben übernommen, um der Menschheit zu helfen.

Wer ist Erzengel Michael?

Der Erzengel Michael wird oft mit einem Schild und dem Schwert der Wahrheit dargestellt. Seine Energie wird Sie beschützen, Ihnen Mut verleihen und Sie von Ihrem niederen Selbst erlösen. Er hüllt Sie in seinen dunkelblauen Schutzmantel, um Sie vor schädlichen Energien zu schützen, oder durchtrennt die Bande, die Sie zurückhalten. Denken Sie bitte daran, dass Sie ihn um Hilfe bitten müssen. Sein Name bedeutet: »Der, der wie Gott ist.«

Wer ist Erzengel Gabriel?

Erzengel Gabriel wird inmitten eines weißen Lichtstrahls dargestellt, weil er Situationen bereinigt und Ihnen hilft, Klarheit zu erlangen. Seine Energie hilft Ihnen, negative Gefühle und niedere Gedanken umzuwandeln. Sein Name bedeutet: »Gott ist meine Stärke.«

Wer ist Erzengel Uriel?

Erzengel Uriel wird oft mit einem roten Umhang dargestellt, der das Gold der Weisheit und das Purpur des Herrschens vereint. Er bringt Ihnen Weisheit und hilft Ihnen, Ihre Ängste loszulassen. Uriel herrscht über die Friedensengel, die verstörte Menschen und verstörende Situationen behüten. Sein Name bedeutet: »Das Feuer Gottes.«

Wer ist Erzengel Raphael?

Raphael ist der Erzengel des Heilens. Sie können ihn während der Meditation oder vor dem Einschlafen um Hilfe bitten und er wird Ihnen auf jede erdenkliche Weise helfen – allerdings nur, wenn diese Hilfe unter den Gesetzen des Karma erlaubt ist. Er wird Ihnen helfen, das dritte Auge zu öffnen, wodurch sich sowohl Ihre Hellsichtigkeit entwickeln wird als auch Ihre Fähigkeit, Ihren eigenen Verstand und den anderer Menschen zur Ruhe zu bringen. Da Raphael auch der Engel des Überflusses ist, kann er Ihnen die Tür zu Wohlstand, Glück, Liebe und allem, was sich Ihr Herz wünscht, öffnen. Er beschützt Sie auf Reisen. Sein Name bedeutet: »Gott hat geheilt.«

Wer sind die Engel von Atlantis?
Die Menschen von Atlantis lebten vor langer Zeit in einem Zeitalter hoher geistiger Entwicklung und waren viel weiter als die Menschen heute. Jeder Atlanter hatte einen Schutzengel, der dieselbe hohe Schwingungsfrequenz hatte wie ein Erzengel heute. Da sich die Schwingung des Planeten gegenwärtig erhöht und eine Zeit anbrechen wird, in der der Himmel wieder auf die Erde zurückkehrt, kehren auch die Engel von Atlantis wieder. Sie suchen sich Menschen, mit denen sie arbeiten können, um die Weisheit des alten Atlantis auferstehen zu lassen. Wenn Sie das Gefühl haben, dazu berufen zu sein, meditieren Sie und bieten Sie ihnen Ihre Mithilfe an. Sie werden wissen, ob Ihr Angebot angenommen wurde, wenn Sie sich plötzlich in Situationen befinden, in denen Sie über geistige Dinge reden können oder das Licht auf andere Weise verbreiten.

Meditation, um dem Engel von Atlantis zu begegnen

- Sitzen Sie bequem an einem Ort, an dem Sie ungestört sind.
- Atmen Sie gleichmäßig ein und aus, bis Sie vollkommen entspannt sind.
- Stellen Sie sich ein stilles blaues Meer vor.
- Ein Delphin nähert sich Ihnen und berührt Sie spielerisch.
- Wenn Sie Ihre Hand ausstrecken und ihn berühren, strömt ein weißblaues Licht in Ihr Herz.
- Sie lächeln und erglühen von innen heraus. Der Delphin verschwindet und ein strahlendweißer Engel erscheint.
- Danken Sie dem Engel von Atlantis für sein Kommen.
- Fragen Sie ihn, ob Sie mit und für ihn arbeiten dürfen.
- Bleiben Sie still sitzen, damit der Engel seine Botschaft übermitteln kann.

Sie müssen diesen Vorgang möglicherweise mehrere Male wiederholen, bis Sie eine Verbindung spüren.

Wer sind die Engel über den Erzengeln?

Die Engelfürsten schwingen mit einer höheren Frequenz als die Erzengel. Sie herrschen über Städte, Großkonzerne, Regierungsgebäude, Universitäten, Krankenhäuser, Länder und große Projekte. Wie alle anderen Engel können auch sie nichts gegen den freien Willen der Menschen tun und können nur helfen, wenn sie darum gebeten werden. Wenn Sie also Ihrer Gemeinde oder Ihrem Land helfen möchten, sollten Sie sich den perfekten Zustand vorstellen, den Sie haben möchten. Natürlich ist in den Augen Gottes die göttliche Ordnung bereits perfekt. Die Engelfürsten können die Energie Ihrer Vorstellungskraft benutzen, um eine negative Situation im Interesse aller zu verbessern.

Wer sind die Herren des Karma?

Dies sind besonders hoch entwickelte Engel – auch einfach »die Mächtigen« genannt –, die eine höhere Schwingungsfrequenz als die Engelfürsten haben und über das Karma von Individuen, Familien, Ländern und der ganzen Welt herrschen. Sie beaufsichtigen die Akascha-Chronik, in der die Taten aller Menschen registriert werden.

Wer sind die Engel von Geburt und Tod?

Diese gehören auch zu den »Mächtigen«. Sie sorgen dafür, dass Babys zur richtigen Zeit und unter den richtigen Umständen geboren werden, um ihr Karma zu erfüllen. Das steht natürlich manchmal im Widerspruch zu menschlichen Interessen. Zudem wachen sie über den Sterbeprozess, um sicherzustellen, dass der Geist des Sterbenden den Körper im richtigen Moment verlässt, um so ein optimales Seelenwachstum sicherzustellen.

Wer sind die höheren Engel?

Die *Tugenden* konzentrieren sich zurzeit stark auf die Erde und schicken Lichtstrahlen in die Köpfe und Herzen der Menschen, um Bewusstseinsveränderungen einzuleiten.

Die *Gewalten* sind die Engel der Barmherzigkeit, denn sie verbreiten Liebe und Mitgefühl. Sie helfen der Menschheit, sich in eine geistige Richtung zu entwickeln.

Die *Throne* empfangen ihre Weisheit direkt von der Quelle des Seins und übermitteln sie auf eine Weise, die die Menschheit verstehen kann. Sie kümmern sich um die Planeten. Gaia, die über den Planeten Erde herrscht, ist ein solcher Thron.

Die *Cherubim* werden auch Engel der Weisheit genannt. Sie sind die Hüter der Sterne und des Himmels.

Die *Seraphim* umgeben die Gottheit und singen ihr Loblied auf den Schöpfer. Dadurch erhalten sie die Schwingung der Schöpfung aufrecht. Durch die Macht ihrer Liebe senden sie die Energie der Quelle in die Universen.

Geistführer und -helfer

Was sind Geistführer?

Geistführer sind Wesen, die im Allgemeinen schon einmal verkörpert waren. Nach ihrem Tod haben sie in der inneren Dimension gelernt, den Lebenden vom Reich des

Geistes aus zu helfen und sie anzuleiten. Einige der Älteren sind sehr hoch entwickelt. Es gibt auch einige sehr spezielle Geistführer, die niemals auf der Erde gelebt haben, aber zu einem ganz bestimmten Zweck mit ihren Schützlingen Kontakt aufnehmen.

Was ist der Unterschied zwischen einem Geistführer und einem Engel?

Engel sind rein geistige Wesen, die niemals einen materiellen Körper hatten und auch keinen freien Willen besitzen. Ihr Wille ist der Wille Gottes. Ihr Schutzengel wird Ihnen bei der Geburt zugeteilt, bleibt während des ganzen Lebens bei Ihnen und entwickelt sich mit Ihnen.

Geistführer haben normalerweise ein menschliches Leben geführt und verstehen daher die Begrenzungen und Versuchungen, die der freie Wille mit sich bringt. Sie bleiben nicht unbedingt ein Leben lang bei Ihnen, da sie sich vom Licht angezogen fühlen, das Sie zu bestimmten Zeiten ausstrahlen. Sie mögen eine bestimmte Zeit mit Ihnen arbeiten und sich dann wieder anderen Aufgaben zuwenden. Es kann auch sein, dass Sie mehrere Geistführer zur selben Zeit haben, die Sie in verschiedenen Bereichen beraten. So ist es zum Beispiel möglich, dass Sie verschiedene Geistführer haben, von denen einer ein Heiler, ein zweiter eine Nonne, ein dritter ein weiser Lehrer ist und ein vierter, der Sie in finanziellen Dingen berät. Es mag noch einer hinzukommen, der Ihnen Mut macht und Ihnen Kraft für bestimmte Projekte gibt. Sie alle nehmen mit Ihnen Kontakt auf, wenn Sie ihr Wissen brauchen.

Da sich Geistführer weiterentwickeln, indem sie dienen, hängt ihr geistiges Wachstum nicht von Ihrem ab.

Ich spüre oft meine Großmutter in meiner Nähe. Ist sie meine Führerin?

Das ist zwar möglich, aber nicht sehr wahrscheinlich, da Geistführer besonders auf ihre Rolle vorbereitet wurden. Wahrscheinlich ist Ihre Großmutter nur eine Helferin, denn viele Verwandte bleiben nach ihrem Tod in der Nähe ihrer Liebsten, um ihnen von der anderen Seite aus beizustehen. Es gibt viele Helfer, die dem Menschen von der geistigen Welt aus zur Seite stehen.

Wenn ich von meiner verstorbenen Großmutter spreche, flackert oft das Licht. Ist das nur Einbildung?

Auch wenn ein geliebter Mensch gestorben ist, so fühlt er sich Ihnen doch weiterhin verbunden. Ohne die Illusion der Getrenntheit spürt er die Verbundenheit sogar noch stärker. Er versucht manchmal Ihre Aufmerksamkeit zu erregen. Das Flackern des Lichts kann also durchaus ein Versuch der Kontaktaufnahme sein. Auch das An- und Ausschalten von elektrischen Geräten, Klopfen an der Tür oder wehende Vorhänge sind beliebte Mittel, um Aufmerksamkeit zu erregen.

Jill erzählte mir folgende Geschichte: »Nach dem Tod meines Mannes fühlte ich mich hundeelend. Am ersten Jahrestag seines Todes war ich in der Küche, als plötzlich das Radio anging und unser Lieblingslied spielte. Ich wusste, dass er zurückgekommen war, um mich aufzumuntern. Ich war so glücklich.«

Mein Onkel war ein leidenschaftlicher Pferdenarr und wettete auf jedes Pferderennen. Obwohl er vor zwei Jahren starb, spüre ich ihn oft in meiner Nähe, wenn ich an einem Wettbüro vorbeikomme. Ich bin mir sicher, dass er mir einmal den Namen eines Pferdes zugeflüstert hat. Ich war versucht, Geld auf das Pferd zu setzen, tat es aber glücklicherweise nicht, denn es verlor. Bilde ich mir das alles nur ein?

Wenn die Seele Ihres Onkels noch auf Erden weilt und an seine alte Umgebung gebunden ist, spüren Sie sicherlich seine Gegenwart, wenn Sie sich dort aufhalten. Durch Sie spürt er wahrscheinlich immer noch die Leidenschaft des Wettfiebers. Es kann aber auch sein, dass er Sie einfach in einer ihm vertrauten Umgebung aufsucht, weil er Sie liebt. In Bezug auf Wetten gebe ich Ihnen einen Rat: Wenn Sie im Leben nicht auf ihn gehört haben, sollten Sie jetzt nicht damit anfangen.

Hat jeder Mensch einen Geistführer?

Die meisten Menschen haben mindestens einen. Bedenken Sie aber bitte, dass nicht alle Geistführer gleich hoch entwickelt sind.

Was tun Geistführer?

Sie helfen den Engeln. Außerdem sorgen sie dafür, dass Sie zur richtigen Zeit am richtigen Ort sind, damit bestimmte Dinge geschehen können. Sie geben Ihnen Ratschläge oder helfen Ihnen zum Beispiel beim Schreiben eines Buches oder bei einem anderen kreativen Vorhaben. Sie schicken Ihnen Energie und übermitteln Ihnen Informationen und Wissen.

Wer sind die aufgestiegenen Meister?
Darunter versteht man Wesen, die ihre irdischen Lektionen gelernt und gemeistert haben und auf eine höhere Schwingungsebene aufgestiegen sind. Sie arbeiten mit den Erzengeln, um entwickelte Seelen in ihrer jetzigen Inkarnation zu unterstützen. Die am weitesten entwickelten unter ihnen nennt man die Erleuchteten.

Wer ist Kumeka?
Kumeka ist ein Herr des Lichts, der sich bereit erklärt hat, in dieser Zeit des Übergangs als Meister des achten Strahls mit der Erde zu arbeiten. Er stammt aus einem anderen Universum und hat sich niemals auf der materiellen Ebene inkarniert. Sie dürfen ihn anrufen, wenn Sie seiner Hilfe bei einer tief gehenden Wandlung oder einer tiefen inneren Reinigung bedürfen.

Dunkle Engel

Gibt es auch dunkle Engel?
Es gibt auf Erden viele dunkle Engel, da sich die Erde auf der Ebene der Dualität befindet. Das bedeutet, dass alles Lichte auch einen dunklen Widerpart besitzt, denn jeder Schatten hilft, das Licht zu betonen.

Was ist die Aufgabe der dunklen Engel?
Auch dunkle Engel dienen letzten Endes der Gottheit, indem sie Sie versuchen und Sie auf die Probe stellen. Wenn Sie aber ihren Einflüsterungen erliegen, werden Sie vom spirituellen Weg abkommen. Dann werden Sie so lange in der Welt der Illusionen und des falschen Glanzes herumirren, bis Sie sich wieder dem wahren Licht zuwenden. Deshalb sollten Sie sich immer ein klares Urteilsvermögen bewahren, Ihren gesunden Menschenverstand gebrauchen und selbstlos zwischen Recht und Unrecht unterscheiden.

Hat jeder Mensch einen dunklen Engel?
Nein, nur Menschen, die ihr Herz verschließen und zulassen, dass ihr Ego ihr Leben bestimmt, ziehen dunkle Engel an, die ihnen persönliche Macht, Reichtümer und Ruhm versprechen.

Wie kann ich gewährleisten, dass mich die dunklen Engel in Ruhe lassen?
Halten Sie Ihr Herz offen, zeigen Sie Mitgefühl, Güte und Liebe. Handeln Sie immer zum Wohle aller und niemals im Interesse Ihres Ego. Achten Sie darauf, dass Ihre Gedanken positiv sind, dann kann Ihnen kein dunkler Engel zu nahe kommen.

Warum beschützt mich mein Schutzengel nicht vor den dunklen Engeln?
Die Menschen, die den Einflüsterungen der dunklen Engel erliegen, haben sie aus eigenem freien Willen mit

ihren Machtgelüsten, ihrem Größenwahn und ihren niederen Gelüsten angezogen. Wenn jemand die Hilfe eines dunklen Engels erbittet, muss der Schutzengel dies zulassen. Jeder Mensch ist Schöpfer seiner eigenen Welt und wenn ein Mensch das Göttliche aus seinem Leben ausschließen will, dann ist das sein gutes Recht.

Besitzen die dunklen Engel einen freien Willen?
Ja, wie die Menschen unterliegen auch sie nicht dem göttlichen Willen. Gerade aus diesem Grund bringen sie ja die schwachen und egoistischen Seelen vom rechten Weg ab.

Stehen kriegslüsterne Politiker unter dem Einfluss dunkler Engel?
Ja, denn die dunklen Engel verführen jene Menschen mit den größten Egos mit dem Versprechen großer Macht, die sie durch einen Krieg erlangen können. Die Engel des Lichts senden nur Gedanken der Liebe, der Verständigung und der Zusammenarbeit.

Können dunkle Engel auch religiöse Führer beeinflussen?
O ja, das können sie. Wenn ein religiöser Führer vom Ego bestimmt ist, kommen die dunklen Engel und flüstern ihnen Gedanken der Abgrenzung, der Rache und des Hasses ein. Die Engel des Lichts hingegen verbreiten nur Gedanken der Einheit, Zusammenarbeit, Harmonie und Liebe.

Atlantis

Hat Atlantis wirklich existiert?
Atlantis hat als Kontinent existiert. Die unglaublichen Kräfte, die die Atlanter besaßen und ihre fortgeschrittene spirituelle Technologie sind von späteren Zivilisationen nur deshalb in das Reich der Mythen und Legenden verwiesen worden, weil sie sich die Errungenschaften der Atlanter nicht vorstellen konnten.

Was war Atlantis?
Atlantis war ein Experiment unter kontrollierten Bedingungen, um herauszufinden, ob Menschen in einem physischen Körper Gefühle empfinden und ihre Sexualität ausleben können und sich dennoch ihrer Göttlichkeit erinnern. Es scheiterte fünf Mal, da sich die Menschheit immer wieder für Macht und Grausamkeit entschied. Schließlich ging der Kontinent durch eine große Flut unter. Aber während dieses außergewöhnlichen Experiments war die Energie auf dem Planeten so hoch wie nie.

Wo lag Atlantis?
Zuerst war Atlantis tatsächlich eine Landmasse, die dort lag, wo sich heute der Atlantik befindet. Aber nach jeder

Zerstörung blieb weniger Land übrig. Zum Schluss existierten nur noch fünf Inseln als letzte Erinnerung an eine große Zivilisation.

Wann war das?
Das Experiment dauerte 240 000 Jahre und wurde um 10 000 vor unserer Zeitrechnung beendet.

Warum war Atlantis so wichtig?
Weil es die Zivilisation mit der längsten Lebensdauer war und weil daher fast jeder, der heute lebt, auch einmal dort gelebt hat. Der letzte Versuch fand in einem streng kontrollierten Rahmen statt, bei dem ganz Atlantis von einer Kuppel überspannt wurde, sodass nichts hinein und nichts hinaus gelangen konnte. In keiner anderen Epoche haben die Menschen eine so fortgeschrittene spirituelle Technologie besessen. Was aber noch wichtiger ist: Das Volk lebte über Jahrhunderte in Frieden und Einheit. Während dieser Periode wurde die Schwingung des Himmels auf Erden aufrechterhalten.

Wie lange dauerte das goldene Zeitalter von Atlantis?
1 500 Jahre.

Wie konnten die Menschen eine dermaßen hohe Schwingung aufrechterhalten?
Es gab kein Eigentum, denn die Menschen betrachteten sich als Hüter des Landes und aller seiner Bewohner.

Sie hatten erkannt, dass alles – Steine, Pflanzen, Tiere und Menschen – göttlich ist und ehrten daher Gott in all seinen Erscheinungsformen.
Sie wussten um die Macht der Dankbarkeit und dadurch floss ihnen der Wohlstand stetig zu.
Sie kannten keinen persönlichen Ehrgeiz und lebten entspannt und kontemplativ.
Sie hatten keine negativen Gedanken und kannten keine solchen Wörter. Alles war positiv, wodurch alles zum Wohle aller geschehen konnte.
Da sie keine Begriffe für Vergangenheit oder Zukunft kannten, lebten sie zufrieden in der Ewigkeit des Jetzt, was automatisch zu einem glücklichen Morgen führte.
Sie hielten sich an das Gebot: »Was du nicht willst, das man dir tu, das füg auch keinem anderen zu.«
Sie arbeiteten zusammen und teilten alles.
Sie nahmen nichts, ohne im Austausch etwas zu geben.
Sie gaben nichts, ohne etwas zu nehmen. Daher war ihr Karma stets ausgeglichen, was zu guter Gesundheit und einem glücklichen Leben führte.
Sie drückten ihre Kreativität durch allerlei Künste, durch Musik, Sport und Spiele aus.
Sie taten, was ihnen am meisten Freude brachte und konnten dabei auf die Unterstützung ihrer Familien und der ganzen Gesellschaft zählen.

Welche geistigen Talente besaßen sie?

Da alle Atlanter hellsichtig waren und das Energiefeld anderer Menschen, von Tieren und Pflanzen sehen konnten, spürten sie die Verbundenheit mit allen Formen des

Lebens. Weil alles so leicht zu durchschauen war, existierten absolutes Vertrauen und vollkommene Ehrlichkeit. Sie konnten Bilder über weite Entfernungen direkt in das dritte Auge des Empfängers senden.

Sie waren hellhörig und konnten gesprochene Botschaften – sowohl von Menschen als auch von Engeln – zu räumlich weit entfernten Empfängern schicken. Weil sie vom Herzen aus lebten und mitfühlend waren, war Hellfühligkeit für sie völlig natürlich. Da sie die Gefühle anderer ebenso wahrnahmen wie die Gefühlsrückstände in Gegenständen, konnten sie diese »lesen«. Alle waren Heiler und einige wurden in den fortgeschrittenen Heilkünsten unterwiesen.

Viele Atlanter übten sich in Künsten wie Teleportation, Gedankenkontrolle, Telekinese und Levitation.

Was war der Tempel des Poseidon?

Dieser große Tempel, der auch unter dem Namen »Kathedrale der heiligen Höhen« bekannt war, stand auf einem der sieben Hügel, die sich über die Ebene von Atlantis erhoben. Er war Heimat der Hohepriester und -priesterinnen und beherbergte den Großen Kristall, die Sphinx von Atlantis und verschiedene Einweihungskammern.

Was ist der Große Kristall?

Dies war ein riesiger Quarzkristall, der aus rein göttlicher Energie geschaffen worden war und als Kraftquelle, Hauptcomputer und interdimensionales Portal diente. Mit seiner Hilfe konnten die Hohepriester und -priesterinnen das Wetter kontrollieren, den Schutzschild über dem Kontinent aktivieren und spirituelle Lehren und neue Technologien auf kleinere Kristalle übertragen.

Stimmt es, dass der Große Kristall auf dem Meeresboden im Bermudadreieck liegt?

Ja. Wenn die Erleuchteten heute das Portal benutzen müssen, aktivieren sie den Großen Kristall und alles im Bermudadreieck macht augenblicklich eine interdimensionale Verwandlung durch und verschwindet auf eine höhere Schwingungsebene. Selbstverständlich haben die Seelen aller Beteiligten sich dazu bereit erklärt.

Wie viele Hohepriester und -priesterinnen gab es?

Es gab immer zwölf Hohepriester und -priesterinnen, die gemeinschaftlich als die Alta bekannt waren. Jene, die zur Zeit des letzten Experiments im goldenen Zeitalter von Atlantis dieses Amt bekleideten, wählten die 84000 Freiwilligen aus, die den Kontinent besiedelten. Jeder der Hohepriester und -priesterinnen trug Verantwortung für einen bestimmten Bezirk und drückte diesem seinen individuellen Stempel auf. Als sich die Schwingungsfrequenz des goldenen Atlantis erhöhte, wurden sie durch andere Große ersetzt. Aber gegen Ende kamen die ursprünglichen Zwölf zurück, um die Überlebenden ihrer Bezirke in die Welt hinauszuführen.

Heirateten die Hohepriester und -priesterinnen des goldenen Atlantis?

Nein. Ihre ganze Kraft war darauf gerichtet, den Menschen zu dienen.

Wenn das Leben in Atlantis so wunderbar war, warum ging es dann unter?
Alles Leben auf der Erde verläuft in Zyklen. Die Atlanter konnten damals die Reinheit der ursprünglichen Schwingung nicht mehr aufrechterhalten. Alles geschah im Interesse des Gemeinwohls, bis einer der am besten ausgebildeten Magier dachte, er könne seine Macht gebrauchen, um sein Ego zu befriedigen. Das war der Anfang vom Ende.

Welche menschlichen Eigenschaften führten zum Untergang?
Das Verlangen nach persönlicher Macht und Kontrolle und die Arroganz bestimmter Menschen waren die Hauptfaktoren.

Stimmt es, dass wir heute dieselben Fehler machen, die zum Untergang von Atlantis führten?
Ja und nein. In ihrer Arroganz dachten die Atlanter, sie könnten sich die Natur untertan machen und sie ausbeuten. Dadurch versuchten sie aber, Gottes Plan zu ändern. Sie manipulierten die Gene der Pflanzen, experimentierten mit Lebewesen und klonten sie, sie pflanzten Menschen und Tieren Chips ein und führten die Sklaverei ein. Auch die Menschheit macht heute derartige Dinge. Die damaligen Führer wurden mehrmals gewarnt, aber sie ignorierten diese Warnungen. Daraufhin entschlossen sich die Erleuchteten, das Experiment zu beenden.
Wenn sich mehr Menschen auf das Licht und das Positive konzentrieren, ist es möglich, dass die Menschheit ihren

Untergang noch abwenden kann. Dabei zählt jede Entscheidung, die Sie individuell oder kollektiv treffen.

Haben sich jene, die für den Untergang von Atlantis verantwortlich waren, auch heute wieder inkarniert?
Die große Mehrheit von ihnen ist zurückgekehrt, um das in Ordnung zu bringen, was sie damals angerichtet haben.

Welche Art von Technologie besaßen die Atlanter?
Ihre fortgeschrittene Technologie basierte auf Kristallen und Gedankenkontrolle. Vieles davon war so gewaltig, dass sich die heutigen Menschen es nicht einmal vorstellen können.
Sie besaßen riesige Flugmaschinen, die völlig lautlos mit hoher Geschwindigkeit flogen.
Sie entmaterialisierten Gegenstände und ließen sie anderswo wieder auftauchen. Auf diese Weise bewegten sie riesige Felsbrocken und bauten futuristisch anmutende Städte.
Sie erforschten andere Planeten, um Mineralien und Metalle von dort zu holen und bearbeiteten sie mit Gedankenkraft.
Ihre Computernetzwerke waren unglaublich. Das heutige befindet sich im Vergleich dazu noch in den Kinderschuhen.
Sie besaßen fortgeschrittene medizinische und chirurgische Methoden und Telekommunikationssysteme.
Sie konnten das Wetter sowohl lokal als auch kontinentweit kontrollieren.

Die Kristallschädel

Was sind die Kristallschädel?

Während der goldenen Epoche erschufen die Hohepriester und -priesterinnen zwölf Kristallschädel – einen für jeden Bezirk. Jeder Schädel wurde aus einem einzigen Stück Quarz herausgearbeitet und mit reiner Gedankenkraft geformt. Aus diesem Grund können die heutigen Wissenschaftler auch keine Bearbeitungsspuren entdecken. Die Schädel waren hoch entwickelte Computer.

Wie sahen sie aus?

Sie hatten die Größe und die Form menschlicher Schädel. Sie besaßen einen beweglichen Unterkiefer und konnten sprechen und singen. Innerhalb des Quarzes befand sich ein Netzwerk aus Prismen und Linsen, die das Gesicht und die Augen von innen erhellten, sodass jeder eine einzigartige Schönheit ausstrahlte.

Warum wurde gerade diese Form gewählt?

Der Schädel galt aus Ausdruck des menschlichen Bewusstseins. Indem man diesen Teil des Körpers als Form für einen Computer wählte, sollte zudem die Fähigkeit des Geistes symbolisiert werden, durch Raum und Zeit zu reisen.

Was war der Zweck der Kristallschädel?

Sie waren hoch entwickelte Computer, in denen das gesamte Wissen der zwölf atlantischen Stämme gespeichert wurde. Die Hohepriester und -priesterinnen programmierten sie mit dem gesamten Wissen der damaligen Menschheit und fügten die esoterischen Mysterien hinzu. Jene, in deren Obhut sie sich befanden, fügten dem ihnen anvertrauten Schädel noch die Besonderheiten ihres Stammes hinzu. Jeder von ihnen enthielt eine Chronik der damaligen Zeit. Sie sollten einer späteren Menschheit als Wissensschatz dienen, wenn diese so weit war, die in ihnen enthaltenen Konzepte zu verstehen. Das wird aber nur dann geschehen, wenn die Menschheit ihre Schwingungsfrequenz so weit erhöht, dass sie sich auf die Frequenz der Schädel einstimmen kann. Dann werden die Menschen fähig sein, die Informationen zu entschlüsseln.

Was ist der dreizehnte Schädel?

Aus einem Amethyst wurde ein dreizehnter Schädel, der Meisterschädel, geformt, der mit allen Informationen aus den anderen zwölf programmiert wurde. Amethyst steht in Verbindung mit dem Gehirn. Er besitzt chemische Einschlüsse, die ihm seine violette Farbe geben und in denen Informationen gespeichert werden können. Aus diesem Grund wurde dieser Kristall als Meisterschädel ausgewählt.

Mir wurde gesagt, dass Amethyst eine ähnliche Frequenz hat wie das menschliche Gehirn und deshalb Migräne und andere Kopfschmerzen lindern kann. Legen Sie sich auf den Rücken und platzieren Sie einen Amethysten direkt über dem dritten Auge in der Mitte der Stirn. Sie können ihn auch festkleben, wenn Sie möchten. Legen Sie einen zweiten zweieinhalb Zentimeter hinter den Kopf und zwei weitere links und rechts neben den Hals. Wenn Ihnen gleichzeitig übel ist, legen Sie sich einen fünften auf den Solarplexus.

Ein Amethyst unter dem Kopfkissen verhilft Ihnen zu einem gesunden Schlaf, weil er die Hirnwellen beruhigt.

Was geschah beim Untergang von Atlantis mit den Kristallschädeln?

Kurz vor der endgültigen Zerstörung riskierten die Priesterinnen der Tempel, in denen die Schädel aufbewahrt wurden, ihr Leben, um sie in Sicherheit zu bringen. Sie wurden versteckt und werden erst dann gefunden werden, wenn die Menschheit bereit ist. Zwölf wurden an sicheren Orten versteckt und der dreizehnte, der Meisterschädel aus Amethyst, der eine weitaus höhere Schwingung besaß, wurde entmaterialisiert und auf die geistige Ebene gehoben, wo er der Obhut der Sphinx übergeben wurde.

Sind schon welche gefunden worden?

Nur einer wurde bisher entdeckt.

1927 half Anna Mitchell-Hedges ihrem Vater, einem Archäologen, bei der Erforschung untergegangener Maya-Städte in Britisch-Honduras, dem heutigen Belize. In einer Felsspalte sah sie etwas glitzern und kroch hinein. Sie kam mit einem Kristallschädel wieder heraus, dessen Hüter sie seither ist. Noch heute hütet sie ihn in ihrem Haus in Kanada.

Dieser Schädel war von der atlantischen Hohepriesterin Aphrodite gerettet worden, die von den Griechen später als Göttin verehrt werden sollte. In diesem Schädel ist das gesamte Wissen ihres Stammes enthalten. Er ist als Maya-Schädel bekannt geworden, dem man merkwürdige Kräfte nachsagt. Manche Menschen riechen einen süßsauren Geruch, andere hören Stimmen sprechen oder singen oder sehen eine Aura um ihn herum. Es heißt, er könne heilen und Prophezeiungen machen.

Was ist mit den anderen Kristallschädeln, die gefunden worden sind?
Diese stammen nicht aus Atlantis. Sie wurden von den Weisen der Stämme, die Atlantis verließen, in Ägypten hergestellt und enthalten keine so unverfälschten Informationen wie die atlantischen Schädel.

Wann werden die anderen atlantischen Kristallschädel entdeckt werden?
Wenn die Menschheit dafür bereit ist. Würden die Informationen, die in ihnen enthalten sind, heute entschlüsselt, würde die Menschheit die Erde in die Luft sprengen.

Wo befinden sie sich zurzeit?
Sie sind gut versteckt und werden dann entdeckt werden, wenn ihre Hüter bereit sind, nach ihnen zu suchen.

Werden sie je gefunden werden?
Ja. In der Zeit des Geistes.

2012

Worin liegt die Bedeutung von 2012?
Die Wintersonnenwende 2012 markiert das Ende einer Epoche und den Beginn einer neuen. Gleichzeitig endet ein 26000 Jahre dauernder kosmischer Zyklus und ein neuer beginnt. 2012 ist auch der Anfang einer 20 Jahre dauernden Übergangsphase. Höhere Energien strömen bereits auf die Erde ein, um sie auf die bevorstehenden Veränderungen vorzubreiten, aber 2012 wird eine massive Lichtzunahme zu verzeichnen sein. Gaia, der gewaltige Engel, in dessen Obhut sich die Erde befindet, hat verfügt, dass sich das Bewusstsein der Erde und all ihrer Bewohner erhöhen muss. Wer bereit ist, wird eine außergewöhnliche Gelegenheit erhalten, spirituell zu wachsen. Dies ist eine einmalige Gelegenheit. Seit Hunderten von Jahren ist die Menschheit darauf vorbereitet worden.

Warum findet diese Veränderung gerade 2012 statt?
Alle 26000 Jahre – oder um genau zu sein, alle 25920 Jahre – ereignet sich eine sehr seltene astrologische Ausrichtung von Erde, Sonne und Milchstraße, während der die Zeit einen Augenblick lang still steht. Diese Phase wird der kosmische Augenblick genannt. In dieser Phase des Unbe-

kannten und Geheimnisvollen können Dinge geschehen, die das menschliche Vorstellungsvermögen weit übersteigen. Gleichzeitig befinden sich die Planeten Neptun, Pluto und Uranus in einer seltenen Konstellation. Die erwartete spirituelle Beschleunigung mag für die menschliche Wahrnehmung langsam vonstatten gehen, aber mit kosmischen Maßstäben gemessen wird sie sehr schnell vor sich gehen.

In alten Sanskritschriften wird diese Phase als Atempause zwischen der Aus- und der Einatmung Brahmas, also Gottes, beschrieben. Ein Astrologe hat mir erklärt, dass Neptun eine höhere Form von Spiritualität repräsentiert, Pluto Transformation und Uranus Veränderung. Wenn diese Energien aufeinandertreffen, wird dies massive Auswirkungen auf die Erde haben. Es entsteht die Möglichkeit für einen gewaltigen Bewusstseinswandel. Wir alle sind aufgerufen, diese Energien weise zu nutzen.

Was werden die Engel während der Wintersonnenwende 2012 tun?
Die Engel werden sich sammeln, um der Menschheit zu helfen, die neuen Energien zu akzeptieren. Deshalb fordern sie die Menschheit schon jetzt auf, sich darauf vorzubereiten. Man sollte an diesem Tag beten oder meditieren oder wenn das zu schwierig ist, zumindest eine Kerze anzünden und die göttlichen Kräfte um Hilfe bitten. Man kann auch allein in der Natur spazieren gehen, aber was auch immer man tut, man sollte die Bedeutung dieses Tages für das spirituelle Wachstum aller Lebewesen nicht unterschätzen.

Was wird während der Wintersonnenwende 2012 geschehen?

Gegenwärtig geht man davon aus, dass einige Menschen in die vierte Dimension übergehen werden, während einige wenige, die dazu bereit sind, aufsteigen werden. Andere, die dies ebenfalls könnten, werden auf der Erde bleiben, um denen, die während dieser Zeit erwachen, den Weg zu weisen. Die Engel sehen keine plötzlichen oder dramatischen Veränderungen voraus. Der kosmische Augenblick und die einströmenden Energien bieten einfach eine einmalige Chance, erleuchtet zu werden. Es wird erwartet, dass Millionen Menschen diese Chance nutzen.

Was bedeutet »in die vierte Dimension übergehen«?

Wenn Sie Ihr Bewusstsein auf eine vierdimensionale Ebene heben, öffnet sich Ihr Herz-Chakra. Mit einem offenen Herzen wird es Ihnen unmöglich sein, einem anderen Lebewesen Schaden zuzufügen, denn Sie werden erkennen, dass Sie sich dadurch selbst schaden. Weil Sie dann über ein erweitertes globales und kosmisches Bewusstsein verfügen, streben Sie nach Frieden. Es wird erwartet, dass die Friedensbewegungen in den Jahren nach 2012 neuen Zulauf haben werden.

Was bedeutet es, in der fünften Dimension zu leben?

Es bedeutet, dass Sie sich als Teil des Einen Ganzen begreifen, und andere so behandeln, wie Sie von ihnen behandelt werden möchten.

Was bedeutet »Aszendenz«?
Wenn Sie sich auf eine höhere Schwingungsebene emporschwingen, bringen Sie dadurch mehr vom Licht Ihrer Seele in Ihr materielles Leben. Sie werden möglicherweise von so viel göttlicher Energie erfüllt sein, dass Sie Ihren physischen Körper nicht mehr aufrechterhalten können. Sollte das geschehen, werden Sie sich wahrscheinlich entscheiden, Ihren Körper zu verlassen.

Für die Maya war der 21. Dezember 2012 der »Tag der Schöpfung«. Was ist der Tag der Schöpfung und was wird an diesem Tag geschehen?
Die Weisen der Maya sagten voraus, dass die Energie, die am Tag der Schöpfung einströmt, bei vielen Menschen die Kundalini-Kraft erwecken wird. Dadurch werden die zwölf Chakras wieder aktiviert, die während der goldenen Zeit von Atlantis aktiv waren, die aber deaktiviert wurden, als diese große Zivilisation unterging. Wenn sich die höheren Chakras der Menschen öffnen, wird ihr genetisches Gedächtnis stimuliert und sie werden unbegrenzte Möglichkeiten haben. Das Licht, das ihnen von der Quelle des Seins zuströmt, wird in die höheren Chakras einströmen und in das Erdstern-Chakra unter den Füßen fließen. Dadurch werden sie durch die Leylinien mit den Pyramiden verbunden sein.
Die Pyramiden sind kosmische Computer, die auch als Kraftwerke und Verteilstationen fungieren, aber ihre Kraft verloren haben. Wenn sich das Licht der Menschheit wieder mit ihnen verbindet und sie mit Energie aus der Quelle auflädt, wird es eine Wiedergeburt höheren Be-

wusstseins auf der Erde geben. Wenn sich genügend Menschen der Erleuchtung und Liebe öffnen, wird dies mit Sicherheit geschehen. Das wird nicht plötzlich vor sich gehen, aber der Prozess wird eingeleitet werden.

Was ist der große Kalender der Plejaden?

Darunter versteht man einen kosmischen Kalender, der auf der Bewegung der Plejaden basiert, und der am 21. Dezember 2012 endet. Zurzeit strömen höhere Energien von anderen Galaxien auf die Erde ein. Diese werden von den Plejaden, die als Transformatoren dienen, umgewandelt, sodass Menschen und Tiere mit dieser Energie umgehen können. Viele Sternenkinder, deren Seelen von anderen Sonnensystemen und Galaxien auf die Erde kommen, verbrachten Zeit auf den Plejaden, wo sie alles über die Erde erfuhren und lernten, ihre Schwingung so anzupassen, dass sie auf der Erde geboren werden konnten. Nach 2012 werden diese hochfrequenten Kinder sich direkt inkarnieren können, weil ihre menschlichen Mütter dieselbe Schwingung haben werden.

Kommen Seelen außer über die Plejaden auch über andere Sterne auf die Erde?

Ja. Es gibt Lehrinstitutionen auf anderen Planeten, Sternen und in anderen Galaxien. So haben zum Beispiel viele Lichtarbeiter auf den Universitäten des Orion alles über Erleuchtung gelernt, bevor sie zur Erde kamen. Andere wurden auf Sirius in Technologie und Heilung ausgebildet. Einige lernten alles über Herzöffnung in Andromeda oder auf der Venus, während andere auf dem Mars erzogen wurden, wo sie lernten, ihre Kraft als Krieger in den Dienst der Benachteiligten, Schwachen und Schutzlosen zu stellen. Es gibt viele, die auf verschiedene kosmische Universitäten gingen, bevor sie auf der Erde Verantwortung übernahmen.

Wenn die astrologische Konstellation, die wir 2012 erwarten, früher bereits zu Katastrophen geführt hat, warum sollte es dieses Mal anders sein?

In der Vergangenheit war das menschliche Bewusstsein so niedrig, dass diese Konstellation Kriege und Naturkatastrophen auslöste. Damals wurde der Kosmos dadurch kaum beeinflusst, aber heute liegen die Dinge anders.

Die Veränderungen, die sich gegenwärtig ereignen, spiegeln die Veränderungen wider, die sich im ganzen Universum abspielen. Das ganze Universum erhöht seine Schwingungsfrequenz. Die Erde befindet sich im Herzen des Universums und spielt eine entscheidende Rolle in der Gesamtentwicklung. Gaia hat verfügt, dass die Erde und alle ihre Bewohner von der dreidimensionalen auf die fünfdimensionale Ebene gehoben werden. Das bedeutet, dass zum ersten Mal in Äonen große Veränderungen stattfinden werden. Da die niedrige Schwingung der Erde zurzeit das ganze Universum zurückhält, wird viel Aufmerksamkeit und Hilfe auf die Erde konzentriert. Die Entwicklung des ganzen Kosmos hängt von der Entwicklung der Erde ab.

Welche Hilfe erhält die Erde, um sich auf 2012 vorzubreiten?

Aufgrund des universellen Gebotes, dass die Erde 2012 aufsteigen wird, wurden günstige astrologische Konstel-

lationen organisiert, um die Menschheit vorzubereiten. Während der harmonischen Konvergenz 1987 strömten höhere Energien auf die Erde ein und es fand eine allgemeine Bewusstseinserweiterung statt.
Während der harmonischen Konkordanz 2004 strömte mehr göttliche weibliche Energie ein, um das Mitgefühl zu erwecken und die Herzen zu öffnen.
In diesen Jahren findet ein seltener Venustransit gleich zwei Mal statt. Die Venus zog während der harmonischen Konkordanz am 8. Juni 2004 an der Sonnenscheibe vorbei und wird dies am 6. Juni 2012 noch einmal tun. Diese spezielle Konstellation birgt enorme Möglichkeiten des spirituellen Wachstums in sich, weil durch sie männliche und weibliche Energien sowohl individuell als auch kollektiv ins Gleichgewicht gebracht werden. Das Potenzial für die individuelle als auch planetarische Aszendenz wird dadurch enorm erhöht. Aber damit sie sich ereignen kann, müssen die Menschen ihre individuelle Schwingung erhöhen und anfangen, alle Lebewesen wertzuschätzen.
Besondere Dinge werden sich am 21. Dezember 2012 ereignen.
Die Engel werden zur Erde strömen, um der Menschheit in nie da gewesener Weise zu helfen.
Die Einhörner werden zurückkehren, um den Menschen zu helfen, ihr wahres göttliches Selbst zu finden.
Delphine und Wale werden ihre Weisheit mit den Menschen teilen.
Hochfrequente Kinder werden geboren werden und alte Seelen werden sich reinkarnieren.
Wenn Sie Ihren Teil beitragen, helfen Sie nicht nur ande-

ren und dem Planet, auch Ihre eigene spirituelle Reise wird auf wunderbare Weise davon profitieren.

Was wird mit jenen geschehen, die nicht bereit sind, ein höheres Bewusstsein zu entwickeln?
Wer nicht vorbereitet ist, wird einfach eine großartige Gelegenheit verpassen. Nach ihrer gegenwärtigen Inkarnation werden sie ihre Seelenreise auf einem anderen dreidimensionalen Planeten fortführen, auf dem Leid und Trennung, die das niedere Bewusstsein mit sich bringt, noch existieren.

Schamanen der Maori, der afrikanischen und amerikanischen Ureinwohner prophezeien eine fünfundzwanzigjährige Läuterungsphase, der ein Bewusstseinswandel folgt. Wird das tatsächlich geschehen?
Diese Läuterung findet zurzeit bereits statt.

Worum geht es in dieser fünfundzwanzigjährigen Läuterungsphase?
Im August 1987 ereignete sich eine astrologische Konstellation, die als harmonische Konvergenz bekannt wurde. Damals zog es viele Lichtarbeiter auf Berggipfel oder an heilige Stätten, um dort zu meditieren und zu beten und um Hilfe für die Erde zu erbitten. Das Licht dieser Gebete, das zum Himmel gesandt wurde, war so gewaltig, dass Saint Germain, der illuminierte Meister, die Gebete direkt zur Quelle brachte und um Hilfe für die Menschheit bat. Durch göttliche Gnade wurde er befähigt, den Menschen die violette Flamme zurückzubringen, mit der negative

Energie umgewandelt werden kann. Obwohl die violette Flamme ausgewählten Gruppen bereits vorher zur Verfügung stand, leitete doch erst ihre allgemeine Verfügbarkeit die fünfundzwanzigjährige Phase der Läuterung ein. Seither hat sich Gaia von vielen Giften befreit, die das Karma einer unmenschlich gewordenen Menschheit erzeugt hat. Sie hat dies durch Erdbeben, Vulkanausbrüche, Wirbelstürme, Überschwemmungen, Tsunamis, Feuer, Krankheiten und Katastrophen getan. Viele Seelen haben dabei den Planeten verlassen und negative Energien mitgenommen, die nun in der geistigen Welt geheilt und umgewandelt werden.

Die von Herzen kommenden Gebete, die weltweit als Reaktion auf die traumatischen Ereignisse gesprochen wurden, haben zur Läuterung aller Kontinente beigetragen. Aber es bleibt noch viel zu tun.

Hat sich die violette mit der silbernen Flamme vereinigt? Und wenn ja, warum?

Die Engel haben mit Erstaunen und Freude gesehen, dass viele Lichtarbeiter sich ganz der Aufgabe gewidmet haben, sich selbst zu läutern und andere zu heilen. Deshalb hat sich in einem weiteren Akt göttlicher Gnade der silberne Strahl der Gnade und Harmonie mit der violetten Flamme der Umwandlung vereinigt.

Die violette Flamme wandelt negative Energien um.

Der silberne Strahl bringt etwas Höheres und Schöneres, um das alte zu ersetzen.

Was ist die fünfdimensionale Gold und Silber violette Flamme?

Der goldene Strahl hat sich jetzt mit der silbernen violetten Flamme vereinigt. Dadurch wurden den Eigenschaften Umwandlung und Harmonie noch Weisheit, die Liebe der Engel und ihr Schutz hinzugefügt. Dies ist eine wahrhaft machtvolle Kombination, die das Bewusstsein der Menschen auf die fünfte Dimension erheben wird.

Wie man die Gold und Silber violette Flamme nutzt

- Sie können die Gold und Silber violette Flamme überall herbeirufen. Denken Sie einfach an eine Flamme, die in allen Tönen von Lila über Purpur bis Silber leuchtet und mit Gold durchsetzt ist. Stellen Sie sich diese Flamme so bildhaft wie möglich vor.
- Stellen Sie sich vor, dass Menschen, die miteinander streiten, von dieser Flamme umgeben sind.
- Schicken Sie sie zu Menschen, die krank sind, sich nicht wohlfühlen oder aus dem Gleichgewicht geraten sind. Wenn Sie irgendein körperliches Problem haben, stellen Sie sich vor, dass der betreffende Körperteil in das Licht dieser Flamme gebadet ist.
- Wenn Sie wütend oder negativ eingestellt sind oder Angst haben, stellen Sie sich vor, dass die Flamme Sie umgibt. Spüren Sie, wie sie alte Muster auflöst und sie

durch reines Glück ersetzt. Das können Sie auch für andere Menschen tun.
- Schicken Sie die Flamme in Gebiete, in denen Krieg herrscht oder wo sich Naturkatastrophen ereignen.
- Stellen Sie sich vor, dass die Flamme durch Hochspannungsleitungen und Telefonleitungen fließt, um das Internet zu reinigen.

Werde ich nach der Wintersonnenwende 2012 noch hier sein?
Das hängt ganz von den Entscheidungen ab, die Ihre Seele getroffen hat. Viele Menschen werden die dreidimensionale Realität kurz vor oder kurz nach diesem Datum verlassen, aber die große Mehrheit wird bleiben.

Macht es überhaupt noch Sinn, an meine Altersversorgung zu denken?
Sie sind immer noch für Ihre finanzielle Situation im Rentenalter verantwortlich. Legen Sie Ihr Geld entweder gut an oder öffnen Sie sich dem Überflussbewusstsein und manifestieren Sie Wohlstand für sich selbst. Die Welt wird sich weiterdrehen, auch wenn sich große Veränderungen ereignen werden.

Energie

Wie funktioniert Energie?

Die Welt ist sowohl von sichtbarer als auch unsichtbarer Energie erfüllt. Gegenwärtig reagieren die meisten Menschen nur auf das, was sie sehen und anfassen können. Mit anderen Worten, sie reagierten nur auf Teilchen, die so dicht sind, dass sie eine feste Form angenommen haben. Das bedeutet, ihre Bezugspunkte sind Objekte, die nichts weiter sind als niedrig schwingende Materieklumpen. Aber auch höhere und daher unsichtbare Formen der Energie bewegen und verändern sich und beeinflussen die sichtbare Welt.

Denken Sie an Elektrizität oder Gas, die beide unsichtbar sind, aber dennoch Strom, Wärme und Licht erzeugen und einen großen Einfluss auf Ihr Leben haben.

Auch Ihre Gedanken tragen eine Ladung, die Sie zwar nicht sehen können, die aber dennoch feste Materie beeinflusst.

Ein Beispiel: Ein Mann hatte ein Magengeschwür, das operativ entfernt worden war. Aus Forschungsgründen wurde die Wunde aber nicht verschlossen, sondern eine durchsichtige Platte implantiert. Die Ärzte konnten so sehen, dass sich die Stelle immer wieder entzündete, wenn der Mann zornig wurde oder sich aufregte. Wenn sanfte Musik erklang oder er ganz ruhig war, entspannte sich sein Magen sichtbar und die Schleimhaut wurde wieder blasser. Die Ärzte konnten also direkt beobachten, wie Gedanken den Körper beeinflussen.

Wie kann ein vom Wind aufgewirbeltes Körnchen Sand in der Sahara Einfluss auf eine Blume im brasilianischen Regenwald haben?

Da alles aus Energie besteht, wird alles auf der Welt beeinflusst, wenn sich irgendwo auch nur ein einziges Atom verändert.

Ein Beispiel: Sie werfen ein Steinchen in einen Teich. Die dadurch entstehenden Wellen erreichen das Ufer und schwemmen etwas Erde fort. In der Erde steckte ein Same, der nun zu einer blühenden Pflanze am Ufer heranwächst. Ein Kind pflückt eine Blüte und bringt sie seiner sterbenden Mutter. Die Blüte wird auf den Sarg der Mutter gelegt und berührt mit ihrer schlichten Schönheit das Herz eines alten Mannes. Er beschließt daraufhin, mit seinem Sohn Kontakt aufzunehmen, den er seit Jahren nicht mehr gesehen hat. Und so geht die Geschichte immer weiter und weiter. Und all das nur, weil Sie ein Steinchen in einen Teich geworfen haben.

Was bedeutet, dass alles eine Reaktion auf Energie ist?

Ihre Gedanken und Überzeugungen senden Impulse ins Universum, die all und alles in Ihrer Umgebung beeinflussen. Einige Ihrer Energien wirken anziehend und ziehen daher Gutes an. Andere sind abstoßend. Wenn Sie diese abstoßenden Schwingungen aussenden, werden sich Menschen, Ereignisse und Situationen von Ihnen fernhalten.

Ein Beispiel: Wenn Sie bedürftig sind, senden Sie unbewusst Schwingungen aus, die Menschen anziehen, die es brauchen, gebraucht zu werden, während sie jene abstoßen, die unabhängig sind. Daher spiegeln Ihre Freunde wider, welche Art von Energie Sie ausstrahlen. Wenn Sie Ihre Bedürftigkeit überwinden, unabhängig werden und lernen, sich auf sich selbst zu verlassen, werden sich Ihre Freunde mit dem Helfersyndrom automatisch aus Ihrem Leben zurückziehen oder sich anders benehmen, ohne dass Sie etwas tun oder sagen müssten.
Wenn Sie Angst haben, nicht genug Geld zu haben, stößt dieses Glaubensmuster alle Formen des Reichtums ab, sodass er für Sie immer unerreichbar bleiben wird. Wenn Sie anfangen, den Wohlstand in Ihrem Leben willkommen zu heißen, werden sich automatisch die Tore des Überflusses öffnen.

Bei mir ist schon zwei Mal eingebrochen worden. Mein Haus sieht genau so aus wie das meines Nachbarn, also ist dies wahrscheinlich einfach Pech, oder?
So etwas wie Pech gibt es nicht. Die Gedanken und Gefühle aller Hausbewohner strahlen eine kollektive Energie aus, die sowohl gute als auch schlechte Erfahrungen anzieht. Wenn alle im Haus einen friedvollen Geist haben, Vertrauen ins Leben und ein gutes Selbstwertgefühl besitzen, wird das Haus von einer Schutzhülle umgeben sein, in die nichts und niemand eindringen kann. Wenn sich

die Bewohner des Hauses aber ständig streiten und nicht miteinander auskommen, wird diese Schutzhülle beschädigt. Wenn auch nur ein Bewohner Angst hat, etwas zu verlieren oder angegriffen zu werden, wenn auch nur einer zornig ist oder kein Vertrauen hat, öffnet sich ein Spalt in der Schutzhülle, die so geschwächt wird. Ein Einbrecher wird sich unbewusst zu Häusern mit schwacher Schutzhülle hingezogen fühlen.

Was kann ich tun, um mein Haus zu sichern?
Sorgen Sie dafür, dass Ihr Haus von Glück und Harmonie erfüllt ist. Strahlen Sie Frieden und Liebe aus und bitten Sie die Engel, Ihr Haus zu beschützen. Zeigen Sie Ihr Vertrauen, indem Sie aufhören, sich Sorgen zu machen.

Wie Sie das Licht in Ihrem Haus verstärken können

- Halten Sie Ihr Haus sauber und aufgeräumt. Unordnung und Dreck ziehen negative Schwingungen an.
- Öffnen Sie alle Fenster und reinigen Sie Ihr Haus von innen und außen, indem Sie eine Klangschale anschlagen, in die Hände klatschen, den Laut »Om« singen oder Räucherstäbchen anzünden und dies in jeder Ecke des Hauses. Dadurch wird sich dunkle oder gestaute Energie auflösen. Achten Sie besonders auf die Ecken. Wiederholen Sie den Vorgang, wann immer bei Ihnen im Haus Streit ausbricht, harte Worte fallen,

Menschen mit einer niedrigeren Schwingung zu Besuch waren oder Sie sich in großen Menschenmengen aufgehalten haben.

- Erledigen Sie das Putzen, das Kochen und andere Hausarbeiten fröhlich. Je mehr Sie lachen und je glücklicher Sie sind, desto schneller bildet sich ein Schutzschild positiver Energie um Ihr Haus.
- Spielen Sie melodische Musik, hängen Sie schöne Bilder auf und stellen Sie Blumen ins Haus.
- Tun Sie Dinge, die Ihnen Freude machen.
- Nehmen Sie sich jeden Tag Zeit, um zu meditieren, zu beten und alles in Ihrem Leben zu segnen. Durch diese drei Dinge entsteht eine besonders machtvolle Schutzschicht.
- Danken Sie dem Engel Ihres Hauses täglich dafür, dass er sich um Ihr Haus kümmert.

Kann ich etwas in meinem Leben verändern?

Ja, denn Sie sind Meister Ihres Schicksals. Es sind Ihre Gedanken und Gefühle, die Schwingungen aussenden, durch die Menschen, Situationen, Ereignisse und materielle Dinge angezogen werden. Ändern Sie Ihre Glaubensmuster, dann wird sich auch Ihr Leben verändern.

Was muss ich tun, um meine Situation zu verändern?

Wenn Sie ernsthaft etwas ändern wollen, müssen Sie sich vor allem darüber im Klaren sein, was Sie überhaupt ändern wollen. Überlegen Sie zuerst, was Sie wirklich wollen, ohne sich von anderen Menschen beeinflussen zu lassen. Dann konzentrieren Sie sich auf Ihre Vision, sprechen

Sie darüber und handeln Sie so, als sei sie bereits wahr geworden.
Bitten Sie Ihre Engel, Ihnen zu zeigen, was Sie unbewusst zurückhält. Wenn Sie sich der Ängste bewusst geworden sind, die Sie zurückhalten, bitten Sie um Hilfe, diese loszulassen. Setzen Sie sich dann still hin und meditieren Sie, damit tiefer sitzende Blockaden sichtbar werden können. Wenn Sie bereit sind, Verantwortung für Ihre Blockaden zu übernehmen, werden Sie auch offen für etwas Neues sein. Dann ist es an der Zeit, die Veränderungen, die Sie wollen, auch zu leben.
Denken Sie immer daran: Sobald Sie wirklich bereit sind, das Alte hinter sich zu lassen, werden Ihnen die Engel und Ihre Geistführer die Türen zu einem Neuanfang öffnen.

Marguerite und Claire sehnten sich beide nach einer Beziehung. Sie verbrachten Stunden damit, aufzuschreiben, was für einen Partner sie wollten. Sie sprachen endlos darüber und beklagten sich über ihre Verflossenen. Schließlich war ihnen klar, wonach sie eigentlich suchten.
Zu diesem Zeitpunkt begegnete Marguerite einem Mann und glaubte, sich in ihn verliebt zu haben. Aber schon bald fing sie an, sich bei ihrer Freundin über ihn zu beklagen. Sie konzentrierte sich ganz auf die Dinge, die sie an ihm und an Männern im Allgemeinen nicht leiden konnte. Als die Beziehung bald darauf vorbei war, beschloss sie, nie wieder verletzt werden zu wollen. Marguerite verschloss ihr Herz. Sie hatte den zweiten Schritt vergessen, der nötig ist, um etwas zu verändern.
Claire beobachtete ihre Freundin und merkte, dass sie selbst noch viele unbewusste Ängste in Bezug auf Beziehungen hatte.

Sie nahm sich vor, von nun an die volle Verantwortung für alle Beziehungen in ihrem Leben zu übernehmen. In Gedanken ging sie alle Beziehungen zu Männern durch, angefangen zu der mit ihrem Vater, dem Onkel und dem Bruder über Jungen, mit denen sie als Kind gespielt hatte, bis zu ihren Liebhabern und ihrem Exmann. Für jeden schrieb sie ihre Gedanken und Gefühle auf. Dann schloss sie die Augen und stellte sich vor, dass sich jede ungute Beziehung in eine gute verwandelte. Bei jedem Mann tröstete und ermutigte sie ihr verletztes inneres Kind. Danach vergab sie allen Männern und auch sich selbst und bedankte sich bei allen für die glücklichen und unglücklichen Momente, die sie ihr gebracht hatten. Am Ende verbrannte sie die Liste.

Ohne dass sich Claire dessen bewusst gewesen wäre, hatte eine gewaltige energetische Veränderung stattgefunden. Zwei Tage später erfuhr sie, dass ihr Exmann seiner langjährigen Freundin einen Heiratsantrag gemacht hatte, obwohl er immer wieder steif und fest behauptet hatte, er würde nie wieder heiraten. Innerhalb eines Monats hatte sie einen geeigneten Partner gefunden, mit dem sie heute noch zusammen ist.

Was hält mich davon ab, die Veränderungen zuzulassen, nach denen ich mich so sehne?

Wenn jemand feststeckt, dann liegt dies immer an unbewussten Ängsten und rigiden Denkstrukturen. Sehen Sie sich während der Meditation Ihre verborgenen Blockaden und Glaubensmuster an. Nehmen Sie sich ganz fest vor, auf positive, lebensbejahende Weise zu denken und zu handeln, dann wird sich Ihr Leben verändern.

Was, wenn ich mich verändere und jemand anderes dadurch verletzt wird?
Sie sind nur für Ihr eigenes Leben verantwortlich und der andere ist für sein Leben verantwortlich. Natürlich dürfen Sie niemals jemandem absichtlich wehtun. Wenn Sie sich selbst treu bleiben, wird das Universum die Dinge so arrangieren, dass alle Beteiligten davon profitieren.

Ich hielt an einer Ampel, als ein anderes Auto auf meines auffuhr. Daran bin ich doch ganz bestimmt nicht Schuld, oder?
Es geht um Energie, nicht um Schuld oder Unschuld. Auf einer gewissen Ebene haben Sie den Unfall angezogen. Denken Sie daran, dass jede Form von Wut – ob bewusst oder unbewusst – solche Ereignisse anzieht.
Stellen Sie sich folgende Fragen: Lassen Sie zu, dass andere Menschen Sie emotional oder körperlich missbrauchen? Fühlen Sie sich benutzt, nicht gewürdigt, unverstanden oder nicht gut genug? Wenn die Antwort auf eine dieser Fragen positiv ausfällt, tragen Sie in sich eine Menge Wut. Es ist nun an der Zeit, diese loszulassen und sich Ihre Macht wieder anzueignen.

Mein Freund ist immer wütend. Ich bin stets freundlich und ausgeglichen, aber er greift mich immer wieder an. Warum ist das so?
Der Zorn Ihres Freundes ist offensichtlich und die Konsequenzen für die Beziehung sind es auch. Sie haben aber als Kind gelernt, Ihre Wut zu unterdrücken und zu allen nett zu sein, damit Sie die Liebe und Aufmerksamkeit bekom-

men, nach der Sie sich so sehr sehnen. Irgendwann wurde das Nettsein zu Ihrer zweiten Natur, aber das hatte seinen Preis. Um geliebt zu werden, waren Sie sich selbst gegenüber nicht ehrlich. Sie gaben Ihre Macht ab. Sie hörten auf, das zu tun, was Sie eigentlich tun wollten. Dann mussten Sie die Wut unterdrücken, die Sie spürten. Aber der unterdrückte Zorn zeigt sich in Ihrem Energiefeld und zieht genau die Probleme an, die Sie beschreiben.

Was kann ich tun, um meine verdrängte Wut loszulassen?

Hinter jeder Wut versteckt sich Angst. Angst ist aber die Verleugnung Ihres göttlichen Selbst. Sie trennt Sie von Ihrer wahren Herrlichkeit. Öffnen Sie Ihr Herz der Quelle des Seins, dann müssen sich alle niederen Gefühle auflösen.

Die Unterdrückung Ihrer Wut wurde zu einem Überlebensmechanismus, da Sie als kleines, verletzliches Kind glaubten, Sie müssten immer nett sein, um geliebt zu werden. Denken Sie daran, dass Sie Ihrem inneren Kind aufrichtig versichern müssen, dass es sicher ist, seine Gefühle auszudrücken. Sätze wie »Aber ich bin wirklich ein netter Mensch« oder »Ich bin nun einmal gerne nett zu anderen« tragen dazu bei, die Wahrheit zu verschleiern.
Fangen Sie an, Ihre Gedanken zu beobachten. Diese steigen wie Blasen in Ihrem Bewusstsein auf und zeigen an, was wirklich in Ihnen vorgeht. Statt zu sich selbst zu sagen: »Das war aber kein netter Gedanke« oder: »So etwas denke ich sonst eigentlich nicht«, erkennen Sie jeden einzelnen Gedanken an und akzeptieren Sie, dass er aus Ihrem Inneren kommt. Dann erinnern Sie Ihr inneres Kind daran, dass es ganz in Ordnung ist, auch einmal wütend oder

verärgert zu sein, und helfen Sie ihm, einen Weg zu finden, derartige Gefühle sicher auszudrücken.

Mein Freund sagt, dass ich eine tickende Zeitbombe bin. Was bedeutet das?
Möglicherweise kann Ihr Freund Ihre Frustration und Ihre Wut spüren, die wie eine Zeitbombe nur darauf wartet, dass der Auslöser betätigt wird und sie endlich explodieren kann. Ihre tief sitzenden Ängste können aber auch einen »Unfall« anziehen. Es gibt eine Möglichkeit, beide Szenarien zu verhindern. Erkennen Sie Ihre wahren Gefühle an und bringen Sie den Mut auf, sie angemessen auszudrücken. Dadurch wird die tickende Zeitbombe entschärft.

Wenn ich ausgehe, möchte ich einen Minirock und eine tief ausgeschnittene Bluse tragen, aber mein Bruder sagt, dadurch würde ich mir nur Ärger einhandeln. Was soll ich tun?
Was möchten Sie anziehen? Ihre Kleidung und die Art, wie Sie sie tragen, senden ebenso wie Ihre Einstellungen und Denkmuster verdeckte Signale aus. Diese Signale ziehen Menschen und Situationen an. Alle Probleme, die Sie dadurch anziehen, werden zu Ihrem Karma.

Meine Freundin nennt ihre Tochter einen »kleinen Teufel«. Sie sagt das zwar im Spaß, aber ich fürchte, dass sich ihre Wortwahl negativ auf das Kind auswirkt. Ist das möglich?
Jedes Wort ruft eine Resonanz im individuellen wie auch im kollektiven Bewusstsein hervor und lenkt die betref-

fende Energie auf das Kind, wodurch es natürlich beeinflusst wird.

Trifft das auch zu, wenn man zu jemandem sagt: »Du bist ein Engel«?

Aber ja. Durch die Schwingung des Wortes wird der Mensch, den Sie als Engel bezeichnen, mit Engelenergie gesegnet.

Karma

Was genau ist Karma eigentlich?
Karma ist ein Mechanismus, der dafür sorgt, dass Sie lernen, Verantwortung für Ihre Handlungen zu übernehmen, indem Sie die Konsequenzen Ihrer Entscheidungen tragen müssen. Wörtlich übersetzt bedeutet das Wort »Tat«. Durch diesen Mechanismus lernen Sie und entwickeln Sie sich. Da Karma im Verlauf vieler Leben immer wieder für Ausgleich sorgt, ist es ein Irrtum zu glauben, irgendjemand würde jemals mit irgendetwas davonkommen.

Wie kann man verhindern, dass man schlechtes Karma ansammelt?
Geben und empfangen Sie im selben Maß. Wenn Sie etwas geben, sorgen Sie dafür, dass sie im selben Maß etwas empfangen. Wenn man Ihnen etwas schenkt, sollten Sie eine Möglichkeit finden, etwas zurückzugeben. Das trifft natürlich auch auf die Beziehung zwischen dem Staat und seinen Bürgern zu. Wenn Sie zum Beispiel Sozialleistungen beziehen, sollten Sie der Gemeinschaft etwas zurückgeben – zum Beispiel im Form einer ehrenamtlichen Tätigkeit.

Wie bestraft Gott die Menschen, die grausame Dinge begangen haben?

Gott ist Liebe. Liebe bestraft und verdammt nicht. Sie zeigt der Seele Möglichkeiten auf, anders zu handeln und füllt das Herz mit Liebe und Verständnis. Nach jedem Leben kommt es aber zu einer Rückschau, bei der der Seele des Menschen, der Unrecht begangen hat, die Konsequenzen ihrer Handlungen klar werden. Das höhere Selbst will selbst erfahren, was es anderen angetan hat, und die Schuld zurückzahlen. Karma ist eine Entscheidung auf Seelenebene, um Erfahrungen zu machen und das Gleichgewicht wiederherzustellen.

Wer bestimmt das Karma?

Nach Ihrem Tod schauen Sie mit Hilfe der Engel und Ihrer Geistführer auf Ihr Leben zurück. Sie sehen und erkennen die tatsächlichen Konsequenzen Ihrer Gedanken, Worte und Handlungen. Dann entscheiden Sie gemeinsam mit Ihren geistigen Ratgebern, was Sie erleben müssen, um die Lektionen des letzten Lebens zu lernen und das begangene Unrecht wiedergutzumachen.

Wer sind die Herren des Karma und was genau ist ihre Aufgabe?

Die Herren des Karma sind eine Gruppe sehr hoch entwickelter Engel, die es übernommen hat, für ein Gleichgewicht zwischen Recht und Unrecht, Gut und Schlecht zu sorgen. Sie treffen die Entscheidungen über individuelle, kollektive, nationale und planetarische Schuld. Wenn Ihre Schuld besonders groß ist, können Sie während der

Meditation die Herren des Karma ansprechen und um ein göttliches Urteil bitten.

Sie können sie um den teilweisen oder vollständigen Erlass Ihres Karma bitten. Sollte dies gewährt werden, wird dies Ihre größten Schwierigkeiten erheblich abmildern. Sie können auch um göttliche Gnade für Ihre Freunde, Ihre Familie, Ihre Vorfahren, Ihr Land oder für die ganze Welt bitten. Immer wenn eine solche Gnade gewährt wird, wird den Betreffenden eine Riesenlast von den Schultern genommen.

Was ist Blitz-Karma?

Darunter versteht man eine augenblickliche Reaktion auf Ihre Gedanken, Worte oder Taten, sodass Ihr kosmisches »Konto« stets ausgeglichen ist. Haben Sie zum Beispiel am Morgen jemandem zuwenig Wechselgeld gegeben, werden Sie am Nachmittag auf irgendeine Weise übervorteilt werden. Wenig entwickelte Seelen scheinen mit allem davonzukommen, daher können Sie den Entwicklungsstand Ihrer Seele daran ablesen, wie schnell Ihr Karma auf Sie zurückfällt.

Wer qualifiziert sich für Blitz-Karma?

Bis vor Kurzem wurde dies nur besonders hoch entwickelten Seelen gewährt, aber diese Gnade wurde erheblich ausgeweitet, sodass heute mehr und mehr Seelen von dieser Möglichkeit Gebrauch machen.

Wie kann ich meinen karmischen Schuldenberg abbauen?
Der spirituelle Vertrag, den Ihre Seele mit dem Erzengel abgeschlossen hat, der Ihre irdische Entwicklung beaufsichtigt, beinhaltet, dass Sie regelmäßige »Ratenzahlungen« leisten. Diese zeigen sich als Herausforderungen, Probleme oder einem inneren Zwang, einem bestimmten Menschen oder der Gesellschaft zu dienen.

Wer bestimmt über mein Karma?
Das Universum besteht aus Energie. Wenn Ihre Seele den Körper verlässt, wird sie Ihr Leben gemeinsam mit den Engeln und Geistführern anschauen und die wahren Konsequenzen Ihrer Handlungen sehen – der guten und liebevollen, aber auch die der ängstlichen und zornigen. Gemeinsam wird dann entschieden, was Sie noch lernen müssen und wie Sie das zurückzahlen, was Sie anderen angetan haben. Vor Ihrer nächsten Inkarnation wird das als Behinderung oder Begabung genetisch einprogrammiert und Ihre Engel und Geistführer sorgen dafür, dass sie den richtigen Menschen und Situationen zur rechten Zeit begegnen, um Ihre selbst gestellten Aufgaben zu erfüllen. Ihre Einstellung zu den Bedingungen, die Sie vorfinden, beeinflusst in erheblichem Maße, ob es Ihnen gelingt, Ihre Schuld zurückzuzahlen.
Wenn Sie einen riesigen Schuldenberg angehäuft haben, werden Sie sich wahrscheinlich für eine Inkarnation unter sehr schwierigen Bedingungen entscheiden, um in einem Leben so viel Schuld wie möglich abzutragen. Aber nur eine fest entschlossene Seele wird dazu in der Lage

sein. Die meisten entscheiden sich dafür, den Schuldenberg über mehrere Leben verteilt abzutragen.

Wie viel freien Willen besitzen wir wirklich?

Ihre Überseele wählt sich Ihre genetische Veranlagung, Ihre Lebensumstände und die Menschen und Situationen, denen Sie begegnen werden, völlig frei aus. Wenn eine Situation karmische Gründe hat, das heißt, wenn sie von Ihrer Seele vor Ihrer Geburt so beschlossen wurde, dann müssen Sie sich ihr stellen. Ihre Engel und Geistführer werden alles tun, um sicherzustellen, dass Sie sich immer zur rechten Zeit am richtigen Ort befinden. Ihre Denk- und Glaubensmuster sind als Resultat vergangener Lebensumstände und Konditionierungen karmisch bedingt. Wie Sie auf die Umstände reagieren, die Ihre Seele ausgesucht hat, hängt ganz von Ihrer gegenwärtigen Persönlichkeit ab, die jetzt alle Entscheidungen trifft und Ihre Einstellung bestimmt. Ihre Gedanken, Worte und Handlungen wirken sich nachhaltig auf Ihre Lebensumstände aus und wenn Ihre Reaktionen überwiegend von einem erleuchteten Standpunkt aus erfolgen, wird sich Ihr Leben positiv verändern.

Wenn Sie eine Bahnfahrt unternehmen wollen, informieren Sie sich vorher, an welchen Bahnhöfen der Zug halten wird. Dies sind feste Größen. Aber Sie können entscheiden, an welcher Station Sie aussteigen und welche Städte Sie erkunden möchten. Sie entscheiden, ob Sie sich mit den anderen Fahrgästen unterhalten oder nicht, ob Sie aus dem Fenster schauen, ein Buch lesen oder schlafen möchten. Je nach Persönlichkeitsstruktur werden Sie entweder über die Dinge meckern oder Sie werden Sie eher auf die leichte Schulter nehmen.

Ein Beispiel: Als Doug und Margarets einziger Sohn ums Leben kam, waren die beiden bis ins Mark erschüttert. Der Belastung konnte die Ehe nicht länger standhalten. Doug wandte sich dem Alkohol zu und ertränkte damit seinen Kummer. Margaret beschloss ihr Leben dem Dienst am Nächsten zu widmen. Sie ging nach Afrika, wo sie in einem Waisenhaus arbeitete. Dort fand sie ein neues Glück und eine tiefe Befriedigung. Beide hatten dieselben karmischen Umstände, die von ihren Seelen ausgesucht worden waren, aber jede Persönlichkeit reagierte anders darauf.

Erschaffe ich mir in diesem Moment neues Karma?
Ja, aber nicht so viel wie manche Menschen meinen. Viele der furchtbaren Geschehnisse in der Welt sind die Vollendung alten Karmas.

Wird von einem spirituellen Gesichtspunkt aus gesehen, wirklich alles gut?
Ja, so ist es. Niemand kommt je mit irgendetwas ungestraft davon, daher brauchen die Menschen auch nicht Rache zu üben. Der lange Arm des Karma sorgt dafür, dass alles in einem perfekten göttlichen Gleichgewicht gehalten wird, auch wenn dies manchmal erst nach vielen Leben geschieht – je nach den Wünschen der beteiligten Seelen.

Was ist mit unserem Rechtssystem?
Die Menschen sind Mitschöpfer und Mitregenten auf Erden. Eine integre Rechtsprechung trägt dazu bei, Karma

auszugleichen. Das kann aber nur funktionieren, wenn der Missetäter auch einsieht, dass er Unrecht begangen hat. Rehabilitierung löst Karma auf. Für das geistige Wachstum der Menschheit ist es wichtig, dass Recht und Gerechtigkeit herrschen.

Ist die Menschheit so tief gefallen wie die alten Atlanter?

Da die gegenwärtigen technologischen Fähigkeiten nicht so weit entwickelt sind wie in Atlantis, sind auch die Möglichkeiten, eine Katastrophe auszulösen, begrenzter. Aber die Parallelen sind nicht zu übersehen. Die geistige Welt sieht bekümmert zu, wie sich die Menschheit wieder einmal der genetischen Manipulation, dem Klonen von Lebewesen, dem Implantieren von Chips, nuklearen Experimenten und der Kontrolle durch Drogen hingibt. Und alles nur für eigennützige Interessen.

Selbst in den dunkelsten Tagen von Atlantis weigerten sich die Führer fossile Brennstoffe zu benutzen, weil dies den Planeten zu sehr schädigen würde. Die Menschheit missbraucht ihre Mutter Erde heute in einem größeren Ausmaß, als es damals die Atlanter taten. Atlantis überschritt einen Punkt, von dem aus keine Umkehr mehr möglich war. Die Engel erinnern die Menschheit daran, dass noch alle ihr Leben ändern können und auf den glorreichen rechten Pfad zurückfinden können.

Wie helfe ich dem Planeten am besten?

Respektieren Sie alle Lebensformen. Kaufen oder unterstützen Sie nichts, das hergestellt wurde, indem einem anderen Menschen, einem Tier oder einer Pflanze Schaden zugefügt wurde.

Gebet für ein spirituelles Leben

Engel des Lichts, ich bitte euch, erfüllt mein Herz mit Liebe und Respekt für alle Lebewesen. Helft mir, das Göttliche in allen Dingen zu sehen, sodass meine Gedanken, Worte und Handlungen Ausdruck des göttlichen Willens sind. Gebt mir die Kraft, mein Leben im Sinne meiner höchsten Vision zu leben. Gewährt mir Mitgefühl für jene, die die geistigen Gesetze übertreten. Amen.

Ich habe gelogen, um die Gefühle meiner Mutter nicht zu verletzen. Habe ich dadurch eine karmische Schuld angehäuft?
Wenn Sie versuchen, einen anderen Menschen vor Verletzungen zu bewahren, verhindern Sie, dass dieser seine Lektionen lernt. Dadurch nehmen Sie tatsächlich eine karmische Schuld auf sich. Überlegen Sie sich, ob Sie nicht eigentlich versucht haben, sich selbst zu schützen, weil sie den Schmerz Ihrer Mutter nicht ertragen können.

Ein Hund lief mir vors Auto und ich habe ihn überfahren. Trage ich eine karmische Schuld?
Wenn Sie vernünftig und umsichtig gefahren sind, trifft Sie keine karmische Schuld. Aber falls Sie rücksichtslos

gefahren sind, dann schon. Manchmal werden erst die nachträglichen Schuldgefühle zu einer Belastung, obwohl die eigentliche Tat keine karmische Schuld beinhaltet. Denken Sie bitte daran, dass das Universum Ihnen immer das gibt, was Sie glauben, verdient zu haben.

Warum hat sich der Hund dafür entschieden, mir vors Auto zu laufen?
Das kann verschiedene Gründe haben. Beantworten Sie die folgenden Fragen, dann werden Sie vermutlich herausfinden, warum Sie eine solche Situation angezogen haben. Ist es Ihnen gelungen, bei all dem Schrecken Ruhe zu bewahren? Waren Sie voller Mitgefühl für das getötete Tier oder haben Sie nur an sich selbst gedacht? Hat Sie der Vorfall daran erinnert, in Zukunft vorsichtiger zu fahren? Haben Sie versucht, den Besitzer des Hundes zu finden, um ihn zu trösten? Konnten Sie den Hund dem Licht anempfehlen und für ihn beten? War der Vorfall vielleicht ein Weckruf, um Ihnen zu zeigen, dass irgendetwas in Ihrem Leben aus dem Ruder gelaufen ist? Waren Sie zur Zeit des Unfalls wütend oder hatten Sie sogar Mordgelüste?

Woher weiß ich, ob ich noch eine karmische Schuld trage?
Wenn Sie noch eine karmische Schuld abzutragen haben, wird das Leben Ihnen Gelegenheit dazu in Form vom Herausforderungen, Einschränkungen oder selbstlosem Dienen geben.

John mochte Kinder eigentlich nicht besonders, aber zu seinem Aufgabenbereich als Fahrer gehörte nun einmal auch das Fahren eines Schulbusses. Obwohl er versuchte, darum herumzukommen, wurde er immer wieder eingeteilt, die Kinder zu fahren. Eigentlich wollte er gar nicht Fahrer eines Busses, sondern Chauffeur einer Limousine sein. Als er ein Rückführungsseminar mitmachte, wurde ihm klar, dass er in einem vergangenen Leben Kindern grausame Dinge angetan hatte. Er erkannte, dass er eine karmische Schuld abtrug, und machte eine Übung, während der er sich selbst vergab. Daraufhin vergaben ihm auch die Seelen der Kinder, denen er Leid angetan hatte. Zum ersten Mal in seinem ganzen Leben war er zufrieden. Innerhalb eines Monats bekam er seinen Traumjob. Da wusste John, dass seine karmische Schuld beglichen war.

Meinem Sohn geschehen immer wieder tragische Dinge. Alle seine Freunde scheinen zu sterben und seine Freundin hat sogar Selbstmord begangen.
Ihr Sohn glaubt an Tragödien. Dadurch zieht er Menschen an, die auf der Seelenebene beschlossen haben, unter tragischen Umständen zu sterben. Nichts davon geschieht zufällig. Es wäre für Ihren Sohn sehr wichtig, sein Glaubenssystem zu ändern.

Eine Übung, um sein Glaubenssystem zu ändern

Wenn Ihnen nicht gefällt, was in Ihrem Leben geschieht, müssen Sie Ihre unbewussten Glaubensmuster ändern, um andere – glücklichere – Dinge anzuziehen.

- Wenn Sie sich an vergangene Ereignisse erinnern, beobachten Sie, welche Gedanken hochkommen und schreiben Sie diese auf. Ignorieren Sie keinen einzigen Gedanken.
- Finden Sie heraus, welche Gedankenmuster immer wiederkehren. Schreiben Sie die wichtigsten auf.
- Scheiben Sie dann das genaue Gegenteil auf, also das, was Sie anziehen möchten.
- Stellen Sie sich vor, dass diese Dinge geschehen.
- Bekräftigen Sie mit Worten, was Sie erschaffen möchten.
- Vergeben Sie sich dafür, dass Sie bisher das Falsche angezogen haben.

Eine Visualisierungsübung, um Ihr Glaubenssystem zu erforschen

Die folgende Visualisierungsübung wird Ihnen helfen, die verborgenen Ursachen Ihrer Probleme aufzudecken und sie zu heilen.

- Finden Sie einen ruhigen Ort, an dem Sie eine Zeit lang ungestört sein können.
- Zünden Sie eine Kerze an und bitten Sie Ihren Engel, Ihnen zu helfen. (Sie müssen übrigens nicht an Engel glauben, um ihre Hilfe zu erhalten.)
- Danken Sie in Gedanken den unbewusst ablaufenden Prozessen, dass sie versucht haben, Sie zu

beschützen. Sagen Sie ihnen, dass Sie nun bereit sind, sich dieser Dinge bewusst zu werden, damit Sie sie heilen können.

- Konzentrieren Sie sich auf das, was geschehen ist, und achten Sie darauf, in welchen Körperteilen sich Spannungen zeigen.
- Atmen Sie in diesen Teil Ihres Körpers hinein und bitten Sie darum, dass Bilder oder Erinnerungen auftauchen mögen.
- Wenn sich Bilder oder Erinnerungen zeigen, sprechen Sie mit ihnen. Versuchen Sie herauszufinden, was sie Ihnen sagen wollen. Versuchen Sie, sie zufriedenzustellen.
- Stellen Sie sich bildlich vor, wie alle Negativität in eine Gold und Silber violette Flamme verwandelt wird.

Häufen Konzerne, die zum Beispiel minderwertige Nahrung, Zigaretten oder Alkohol verkaufen, negatives Karma an?

Ja, wenn eine Firma ein Produkt in dem Wissen verkauft, dass es schädlich ist, häufen die Besitzer, Manager und Arbeiter negatives Karma an. Wie viel hängt völlig von ihren Einstellungen, ihren Absichten und ihrem gegenwärtigen Verständnis ab.

Trägt man auch dann eine karmische Schuld, wenn man die Befehle eines Vorgesetzten befolgt?
Jeder Mensch ist für seine Handlungen und die sich daraus ergebenden Konsequenzen verantwortlich. Wenn aber zum Beispiel ein Soldat glaubt, für eine gerechte Sache zu kämpfen und Befehle ausführt, die zum Tod oder zur Verwundung anderer Menschen führen, ist die karmische Schuld weniger groß als die eines Soldaten, der aus reiner Abenteuerlust in den Krieg zieht.

Finanzielles Karma

Entsteht durch eine Bankrotterklärung auch eine karmische Schuld?
Wenn Sie jemandem Geld schulden, sind Sie dem Geldgeber über mehrere Leben hinweg verpflichtet, es zurückzuzahlen.

Häufen habgierige Finanzinstitute für den Schaden, den sie anrichten, negatives Karma an?
Das tun sie. Jene, die Entscheidungen treffen, haben das Karma zu tragen. In manchen Fällen auch diejenigen, die diese Finanzinstitute regulieren und beaufsichtigen sollten.

Wenn ich bei meinem Tod Schulden hinterlasse, trage ich dann gegenüber meinen Gläubigern im nächsten Leben eine karmische Schuld?
Das hängt ganz von den Gefühlen und der Einstellung der Beteiligten ab, aber allgemein gesagt, schulden Sie den

Gläubigern so lange etwas, bis es zurückgezahlt ist – es sei denn, sie sind bereit, Sie aus Ihren Verpflichtungen zu entlassen. Wenn die Umstände geeignet sind, wird das höhere Selbst aller Beteiligten dafür sorgen, dass Sie ein gemeinsames Leben haben, das Ihnen die Möglichkeit gibt, Ihre Schuld zu begleichen.

Mein Mann hat meine Schulden bezahlt, die ich leichtsinnigerweise gemacht habe. Schulde ich ihm dafür Karma?

Wenn Sie ihm gegenüber Schuldgefühle haben, dann schulden Sie ihm Karma. Schuldgefühle ziehen Wut an und die negativen Gefühle, die Sie empfinden, sind die Konsequenz Ihres Handelns. Wenn die Zeit reif ist – ob nun in diesem Leben oder einem anderen –, wird Ihre Seele Sie auf irgendeine Weise drängen, Ihre Schuld zurückzuzahlen.

Wenn Ihr Mann aber aus freien Stücken und voller Liebe Ihre Schulden beglichen hat und Sie sich geschätzt und geliebt fühlen, wird die karmische Schuld weniger groß sein. Dennoch wird Ihr höheres Selbst Ihnen die Möglichkeit geben, in dieser Inkarnation oder einer anderen etwas über den verantwortungsvollen Umgang mit Geld zu lernen.

Mein Vater hat mir meine Universitätsausbildung bezahlt. Schulde ich ihm deswegen Karma?

Das hängt von verschiedenen Faktoren ab. Stellen mehrere Menschen diese Frage, erhalten sie womöglich alle eine andere Antwort, denn es hängt ganz von der Einstellung des Gebenden als auch des Empfangenden ab. Wenn

an das Geld Bedingungen geknüpft sind, entsteht Karma. Wenn es aber im Geiste bedingungsloser Liebe gegeben wurde, herrscht ein karmisches Gleichgewicht.
Wenn Ihr Vater die Studiengebühren also aus Großzügigkeit und Liebe gezahlt hat, ohne eine emotionale oder finanzielle Gegenleistung zu erwarten, und wenn Sie das Geld im selben Geist angenommen haben, ist keine karmische Schuld entstanden.
Wenn Ihr Vater sich das Geld vom Munde abgespart hat, weil er sie liebt und möchte, dass Sie erfolgreich sind, ist an das Geld die Bedingung Ihres Erfolges geknüpft, wodurch eine karmische Verbindung zwischen Ihnen beiden entsteht.
Hat sich Ihr Vater das Geld vom Munde abgespart, ist aber voller Stolz und Liebe auf Sie, weil er nur das Beste für Sie möchte, entsteht kein Karma, da er gleichermaßen glücklich ist, ob Sie nun Erfolg haben oder nicht.
Wenn ein Student und sein Vater übereinkommen, dass die Studiengebühren nur geliehen sind und zurückgezahlt werden müssen, dann besteht die karmische Schuld so lange, bis das Geld tatsächlich zurückgezahlt ist.

Als ich bereits einen großen Schuldenberg angehäuft hatte, riet mir mein Finanzberater noch mehr auszugeben und dann einfach Privatkonkurs zu erklären. Da mir dies allerdings höchst unmoralisch zu sein schien, habe ich seinen Rat nicht befolgt. Hätte ich es aber getan, wäre dadurch noch mehr Karma entstanden? Und wie sieht es mit seinem Karma aus?
Hätten Sie weiter Geld verschwendet, obwohl Sie bereits Schulden hatten, wäre Ihre karmische Schuld dadurch

noch größer geworden. Ihr Finanzberater hat mit Sicherheit eine karmische Schuld auf sich geladen, als er Ihnen diesen unmoralischen Vorschlag machte. Wenn jemand einen anderen dahingehend beeinflusst, etwas zu tun, was gegen die höchsten Prinzipien verstößt, hat seine Seele noch viel zu lernen.

Ich schuldete dem Finanzamt Geld, als ich in Konkurs ging. Trage ich dem Staat gegenüber eine karmische Schuld?
Denken Sie daran, durch Karma erleben Sie das, was Sie anderen angetan haben. Sie tragen der Gesellschaft gegenüber eine Schuld, weil Sie nicht Ihren Teil zum Allgemeinwohl beigetragen haben.

Ich ging in Konkurs, weil ich so hohe Kreditkartenschulden hatte. Das hat doch niemandem wehgetan, oder? Schließlich haben die Banken doch reichlich Geld. Dafür häufe ich doch sicherlich kein Karma an, oder?
Doch, das haben Sie getan. Ihr höheres Selbst wird Ihnen weitere Gelegenheiten geben zu lernen, wie man verantwortungsvoll mit Geld umgeht, bis Sie es gelernt haben.

Was ist mit dem Karma der Banken, die hohe Zinsen für Geld verlangen, das sie nicht einmal haben? Tragen sie denn keine Verantwortung für den Schaden, den sie anrichten?
Aber gewiss doch. Jeder Mensch, der in einer so korrupten Organisation arbeitet, übernimmt einen Teil ihres Karma.

Je höher die Position in der Firma, desto größer die karmische Schuld.

Was ist mit Banken, die Menschen, von denen sie wissen, dass sie das Geld nicht zurückzahlen können, trotzdem mit Krediten locken?
Jeder Mensch ist verantwortlich für das, was er sich leiht. Wenn Geldverleiher aber absichtlich die Schwachen und Schutzlosen aufs Korn nehmen, tragen auch sie eine karmische Schuld. Bei einer Großbank häufen sowohl die, die solche Entscheidungen treffen, als auch die, die sie ausführen, eine karmische Schuld an.

Ich arbeitete für ein Inkassoinstitut und man erwartet von mir, dass ich fragwürdige Methoden benutze. Ich hasse meine Arbeit, aber ich kann keine andere Stelle finden. Was soll ich tun?
Jeder Mensch erschafft seine eigene Realität. Ihre gegenwärtige Situation ist das Ergebnis Ihrer Glaubensmuster, Einstellungen, Gedanken, Worte, Handlungen und Entscheidungen. Wenn Sie Ihr Leben wirklich ändern möchten, müssen Sie zunächst einmal Ihre innere Welt verändern. Sie können sofort damit anfangen, indem Sie durch Affirmationen Ihr Selbstwertgefühl und Ihre Fähigkeit stärken, eine Arbeit zu finden, die Sie in Ihrer geistigen Entwicklung weiter bringt. Überlegen Sie sich dann, was Sie wirklich wollen, und konzentrieren Sie sich ganz auf diese Vision. Auf diese Weise zeigen Sie dem Universum, dass Sie bereit sind, eine neue Arbeit anzunehmen, die ehrbarer und befriedigender ist.

Affirmationen, um eine neue Arbeitsstelle zu finden

- Ich habe eine Stelle verdient, die mich erfüllt.
- Ich habe eine Stelle verdient, in der ich gut bezahlt werde.
- Ich liebe meine Arbeit.
- Ich mag meine Kollegen.
- Ich habe Freude an dem, was ich tue.
- Ich verdiene meinen Lebensunterhalt auf ehrliche Weise.

Eine Übung, um Klarheit zu erlangen

Denken Sie daran, Sie suchen nicht den Job fürs Leben. Im Moment geht es nur um den nächsten Schritt.

- Denken Sie über diese Fragen nach und schreiben Sie alles auf, was Ihnen dazu einfällt – und sei es noch so banal. Bleiben Sie aber vernünftig und realistisch.
  Was befriedigt Sie und was macht Sie glücklich?
  Welche Art von Arbeit verschafft Ihnen ein Hochgefühl?
  Möchten Sie lieber drinnen oder draußen arbeiten? Oder abwechselnd drinnen und draußen?
  Möchten Sie allein arbeiten oder gemeinsam mit anderen?

Möchten Sie bei Ihrer Arbeit kreativ sein?
Möchten Sie gerne körperlich arbeiten?
Sind Sie künstlerisch veranlagt?
Unterrichten Sie gerne?
Wie viel möchten Sie verdienen?
Möchten Sie selbstständig sein?
Wenn Sie wüssten, dass Sie auf jeden Fall Erfolg haben würden, welche Arbeit würden Sie dann verrichten?
Wenn Sie bereits vermögend wären, was würde Ihnen Freude machen?

- Setzen Sie sich still hin und stellen Sie sich vor, dass Sie verschiedene Arbeiten verrichten, bis Sie eine finden, die sich richtig anfühlt.

Eine Übung, um die perfekte Beschäftigung zu finden

- Wenn Sie sich darüber im Klaren sind, was Sie machen und wie viel Sie verdienen möchten, schreiben Sie es auf.
- Zeichnen Sie ein Bild von sich und Ihrer neuen Beschäftigung und ein weiteres mit einem Kontoauszug und einer bestimmten Summe Geldes.
- Zünden Sie eine Kerze an und danken Sie den Engeln und dem Universum dafür, dass sie Ihnen diese Stelle beschaffen werden.
- Unternehmen Sie die notwendigen Schritte, um sich auf die neue Stelle vorzubereiten und halten Sie die Augen offen.

Kollektives Karma

Warum würde ein liebender Gott eine ganze Gemeinschaft oder ein ganzes Land leiden lassen, nur um sie eine karmische Schuld begleichen zu lassen?
Gott trifft diese Entscheidung nicht. Gott ist Liebe und hat den Menschen den freien Willen geschenkt, damit sie ihre eigenen Entscheidungen treffen können. Die Menschen haben sich allerdings immer wieder dafür entschieden, ihren Brüdern und Schwestern Leid anzutun. Im Verlauf der Geschichte haben sich immer wieder sowohl Gruppen und Familien als auch ganze Gesellschaften auf der Seelenebene entschieden, gemeinsam zurückzukehren, um am eigenen Leib zu erleben, was sie anderen angetan haben. Dann sind sie natürlich derselben Gewalt, derselben Unterdrückung und demselben Leid ausgesetzt, das sie in einem früheren Leben verübt haben. Nur auf diese Weise werden sie verstehen, wie sich dieses Leid anfühlt, und ihre Lektion lernen, andere Menschen nie wieder so zu behandeln. Wenn sie sich entscheiden, ihr Verhalten zu ändern und sich selbst und denen, denen sie Leid angetan haben, zu vergeben, dann wird das Rad des Karma aufhören sich zu drehen.
Viele Bevölkerungsgruppen inkarnieren sich immer wieder in denselben eingefahrenen Umständen und wiederholen scheinbar endlos den Kreislauf aus Gewalt und Unterdrückung. Wenn Sie sich durch diese Worte angesprochen fühlen, hören Sie jetzt damit auf und segnen Sie jene, die sich auf der anderen Seite befinden, denn sie sind Ihre Brüder und Schwestern.

Warum lässt ein liebender Gott zu, dass die gesamte schwarze Bevölkerung Südafrikas unter dem Joch der Apartheid zu leiden hatte? Nur damit ihre Seelen besser werden oder Erleuchtung erfahren?
Apartheid wurde von Menschen erfunden, nicht von Gott. Bestimmte Menschen haben ihren freien Willen benutzt, um andere Menschen zu unterdrücken. Das hat nichts mit Gott zu tun, der den Menschen einen freien Willen gegeben hat und nun zuschaut, was sie daraus machen. Die Weißen, die das System der Apartheid einführten, waren junge Seelen, die viel Karma anhäuften. Die Schwarzen, die unter der Apartheid litten, waren reifere Seelen, die Karma abtrugen und denen, die weniger weit entwickelt waren, Eigenschaften wie Duldsamkeit, Geduld und seelische Kraft demonstrierten.
Die Angst des Ego, das sich von Gott getrennt fühlt, fördert Gefühle der Getrenntheit, Überheblichkeit, Gleichgültigkeit und Grausamkeit. Liebe bringt immer Gefühle der Einheit, Zusammenarbeit, Fürsorglichkeit, Harmonie, Gleichheit und Hochachtung für andere hervor.

Was ist kollektives Karma?
Darunter versteht man Karma, das die ganze Welt angehäuft hat und das noch nicht beglichen wurde. Seit Jahrhunderten liegen diese Schulden unbeachtet auf den kosmischen Bankkonten. Jetzt, wo der Planet und alle seine Bewohner in eine höhere Dimension aufsteigen, muss die kollektive Schuld beglichen werden. Daher haben sich sowohl Individuen und Gruppen, aber auch ganze Staaten daran gemacht, ihren Teil der Schuld abzutragen.

Haben Länder ein Karma?
Aber ja. Wenn ein Land seine Einwanderer oder Besucher schlecht behandelt oder ein anderes Land überfällt, betrügt oder verrät, schuldet es ihm Wiedergutmachung.

Ein Beispiel: Der massive Zustrom von Flüchtlingen nach Europa, die besonders aus jenen Ländern kommen, die die Europäer früher kolonisiert, ausgeplündert oder betrogen haben, ist nichts weiter als die karmische Konsequenz früherer Handlungen.

Besitzen auch Städte ein Karma?
Immer dann, wenn falsche oder negative Entscheidungen von den Verantwortlichen einer Stadt getroffen wurden, entsteht Karma.

Was versteht man unter Ahnenkarma?
Jede sich neu inkarnierende Seele trägt das kollektive Karma von sieben Generationen seiner Vorfahren in sich. Das ist genetisch einprogrammiert, sodass bestimmte Lebensumstände angezogen werden und bestimmte gesundheitliche Probleme vorherbestimmt sind.

Nach einem Atlantis-Seminar, in dem ich mit den Teilnehmern Übungen zum Auflösen von Ahnenkarma gemacht hatte, erhielt ich eine E-Mail von Rachel, in der sie mir mitteilte, dass sie in der Woche nach dem Seminar sieben Kilogramm abgenommen hatte. Sie wusste, dass dies geschehen war, weil sie das Karma eines ihrer Vorfahren aufgelöst hatte.

Haben auch Religionen ein Karma?
Missionarische Religionen, die versuchen, die Menschen anderer Kulturkreise zu bekehren, und ihnen ihren Glauben aufzuzwingen, müssen irgendwann den Schaden ausgleichen, den sie angerichtet haben.

Begleichung von Karma

Wird einem Kriminellen durch Vergebung geholfen?
Sehr sogar. Wenn jemand einer anderen Seele gegenüber Gefühle der Wut, Angst oder Verurteilung hegt, entsteht zwischen den beiden eine psychische Schnur. Die beiden werden karmisch so lange aneinander gebunden sein, bis die Schnur durchtrennt wird. Durch die Schnur wird man immer wieder zueinander hingezogen und sich immer wieder gemeinsam inkarnieren. Die eigene Wut, Angst oder Verurteilung wird – wenn auch meistens unbewusst – immer dafür sorgen, dass die andere Seele auf irgendeine Weise bestraft wird, bis man selbst das Karma am eigenen Leib erlebt. Und so dreht sich das Rad immer weiter.
Wenn das Opfer aber auf Bestrafung verzichtet und dem Täter vergibt, wird die Schuld aufgehoben. Beide Seelen sind dann frei. Aber auch der Täter muss sich selbst vergeben.
Wenn Sie einem anderen seine Schuld vergeben, hilft das der ganzen Menschheit, denn durch Ihr Loslassen wird das Bewusstsein aller angehoben und andere werden Ihrem Beispiel folgen.

Sind all die furchtbaren Dinge, die heute geschehen, das Ergebnis von Karma?

Einige, aber nicht alle der schrecklichen Dinge, die sich heute auf der Erde ereignen, stellen das Begleichen karmischer Schuld dar. Gebete und Bitten um Gnade können der Welt enorm helfen.

Ich habe als Jugendlicher schlimme Dinge getan. Wie kann ich mein Karma ausgleichen?

Karma wird durch Gnade aufgelöst und damit dies geschehen kann, ist bedingungslose Liebe nötig. Wenn Sie den Menschen, denen Sie etwas angetan haben, keine Wiedergutmachung angedeihen lassen können, helfen Sie anderen Menschen aus vollem Herzen. Dann wird Ihre Schuld beglichen sein. Wenn die Schuldgefühle und der Zwang, Gutes zu tun, verschwunden sind, werden Sie wissen, dass Sie »schuldenfrei« sind.

Manche Leute kommen immer mit allem durch. Warum ist das so?

Karma wird im Verlauf vieler Leben ins Gleichgewicht gebracht. Deshalb kommt niemand mit irgendetwas davon. Junge Seelen häufen viel Karma an, weil sie sich der Konsequenzen ihrer Handlungen nicht bewusst sind. Aber je öfter sie sich inkarnieren und je mehr Weisheit sie erlangen, desto mehr werden sie auch den Wunsch nach Wiedergutmachung verspüren. Dann wählen sie sich Inkarnationen aus, in denen sie einzelnen Menschen oder ganzen Gesellschaften dienen können.

Mein Freund ist so ein guter, netter Mensch, dem aber immer wieder furchtbare Dinge widerfahren. Es scheint mir so ungerecht zu sein. Warum ist das so? Und was kann ich tun, um ihm zu helfen?

Ihr Freund muss in früheren Leben einige schreckliche Dinge getan haben – wie übrigens die meisten jungen Seelen. Jetzt ist sein Verständnis gereift und er möchte das Böse, das er getan hat, wiedergutmachen. Das beinhaltet aber, dass er am eigenen Leib erlebt, was er anderen angetan hat. Auf einer höheren Ebene hat er dies vor seiner jetzigen Inkarnation so entschieden.

Aufgrund seiner früheren Leben glaubt Ihr Freund unbewusst, dass ihm furchtbare Dinge passieren werden. Das Universum sorgt immer dafür, dass die Erwartungen erfüllt werden. Unangenehme Situationen werden durch diese Erwartung angezogen und andere Menschen bieten sich an, ihm zu dienen, indem sie ihm furchtbare Dinge antun. Auf diese Weise wird sein Karma aktiviert. Seine Einstellung gegenüber diesen Herausforderungen bestimmt, ob seine Schuld abgetragen oder ob sie sogar noch vergrößert wird.

Er trägt seine Schuld ja bereits durch seine Güte und seine guten Taten ab. Es ist jetzt wichtig, dass er seine Gedanken beobachtet und seine tiefer liegenden Denkmuster durchschaut. Durch Affirmation, Heilung, Mut, Gebet, Meditation, positive Visualisierung und indem er sich selbst vergibt und das Gute in allem sieht, kann er sein Schicksal ändern, sodass er nur noch positive Dinge anziehen wird.

Ich pflege meinen senilen Mann, der mich aber nicht mehr erkennt. Ist dies Karma? Warum lässt Gott so etwas zu?

In den Augen Gottes ist Ihr Mann mental, emotional, körperlich und spirituell ganz und perfekt. Ihre Lebensumstände, also Ihr Karma, wurden von Ihnen und Ihrem Mann so geschaffen.

Nehmen Sie alle negativen Gefühle, die Sie Ihrem Mann und dem Universum gesendet haben, zurück. Stellen Sie sich dann Ihren Mann als in Licht gebadet vor und übergeben Sie ihn der Obhut der Engel. Ich gebe Ihnen hier eine Übung, die allen Pflegepersonen helfen wird. Sie ist immer angebracht, ganz gleich wie sehr Sie den von Ihnen gepflegten Menschen auch lieben mögen.

Visualisierungsübung für Pflegepersonen

- Setzen Sie sich still hin, atmen Sie ruhig ein und aus, bis sich Ihr ganzer Körper entspannt anfühlt und Ihr Verstand zur Ruhe gekommen ist.
- Stellen Sie sich vor, dass die von Ihnen gepflegte Person vor Ihnen steht.
- Spüren Sie, welche Auswirkungen Ihre Frustration dieser Person gegenüber hat. Wie nehmen Sie diese Energie wahr? Ist sie dick, dünn, grau, schwarz, stinkend oder riecht sie nach Fäule? Was tut sie? Klebt sie an Ihnen oder am anderen Men-

schen? Ist durch sie eine Nabelschnur zwischen Ihnen beiden entstanden? Erdrosselt sie Sie oder ihn?

- Bitten Sie die Engel, diese klebrige Energie aufzulösen und sie beide von ihr zu befreien.
- Stellen Sie sich die von Ihnen abhängige Person so vor, wie sie früher einmal war: voller Leben und Kraft. Wenn das nicht geht, versuchen Sie sich ihr göttliches Selbst vorzustellen.
- Hüllen Sie sie in eine goldene Lichtkugel und stellen Sie sich vor, dass Sie diese den Engeln übergeben.
- Danken Sie Gott dafür, dass er den von Ihnen geliebten Menschen in seine Obhut nimmt. Bitten Sie um Kraft, Geduld, Liebe und was immer nötig ist, um mit dieser Situation fertig zu werden.
- Spüren Sie, dass die Schwingen der Engel ihn umfangen und seien Sie sich sicher, dass Ihnen Hilfe gewährt werden wird.

Es kann sein, dass Sie diese Übung mehrmals ausführen müssen.

Ich fühle mich dazu verdammt, ein Leben voller Mühsal zu führen, weil ich mich um meine gebrechlichen Eltern kümmern muss. Was kann ich tun?

Sie erschaffen Ihr Leben aus Ihren Gefühlen und noch wichtiger aus Ihren Glaubensmustern. Tief im Innern glauben Sie daran, dass Sie ein Leben voller Mühsal ver-

dient haben, und das ist zu Ihrem Karma geworden. Tief im Innern glauben Sie, dass Sie wertlos sind, dass Sie nichts Gutes verdient haben, dass Sie sich schuldig gemacht haben, dass Ihnen niemals etwas Gutes widerfahren wird und dass das Leben nichts als Mühsal ist.
Nach den geistigen Gesetzen kommen jene, die Sie auf der Seelenebene wirklich lieben, in Ihr Leben, um Ihnen Ihre verborgenen Überzeugungen aufzuzeigen. In Ihrem Fall haben Ihre Eltern diese Rolle übernommen. Nun sind Sie aber alle in einer Situation gefangen, die keinem von Ihnen weiterhilft.
Das Gesetz des Widerstandes besagt, dass Sie genau das anziehen, was Sie ablehnen. Die meisten Menschen kämpfen gegen unangenehme Situationen, indem sie sich auf das konzentrieren, was ihnen missfällt. Aber wenn Sie Ihre Aufmerksamkeit auf etwas richten, entsteht genau das. Zeigen Sie dem Universum also, was Sie wirklich wollen, und genießen Sie das gute Gefühl, dass Ihr Wunsch bereits Wirklichkeit geworden ist.

Eine Übung, um Ihre Situation zu verändern

- Beobachten Sie Ihre Gedanken, bis Sie erkannt haben, worin Ihre Glaubensmuster bestehen. Dann schreiben Sie Affirmationen auf – also positive Aussagen in der Gegenwartsform, die beschreiben, was Sie wirklich wollen. Bedenken Sie: Ihr göttlicher Kern ist wunderschön und über alle Maßen wertvoll und verdient es, ein glückliches, von Liebe erfülltes Leben zu führen.

- Wiederholen Sie zwei Mal am Tag jede Affirmation zehn Mal oder öfter.
- Werden Sie sich darüber klar, was Sie wirklich wollen. Möchten Sie, dass zwei Mal in der Woche eine Pflegeperson kommt, damit Sie etwas mehr Freizeit haben? Möchten Sie eine eigene Wohnung haben und Ihre Eltern nur einmal in der Woche besuchen? Möchten Sie vielleicht heiraten und nach Australien ziehen?
- Das Universum wird Ihnen Ihren Herzenswunsch erfüllen, solange Sie ihn nur klar formulieren und daran glauben, dass Sie ihn sich wirklich verdient haben.
- Wenn es nicht in Ihrem besten Interesse ist, ist es auch nicht im besten Interesse der betroffenen Person.
- Wenn Ihnen klar ist, was Sie wirklich wollen, stellen Sie es sich so bildhaft wie möglich vor. Fühlen Sie es, reden Sie darüber, erleben Sie es, als ob es bereits wahr geworden wäre. Stellen Sie sich gleichzeitig vor, dass die von Ihnen abhängigen Personen auf wunderbare Weise gepflegt werden und dass Sie mit der neuen Situation vollkommen glücklich sind.

Mein Sohn ist behindert? Warum er? Warum ich? Es ist alles so ungerecht.

Sowohl Ihr Sohn als auch Sie haben diese Situation auf der Seelenebene gewählt. Seien Sie deshalb versichert, dass alles total gerecht zugeht. Es gibt viele Gründe für eine solche Wahl. Immer aber geht es darum, dass beide von Ihnen eine bestimmte Lektion lernen wollten.

Gründe, aus denen sich eine Seele für einen behinderten Körper entscheidet

Wenn eine Seele auf Erden noch unerfahren ist, kann sie auf diese Weise sicherstellen, dass man sich Zeit ihres Lebens um sie kümmern wird.
Wenn eine Seele viele Leben hinter sich hat, in denen sie viel Karma angesammelt hat, mag dies die einzige Möglichkeit sein, kein weiteres Karma anzuhäufen.
Eine Seele mag sich selbst angeboten haben, der Familie und den Pflegepersonen Lektionen und Prüfungen in Sachen Liebe, Akzeptanz, Geduld, Mitgefühl und Vertrauen zu ermöglichen.
Kann sein, dass sich der Betreffende in einem anderen Leben gewünscht hat, er möge einmal total umsorgt werden.
Die meisten der hoch entwickelten Seelen, die sich behinderte Körper aussuchen, tun dies, um sich selbst in Sachen Hingabe, Geduld, Selbstakzeptanz, Charakterstärke, Mut, Vertrauen oder Verständnis zu prüfen.

Gründe, aus denen Eltern auf der Seelenebene einwilligen, ein behindertes Kind grosszuziehen

Die Eltern tragen gegenüber der sich inkarnierenden Seele eine karmische Schuld und versuchen diese durch die Fürsorge zu begleichen.

Auf der Seelenebene lieben die Eltern das Kind so sehr, dass sie sich geschworen haben, dem Kind ein Leben lang zu dienen.
Die Eltern sollen bestimmte Lektionen lernen. Zum Beispiel in Bezug auf Schuldgefühle, Einschränkungen, selbstlose Liebe und bedingungslose Akzeptanz.
Muss das Kind in einem Pflegeheim untergebracht werden, lernen die Eltern die Lektion liebevollen Loslassens. Eltern und Kind lehren einander Mitgefühl und Fürsorglichkeit.

Einige Beispiele:
Ein Mann, der in einem früheren Leben aus Leichtsinn mehrere Frauen geschwängert und keine Verantwortung für seine Kinder übernommen hatte, entschied sich für ein Leben, in dem er zu behindert war, um Sex zu haben.
Ein Mann, der in einem früheren Leben in Asien befohlen hatte, Dieben die Hand abzuhacken, entschied sich für ein Leben mit nur einer Hand im Westen.
Ein grausamer Richter und sein gleichermaßen grausamer Sohn entschieden sich dafür, in ihrem nächsten Leben Mutter und Tochter zu sein. Sie hofften, dass weibliche Körper sie weniger brutal machen würden. Da sie auf der Seelenebene aber erkannten, dass sich ihr Bewusstsein dadurch nicht ändern würde und dass sie weiterhin grausam sein und ihre Macht missbrauchen würden, entschieden sie, dass die Tochter behindert sein sollte. So lernte die Mutter Liebe, Fürsorglichkeit und Mitgefühl und die Tochter Abhängigkeit und Hingabe an die Liebe.

Warum dauert Karma nur so lange, wie man es selbst wünscht?
Die Währung des Karma ist Liebe. Sobald man wahrhaft Reue fühlt, sich selbst und anderen vergibt und sich der bedingungslosen Liebe öffnet, sind alle karmischen Schulden beglichen.

Was heißt, Karma dauert nur so lange, wie man es selbst wünscht? Ich möchte, dass mein behinderter Körper ganz gesund ist. Das ist doch aber nicht möglich, oder?
Die Menschheit glaubt zurzeit daran, dass es unmöglich ist, Glieder nachwachsen zu lassen oder bestimmte angeborene Defekte zu heilen. Spirituell gesehen, wird man aber automatisch ganz, wenn man seinen göttlichen Bauplan erkennt. Solange sich die Menschen nicht ihrer göttlichen Vollkommenheit erinnern und den nötigen Glauben aufbringen, um die Begrenzungen des herrschenden Bewusstseins zu überwinden, muss man sterben, wenn man bereit ist, sein Karma in göttliche Hände zu legen. Dann kann man in einem anderen Körper zurückkehren.

Trägt ein Gefängnisaufenthalt Karma ab?
Zeit im Gefängnis löst nicht automatisch Karma auf. Die Einstellung des Gefangenen entscheidet darüber, ob er seine Schuld abträgt oder nicht. Reue, Güte und spirituelle Übungen sind Wege, um Karma abzutragen oder aufzulösen.
Manche Menschen erleben eine Inhaftierung als Gelegenheit, ihrem Leben eine neue Richtung zu geben und ihre

Taten aufrichtig zu bereuen. Andere werden durch die Inhaftierung davon abgehalten, weiteres negatives Karma anzuhäufen. Für viele verstärkt die Zeit im Gefängnis aber nur ihr Opferbewusstsein, sie verschließen ihr Herz noch mehr und lassen sich noch stärker von dunklen Kräften beeinflussen. Da sie nach ihrer Entlassung weitere Straftaten begehen, erschaffen sie sich in diesem Leben bereits ungünstige Voraussetzungen für das nächste.

Patrick wurde zu einem Jahr Gefängnis verurteilt, weil er durch sein leichtsinniges Verhalten einen Unfall herbeigeführt hatte, bei dem eine Frau leicht verletzt worden war. Oberflächlich betrachtet schien dieses Urteil eine himmelschreiende Ungerechtigkeit zu sein, aber seine Mutter sagte, dies sei das Beste, was ihm je widerfahren wäre, denn es versetzte Patrick einen solchen Schock, dass er von einem wilden jungen Mann zu einer vernünftigen, verantwortungsvollen Person wurde. Er nutzte seine Zeit im Gefängnis, um seinem Leben eine neue Richtung zu geben, was ihm möglicherweise das Leben rettete.

Was ist der spirituelle Sinn eines Gefängnisses?

Bestrafung kann Liebe nicht ersetzen, aber manche Seelen müssen im Interesse ihrer eigenen oder der Sicherheit anderer Menschen eingesperrt werden.

Die Lebensaufgabe

Hat jede Seele eine Lebensaufgabe?
Ja, jede Seele hat eine Bestimmung. Jede Seele hat etwas zu lernen, zu erreichen oder zu lehren. Eine solche Lebensaufgabe ist oft aber nur ganz allgemein formuliert. Nehmen wir an, vier Menschen inkarnieren sich, um mehr über Tiere zu lernen und auf irgendeine Weise mit ihnen zu arbeiten. Einer wird Tierforscher, ein anderer arbeitet in einem Zoo oder einem Tierheim, ein dritter schreibt ein Buch über Tiere und der vierte legt sich mehrere Haustiere zu. Wie ein jeder seine Bestimmung erfüllt, liegt ganz bei ihm.

Was war die Bestimmung von Mutter Teresa?
Der Welt zu zeigen, dass in den Augen Gottes jeder Mensch zählt. Durch ihr Beispiel demonstrierte sie zudem Nächstenliebe, Freude, Demut und Gottvertrauen.

Was war Walt Disneys Lebensaufgabe?
Walt Disney war eine hoch entwickelte Seele, die sich inkarnierte, um den Menschen Elementarwesen wie Elfen, Feen, Kobolde und Gnome nahezubringen und ihnen etwas von der Seele der Tiere zu zeigen. Er entschloss sich,

diese Mission zu erfüllen, indem er Filme machte, um die öffentliche Aufmerksamkeit auf das Thema zu richten, das er lehren wollte. Als er starb, stieg er auf, denn er hatte seine Aufgabe sehr gut erfüllt.

Was war John F. Kennedys Lebensaufgabe?
Er war ein Mann des Friedens.

Hatte Marilyn Monroe eine Lebensaufgabe?
In dieser Inkarnation sollte sie sich selbst und anderen zeigen, dass Schönheit nur oberflächlich ist und nicht glücklich macht.

Hat Gandhi seine Bestimmung erfüllt?
Gandhi war eine hoch entwickelte Seele, die ihre Mission ganz wunderbar erfüllt hat. Er zeigte der ganzen Welt, dass Gewaltlosigkeit unglaublich machtvoll ist. Noch heute gilt er vielen als lebende Verkörperung der Wahrheit.

Warum haben so viele große Seelen schwierige Leben?
Wie alle anderen Menschen so haben auch sie unreine Anteile, die sie verbrennen müssen, um ihre Seele zu reinigen. Sie müssen anderen durch ihr Beispiel zeigen, wie man Probleme mit Mut und Integrität bewältigt. Indem sie selbst viele Widrigkeiten erleiden, werden sie zum Vorbild und zu Leuchtfeuern in der Finsternis.

Was war mit Profumo?
Der englische Verteidigungsminister John Profumo war ein Beispiel für den Gebrauch und Missbrauch der Macht.

Nachdem er den Verlockungen der Macht erlegen war, hatte er seine Lektion gelernt und demonstrierte fortan durch Demut und Hingabe, dass der wahre Sinn der Macht im Dienen liegt. Sein wahres spirituelles Wachstum begann, als er sein Leben in den Dienst der Benachteiligten stellte.

Worin bestanden die Lebensaufgaben von Hitler und Mussolini?
Ihre ursprüngliche Lebensaufgabe bestand darin, die Macht der Liebe einzusetzen. Beide versagten, weil sie ihre Herzen verschlossen und sich in die Macht selbst verliebten, die sie ohne Mitgefühl ausnutzten, um sich selbst zu verherrlichen. In zukünftigen Leben, die wahrscheinlich nicht auf der Erde, sondern auf einem anderen dreidimensionalen Planeten stattfinden werden, werden sie erneut versuchen, die Macht der Liebe zu erforschen. Sie werden Leben führen, in denen sie völlig unfähig sind, anderen etwas anzutun, und sie werden Mütter haben, deren Herzen weit offen sind.

Inkarnieren sich auch Seelen mit einer zerstörerischen oder kriegerischen Lebensaufgabe?
Das würde einer Seele nicht dienen. Es gibt aber Seelen, wie die von Hitler oder Mussolini, die viele dunkle Inkarnationen hinter sich haben, und bei denen sich dasselbe negative Muster wieder durchsetzen wird. Man darf aber nicht vergessen, dass sich auch in ihnen der göttliche Funke nach dem Licht sehnt.

Wie kann ich meine Bestimmung finden?

Stellen Sie sich eine einfache Frage: Was bringt mein Herz zum Singen? Die Antwort wird Ihnen einen Hinweis auf Ihre Mission geben.

Ich habe das Gefühl, auf dem falschen Weg zu sein. Wie kann ich meine Mission finden?

Ihr Schutzengel ist im Besitz des Planes für Ihre Lebensaufgabe. Nehmen Sie sich Zeit, entspannen Sie sich und befolgen Sie seine Hinweise. Wenn Sie den Wunsch verspüren, Ihr Leben zu ändern, sollten Sie diesem Drang folgen. Ihr Engel wird Sie in die richtige Richtung führen und Ihnen die entsprechenden Türen öffnen. Bitten Sie ihn um Hilfe und halten Sie Ausschau nach Zeichen, denen Sie folgen können.

Können mir Numerologie oder Astrologie meine Bestimmung zeigen?

In den Händen eines fähigen und sensiblen Fachmannes können diese beiden Wissenschaften Ihnen tatsächlich helfen, Ihre Mission zu erkennen. Bedenken Sie aber, eine Lebensaufgabe besteht nur sehr selten in einer bestimmten Einzelaufgabe. Üblicherweise ist sie viel weiter gefasst.

Könnte meine Bestimmung ausschließlich darin bestehen, Depression und Trauer zu erleben?

Wie sollte ein solches Leben Ihrem spirituellen Wachstum dienen? Das ist doch sehr unwahrscheinlich. Nur eine sehr mächtige Seele würde ein solches Leben auf sich nehmen, um durch seine eigene Energie die kollektive Wolke der Depression und Trauer aufzulösen.

Mein Leben ist so schwer. Ich habe das Gefühl, mir zu viel für ein Leben vorgenommen zu haben. Ist das möglich?

Nein. Wenn Ihre Seele ein Leben unter der Führung Ihrer Meister und Engel gewählt hat, erleben Sie nur das, was Sie auch ertragen können. Die Entscheidungen, die Sie auf der Erde getroffen haben, und Ihre Einstellung gegenüber Ihren Lebensumständen haben Ihr Leben so schwer gemacht. Wenn jemand absichtlich den falschen Weg einschlägt, kann das Leben aber tatsächlich zu bedrückend werden. Meditieren Sie, um den rechten Weg zu finden, und bitten Sie die Engel, Ihnen einen Teil der Last abzunehmen.

Ich hatte bisher immer das Gefühl, auf etwas zu warten. Nun spüre ich eine Aufregung in mir, weil ich glaube, dass sich mir meine Bestimmung bald enthüllen wird. Ist so etwas möglich?

Viele Seelen, besonders die höher entwickelten, verbringen einen Großteil ihres Lebens damit, nach ihrer Bestimmung zu suchen oder sie zu erwarten. Sie wird ihnen häufig erst gegen Ende ihres Lebens enthüllt. Aber jeder Schritt auf dem Weg bietet Ihnen bereits Lernmöglichkeiten, die Sie auf Ihre eigentliche Aufgabe vorbereiten. Achten Sie also darauf, dass Sie immer die richtigen Entscheidungen treffen.

Mein Leben ist völlig aus den Fugen geraten. Es gibt so viel, was ich tun und erreichen will, aber ich habe das Gefühl, immer schneller zu rennen und doch nicht vom Fleck zu kommen. Was kann ich tun?
Ja, Sie tun zu viele Dinge auf einmal. Entscheiden Sie sich erst einmal, was Sie wirklich erreichen wollen. Wählen Sie drei oder vier Dinge aus. Schreiben Sie diese spezifischen Ziele auf und lesen Sie sie sich jeden Tag vor. Legen Sie die anderen im Moment einfach einmal beiseite.

Ich kann immer beide Seiten von allem sehen, deshalb bin ich immer hin und her gerissen. Das ist aber sehr ermüdend. Wie kann ich meine Kraft auf ein einziges Ziel richten?
Es ist sehr gut, einen guten Überblick zu haben. Aber Sie müssen sich ein Ziel aussuchen und sich völlig darauf konzentrieren.

Man könnte sagen, dass Sie im Moment in einer Kutsche sitzen, die von zwei Pferden in unterschiedliche Richtungen gezogen wird. Da Ihre Gedanken beiden Pferden unterschiedliche Anweisungen geben, brauchen Sie Ihre ganze Kraft nur dafür, die Pferde unter Kontrolle zu halten. Entscheiden Sie sich, welchen Weg Sie einschlagen wollen. Hier ist eine sehr nützliche Übung, um Ihre Energie effizient auf ein einziges Ziel zu richten.

Eine Visualisierungsübung, um Ziele zu erreichen

- Halten Sie die Kutsche an und steigen Sie aus.
- Reden Sie mit den Pferden. Erklären Sie ihnen, was Sie zu erreichen suchen und ziehen Sie sie auf Ihre Seite.
- Sagen Sie: »Das ist mein Ziel. Werdet ihr mir helfen, es zu erreichen?«
- Sehen Sie, wie die Pferde zustimmend nicken.
- Steigen Sie wieder auf den Kutschbock und fahren Sie geradeaus.
- Im Laufe der nächsten Wochen sollten Sie hin und wieder überprüfen, ob die Pferde wirklich noch in dieselbe Richtung laufen.

Natur

Warum fühle ich mich immer so entspannt und friedvoll, wenn ich am Wasser spazieren gehe?
Wasser ist eine kosmische Reinigungslösung, deshalb fühlen Sie sich so friedvoll, wenn Sie in seiner Nähe sind. Wasser zieht negative Energie an und absorbiert sie, sodass Sie sich besser fühlen.

Wenn Sie nachts ein Glas Wasser neben das Bett stellen, wird jede niedere Energie in Ihrer Nähe davon absorbiert. Trinken Sie es aber morgens auf keinen Fall. Gießen Sie auch die Pflanzen nicht damit, denn obwohl einige Pflanzen Negativität umwandeln können, sind die meisten doch zu schwach, um mit den Giften umgehen zu können.

Warum geht es mir sofort besser, wenn ich draußen in der Natur bin?
Weil Bäume, Pflanzen, Grass, Wasser, die Elemente und Mutter Erde selbst Ihre Negativität aufnehmen und umwandeln. Feuer, einschließlich das der Sonne, verbrennt auch noch Ihre letzten Schlacken. Wenn Sie bei einem Sturm draußen sind, wird der Wind die Spinnweben Ihres Geistes fortwehen. Wenn Sie in der Natur spazieren ge-

hen, zieht die Erde Ihre Ängste und Sorgen aus Ihnen heraus. Die Natur strahlt eine positive Energie aus, die Sie mit jedem Atemzug aufnehmen, sodass Sie sich besser fühlen.

Warum hilft es, einen Baum zu umarmen?
Die Essenz der meisten Bäume ist Liebe. Bäume hüllen Sie in Liebe ein und trösten Sie. Bäume sind die Hüter der Weisheit.

Was ist der Daseinszweck der Bäume?
Bäume sind Teil des ökologischen Gleichgewichts. Sie reinigen die Luft, bieten Vögeln und kleinen Tieren Schutz, spenden Schatten, versorgen uns mit Brenn- und Bauholz und mit Früchten und Nüssen. Jeder Baum trägt seinen Teil zur Schönheit des Planeten bei und jeder bietet etwas anderes.
Bäume sind außerdem die Hüter der Weisheit der Alten. Bestimmte Dinge sind auf der physischen Ebene codiert, um von der Wissenschaft entschlüsselt zu werden, aber die gesamte Geschichte eines Ortes wird von weisen alten Bäumen, den Bewahrern des Wissen, aufbewahrt. Wenn Sie Ihre Schwingungsfrequenz erhöht haben, werden Sie diese Informationen »lesen« können. Die Bäume bilden ein weltweites Netzwerk, durch das Informationen im gesamten Reich der Natur verbreitet werden. Im Sommer verbreiten sie diese Informationen durch die Blätter und im Winter durch die Wurzeln.
Die Elementarwesen der Bäume überall auf der Welt stehen miteinander in Verbindung. Sie können Vergangenheit und Zukunft erkennen und das Wetter vorhersagen.

Fragen Sie einen weisen alten Baum um Rat, wenn Sie ein Problem haben.

Eine weise achtzigjährige Freundin erzählte mir, dass sie immer ihre Lieblingszeder um Rat fragte. Eines Tages stand sie vor einem furchtbaren Dilemma und wusste nicht ein noch aus. Sie erzählte dem Baum von ihrem Problem und fragte ihn: »Was soll ich nur tun?« In ihrem Kopf hörte sie augenblicklich drei Wörter. Diese Antwort war die letzte, die sie erwartet hätte, aber sie sagte: »Wenn das dein Rat ist, werde ich ihn befolgen.« Fünfzig Jahre später erzählte sie mir lachend: »Es hat fabelhaft funktioniert.« Aber sie wollte mir nicht erzählen, was sie gefragt hatte.

Dieselbe Freundin saß einmal mit einer Begleiterin unter einem Baum. Plötzlich hörten beide die folgenden Worte in ihren Köpfen: »Ihr werde gerade noch davonkommen.« Die beiden sahen sich verblüfft an, dann erkannten sie, dass der Baum über das Gartenfest gesprochen haben musste, das sie am folgenden Wochenende veranstalten wollten. Sie befolgten den Rat und räumten die Sachen schnell weg. Einen Augenblick später regnete es in Strömen.

Eine Reihe Zypressen wuchs direkt neben meinem Haus und eines Tages musste ich sie wegen der Beschwerde eines Nachbarn umhauen lassen. Ein anderer Nachbar bat mich einige unansehnliche Hagedornbüsche entfernen zu lassen. Als mein netter, sehr spiritueller Gärtner sich daran machen wollte, protestierten sie und sagten: »Nein, jetzt wo die Zypressen weg sind, sind wir Dianas Beschützer.« Muss ich erwähnen, dass die Hagedornbüsche blieben und dass ich mich bei ihnen bedankt habe?

Eine Übung, um mit Bäumen Kontakt aufzunehmen

- Setzen Sie sich unter einen Baum oder umarmen Sie einen. Wenn Ihnen dies nicht möglich ist, denken Sie einfach an einen Baum.
- Drücken Sie Ihren Respekt aus und danken Sie ihm, dass er Sie in seine Aura gelassen hat. Bedenken Sie bitte, dass alte Bäume verehrungswürdige Wesen sind.
- Bringen Sie Ihren Verstand so gut wie möglich zur Ruhe, indem Sie sich zum Beispiel auf den Atem konzentrieren.
- Öffnen Sie Ihr Herz und erspüren Sie, was der Baum Ihnen mitteilen möchte. Vielleicht spüren Sie ein Gefühl des Friedens oder der Liebe. Vielleicht spüren Sie auch seine Würde oder Kraft. Möglicherweise sehen Sie sogar Bilder aus der Geschichte dieses Ortes. Es kann sogar passieren, dass der Baum alte Weisheiten auf Sie überträgt.
- Danken Sie dem Baum für die Erfahrung.

Als Kind hatte ich ein Buch, in dem viele Bilder von Elfen waren. Gibt es sie wirklich?

Aber ja. Die Elfen kümmern sich um die Blumen, sie helfen ihnen zu wachsen und in so schönen Farben zu leuchten. So wie Menschen einen Schutzengel haben, der über sie wacht, so haben Blumen Elementarwesen, die sich um sie kümmern. Heute gibt es allerdings weniger von diesen schönen Naturgeistern als früher, weil viele Wiesen und unberührte Wälder verschwunden sind und durch Gärten, die mit Chemikalien behandelt werden, und durch asphaltierte Flächen ersetzt wurden.

Was muss ich tun, um eine Elfe sehen zu können?
Sie müssen über eine mediale Begabung verfügen, um Elementarwesen sehen zu können. Aber wenn Sie sich an einen stillen, natürlichen Ort begeben, wo der Schleier zwischen den Welten durchlässiger ist, erhaschen Sie vielleicht einen Blick oder spüren zumindest die Anwesenheit von Elfen. Häufig kommt es vor, dass man einfach ein Licht zwischen den Blumen tanzen sieht.

Kann ich etwas tun, um Elfen anzulocken?
Wenn Sie einen Garten besitzen, können Sie eine Elfenecke einrichten. Machen Sie sie besonders hübsch und denken Sie immer an Elfen, wenn Sie dort arbeiten. Vermeiden Sie alle Chemikalien. Sie können sicher sein, dass sie kommen werden.

Elfen können ungezogen wie kleine Kinder sein. Sie binden Schnürsenkel zusammen oder erschrecken Sie, indem Sie hinter Ihnen Blätter rascheln lassen. Manchmal verstecken sie Ihre Gartengeräte. Wenn Ihnen etwas abhanden gekommen ist, bitten Sie die Elfen es zurückzubringen. Wahrscheinlich werden Sie aber ein oder zwei Tage warten müssen. Außerdem bringen Elfen die Menschen gern zum Lachen.

Warum lässt Gott es zu, dass eine Art eine andere ausrottet? Zum Beispiel verdrängen die amerikanischen Grauhörnchen die europäischen Eichhörnchen.
Wenn man die Natur sich selbst überlässt, bringt sie sich selbst ins Gleichgewicht und in Harmonie. Gott beschloss den ursprünglichen Plan, aber die Menschen haben ihren freien Willen benutzt, um ihn zu manipulieren. Als die Menschen anfingen, sich in den Lauf der Natur einzumischen, ging das von Gott gewollte Gleichgewicht verloren.

Ist es spirituell gesehen erlaubt, einen Flusslauf zu begradigen?
Die Weisheit eines Flusses sorgt dafür, dass er immer den perfekten Lauf nimmt, indem er den Weg des geringsten Widerstandes geht. Wenn ein Flusslauf geändert und unterbrochen wird, kann das den ganzen Planeten erschüttern. Irgendwann wird sich die Kraft des Wassers aber doch durchsetzen und wieder dem alten Lauf folgen.

Wird die Erde überleben, was wir ihr antun?
Die Frage ist nicht, ob die Erde überleben wird, sondern ob sie in einer Form weiter existiert, die Leben – zumindest Leben, wie Sie es kennen – ermöglicht. Die Antwort liegt in den individuellen und kollektiven Entscheidungen der Menschen. Daher sollten Sie alles Natürliche mit Respekt behandeln und nur Nahrungsmittel-, Kleidungs- und andere Konzerne unterstützen, die sich ökologisch engagieren.

Religion und Spiritualität

Was ist das New Age?

Es ist wortwörtlich ein neues Zeitalter. In den letzten 2000 Jahren stand die Erde unter dem Einfluss des Sternbilds der Fische. In dieser Zeit haben die Menschen ihre spirituelle Macht abgegeben und zugelassen, dass Priester als Mittler zwischen Mensch und Gott fungierten. Jetzt steht die Erde unter der Regentschaft des Wassermannes, der sie während der nächsten 2000 Jahre beeinflussen wird. In diesem neuen Wassermannzeitalter werden die Menschen sich die alten Weisheiten wieder zu eigen machen und eine individuelle Verbindung zu Gott herstellen.

Sind die Zeiten der organisierten Religionen vorbei?

Das Dogma des Christentums hat seinen Zweck erfüllt, aber die Christus-Energie wird in alle Ewigkeit bestehen.

Wer war Jesus? War er wirklich Gottes Sohn?

Jesus war das geistig am höchsten entwickelte Wesen, das sich jemals auf Erden inkarniert hat. Ein Sohn oder eine Tochter Gottes ist ein Wesen des Lichtes, das in sich die Energie der Quelle trägt, wenn auch in etwas abgeschwächter Form. Er war einer der zwölf Söhne und Töchter

Gottes, aber der Einzige, der sich in diesem Universum inkarnierte.

Warum wurde er ausgewählt, die Christus-Energie zu verkörpern?
Die Christus-Energie ist das hochfrequente Licht bedingungsloser Liebe. Jesus wurde erwählt und ausgebildet, um dieses Licht in seinem Energiefeld zu manifestieren, weil er der einzige Mensch der damaligen Zeit war, der dazu in der Lage war. Heute, da sich die Schwingung vieler Menschen erhöht hat, sind mehr und mehr Leute in der Lage, zumindest etwas von diesem Licht in sich zu tragen.

Wie abgeschwächt ist die Energie der Menschen allgemein?
Die meisten Menschen tragen die Energie der Quelle zwei oder drei Mal abgeschwächt in sich.

Was versteht man unter Aszendenz?
Aszendenz bedeutet wörtlich, dass sich mehr Seelenlicht in einer menschlichen Persönlichkeit manifestiert, was dazu führt, dass der Betreffende in eine höhere Dimension aufsteigt. Wenn man mehr als eine bestimmte Menge Licht in sich trägt, kann man den physischen Körper nicht mehr aufrechterhalten. Wenn das geschieht, verlassen die meisten Seelen ihre Körper auf ganz natürliche Weise. Es hat aber im Lauf der Geschichte einige hoch entwickelte Wesen gegeben, die ihren physischen Körper während der Aszendenz entmaterialisiert haben.

Stimmt es wirklich, dass der Planet Erde aufsteigt?
Ja. Aufgrund eines göttlichen Erlasses der Dame Gaia, dem erleuchteten Engel, in deren Obhut sich die Erde befindet, werden der Planet und alle seine Bewohner von der dritten Dimension in die fünfte aufsteigen. Daher bietet sich Ihrer Seele in den nächsten Jahren eine nie da gewesene Möglichkeit der spirituellen Entwicklung an.

Und wenn jemand nicht bereit ist, mit dem Planeten aufzusteigen?
Jene, die nicht bereit sind, werden sich einfach auf einem anderen dreidimensionalen Planeten reinkarnieren, um dort ihre Reise fortzusetzen.

Was ist der Unterschied zwischen Religion und Spiritualität?
Religion ist Geistigkeit im menschlichen Gewand. Wo es Dogmen und Gesetze gibt, wird der reine Geist eingeschränkt. Spiritualität hingegen erlaubt den Menschen, ihr wahres Selbst zu sein, ihre Intuition frei zu gebrauchen und mit der Natur und der geistigen Welt zu kommunizieren.

Wie ist der Aberglaube entstanden?
Als die Menschen ihre Verbindung zum Göttlichen verloren, benutzten sie ihre Intuition nicht mehr und hörten nicht mehr auf den Rat der Engel. Stattdessen ließen sie sich durch allerlei Hokuspokus beeindrucken.

Ein Beispiel: Wenn etwas Gutes an einem Tag geschah, an dem jemand drei Mal im Kreis herumgegangen war, glaubte er, drei Umkreisungen brächten ihm Glück. Wenn sich das noch ein oder zwei Mal wiederholte, wurde seine Meinung bestätigt und verfestigte sich zu einem Aberglauben. Daher unterscheiden sich solche Rituale auch in den verschiedenen Ländern.

Welche ist die beste Religion?

Auf dem Gipfel des Berges sind alle Religionen noch genau gleich, aber je weiter sie ins Tal hinunterkommen, desto mehr unterscheiden sich ihre Wege.

Der Kern jeder Religion ist Liebe, Licht und geistige Wahrheit. Keine ist besser als die andere, denn alle Religionen sind Wege zu Gott. Aber als die Menschen die religiösen Grundlagen verfälschten, entstanden verschiedene Sekten, die ihre getrennten Wege gingen. Daher inkarnieren sich heute Menschen in den verschiedenen Kulturkreisen, um die Religion kennenzulernen, über die ihre Seele etwas herausfinden möchte.

Warum wurden im Namen des Christentums so viele Grausamkeiten verübt?

Weil die Kirchenväter das Dogma des Christentums mehr schätzten als seinen Kern. Wenn die Logik der linken Hirnhälfte höher geschätzt wird als die Weisheit und Liebe der rechten, führt dies unweigerlich zu einer Trennung von Geist und Gefühlen. Weil die Herzen derjenigen, die sich von den missionarischen Religionen angezogen fühlten, verschlossen waren, verübten sie viele Grausamkeiten, um andere Menschen zu kontrollieren und zu manipulieren. Das alles hat nichts mit Spiritualität, ja nicht einmal etwas mit Religion zu tun, und sowohl die einzelnen Beteiligten als auch die Kirche tragen eine entsprechende karmische Schuld.

Hat sich die katholische Kirche eine karmische Schuld aufgeladen, weil sie Priester deckte, von denen bekannt war, dass sie Kinder missbrauchen?
Sowohl die Institution Kirche als auch die Täter tragen eine furchtbare karmische Schuld. Es ist einfach schrecklich, unschuldigen Kindern etwas Derartiges anzutun.

Tragen die Bischöfe, die wissentlich solche Priester gedeckt haben, eine karmische Schuld?
O ja, das tun sie. Wer wissentlich zum Missbrauch von Kindern beigetragen hat, dessen spiritueller Fortschritt in späteren Inkarnationen wird erheblich eingeschränkt sein.

Hat die Kirche mehr Gutes getan als Schaden angerichtet?
Ja, die Kirche hat mehr Gutes als Böses getan. Sie hat Millionen Menschen Hoffnung und Trost gespendet.

Was geschieht, wenn Religionen von Männern dominiert werden?
Jene, die nicht mehr auf die Stimme der weiblichen Weisheit hören und ihrem spirituellen Ursprung entfremdet sind, gründen Religionen, deren Fokus auf Ausschließlichkeit und Beschränkung liegt statt auf einer höheren Sicht der Dinge. Dann schließen sie Frauen aus, verdammen und verfolgen sie. Das alles hat mit Spiritualität nichts mehr zu tun.

Warum ist der Islam gerade heute auf dem Vormarsch?
Die missionarischen Religionen breiten sich in Wellen über die Erde aus. Das Christentum hatte Jahrhunderte lang die Chance, seinen Einflussbereich zu vergrößern. Heute sehen wir, wie sich eine neue Welle mit unterschiedlichen Inhalten erhebt.

Was haben uns die einzelnen Religionen zu lehren?
Jede Religion hat, wie aus der nachfolgenden Tabelle ersichtlich, einen Yin- und einen Yang-Aspekt. Jede Religion lehrt auf der einen Seite Licht, Liebe und Frieden und stellt seine Anhänger auf der anderen auf die Probe. Vor einer Inkarnation sucht die Überseele die Religion aus, die die erforderlichen positiven und negativen Herausforderungen und Erfahrungen ermöglicht. Viele Seelen entscheiden sich dafür, in aufeinanderfolgenden Leben verschiedene Wege auszuprobieren, besonders dann, wenn sie bereits einmal sehr dogmatisch waren. Solche Menschen übertragen ihre rigiden Denkmuster dann einfach auf die neue Religion.

Protestantismus	Bedingungslose Liebe Vergebung	Abhängigkeit von Mittlern Intoleranz
Katholizismus	Transzendenz	Schuldgefühle
Judentum	Das auserwählte Volk	Minderwertigkeitsgefühle Ablehnung

Islam	Glaube Toleranz Frieden	Manipulation Blinder Glaube Zorn
Buddhismus	Frieden Gewaltlosigkeit Erleuchtung	Zorn Verdrängung
Hinduismus	Glaube Ausgleich	Verwirrung
Heidentum	Einheit Verehrung	Zu erdbezogen Abergläubisch
New Age	Aszendenz	Illusionen Abgehoben

Gibt es wirklich so etwas wie die Erbsünde?

Es war spirituellen Menschen immer bekannt, dass sich Seelen mit einem bestimmten Karma inkarnieren. In erleuchteten Zeiten wurden diese Einschränkungen, die sich eine Seele zum Zweck des Lernens selbst auferlegte, einfach anerkannt, ohne darüber zu urteilen. Die Weisen halfen den Leidenden auf liebevolle Weise und lehrten sie die höhere Bestimmung des Leidens.

Als die männliche Energie in der Kirche die Oberhand gewann und die Weisheit des Weiblichen verneint wurde, wurde aus Karma Erbsünde. Aufgrund des fehlenden spirituellen Verständnisses wurde nun schon allein die Tatsache, dass jemand in einen Körper geboren wurde, als negativ beurteilt. Selbst unschuldige Babys wurden als von vornherein schlecht betrachtet. Aber die Engel urteilen niemals. Sie blicken mit Liebe und Mitgefühl auf alle

Menschen und versuchen ihnen den Weg zum Licht zu zeigen.

Wer war Maria Magdalena?
Maria Magdalena war eine hochgeborene, hoch entwickelte heilige Frau, die Jesus spirituelle Gefährtin war. Sie war eine seiner Jüngerinnen, aber niemals seine Geliebte oder Frau. Als die Kirche mehr und mehr von Männern beherrscht wurde, wurde versucht, die Frauen zu demoralisieren, um sie ihrer Macht zu berauben. Da Maria Magdalena sowohl mächtig als auch rein war, wurde sie von der Kirche verleumdet, indem man ihr Dinge unterstellte, die sie nie begangen hatte. Indem man Frauen beschuldigte, allesamt Evastöchter zu sein, die die Männer verführten, um sie vom rechten Pfad abzubringen, entwürdigten die Kirchenväter sowohl das weibliche Geschlecht insgesamt als auch die Heiligkeit der Sexualität.

Haben Jesus und Maria Magdalena je geheiratet?
Nein. Aber als Jesus nach der Kreuzigung wieder die Energie von Jehoschua Ben Joseph angenommen hatte, heiratete er sie.

Hatten sie Kinder?
Nein, nicht so lange er Jesus war. Hinterher gebar ihm Maria Magdalena Sarah.

Lebte Jesus zölibatär?
Ja, denn seine Energie war so rein und so hoch, dass sie keinen sexuellen Ausdruck brauchte. Seine Ausbildung vor

seiner Inkarnation, seine Vision und sein ganzer Fokus während seines Lebens als Jesus waren einzig darauf ausgerichtet, die höchste auf Erden bekannte Energieform zu verbreiten, die Christus-Energie.

Mein geistiger Führer Kumeka und die Engel haben mir mitgeteilt, dass Jesus und Maria Magdalena weder geheiratet haben, noch Kinder hatten. Ich bin mir aber bewusst, dass weithin respektierte esoterische Schulen, die Zugang zu verborgenen Weisheitslehren haben, berichten, dass Jesus und Maria Magdalena heirateten und Nachkommen hatten, die später die europäischen Königshäuser begründeten.

Da mich dieser scheinbare Widerspruch verwirrte, diskutierte ich über das Thema mit Rosemary Stephenson, einer Engellehrerin und Trägerin der göttlichen weiblichen Energie. Ich sagte ihr, dass es eine höhere Perspektive geben müsse, die sich mir bisher aber nicht eröffnet hätte, und dass ich überzeugt sei, dass sowohl Kumeka und die Engel als auch die esoterischen Schulen recht hätten. Plötzlich begannen weiße Lichtringe von ihrem Hund auszustrahlen, die abwechselnd aufleuchteten und wieder verschwanden. Kurz darauf konnten wir die Gegenwart liebevoller, machtvoller Wesen spüren und unsere Körper vibrierten vor Energie.

Saint Germain tauchte zu meiner Rechten auf, Jesus zu meiner Linken. Maria Magdalena, Maria, die Mutter Gottes, Mutter Teresa, Klara von Assisi, Katherina von Siena, die Jungfrau von Orléans und Theresa von Avila standen hinter mir. Es war unbeschreiblich. Maria Magdalena sprach mich an und sagte, dass alle Aussagen stimmten, auch wenn sie sich zu widersprechen schienen. Meine Frage hatte gelautet: »Haben Maria Magdalena und Jesus geheiratet und hatten sie Kinder?« Die Antwort lautete: »Nein.« Das

Wesen, das wir als Jesus kennen, trug diesen Namen nur drei Jahre lang, während er die Christus-Energie verkörperte. Später wurde er wieder zu Jehoschua Ben Joseph und heiratete Maria Magdalena, die ihm eine Tochter mit Namen Sarah gebar. Für mich war das Rätsel gelöst und mir war wieder einmal bewusst geworden, wie wichtig es ist, die richtigen Fragen zu stellen.

Starb Jesus am Kreuz?

Nein. Dank seiner Fähigkeit, sowohl seinen Geist als auch seinen Körper zu kontrollieren, war es ihm möglich, seine Lebensfunktionen auf ein Minimum zu reduzieren und auf eine höhere Schwingungsebene aufzusteigen. Die, die seinen Körper vom Kreuz holten und ihn pflegten, waren hoch entwickelte Heiler der Essener, die über besondere Kräfte verfügten, ihn in seinen Körper zurückbrachten und diesen heilten. Danach lebte er im selben Körper weiter.

Geist und Seele

Was ist eine Monade?
Eine Monade wird als ursprünglicher Funke der Quelle des Seins definiert, als das ICH BIN. Eine Monade ist ein mächtiges Licht, das das menschliche Vorstellungsvermögen übersteigt.

Was ist die Überseele?
Dies ist der abgestiegene Teil einer Monade oder der ICH-BIN-Präsenz. Die Überseele ist eine Kombination aus allen Seelenteilen, die sich in alle Universen verstreuen, um Erfahrungen zu machen. Dieser höhere Aspekt mit seiner umfassenden Sichtweise und seiner gesammelten Weisheit trifft vor ihrer nächsten Inkarnation die Entscheidungen für eine Seele.

Was ist die Seele?
Die Seele, auch höheres Selbst genannt, ist die Totalität all dessen, was ein Mensch bis zum gegenwärtigen Zeitpunkt gelernt hat. Dieser Aspekt des Menschen führt die Persönlichkeit während ihres Lebens auf der Erde.

Kann es sein, dass sich mehr als ein Aspekt einer Überseele auf der Erde befindet?

Früher war das nur selten so, aber jetzt, da sich die Frequenz des Planeten erhöht, wollen sich mehr Seelen und ihre verschiedenen Teile inkarnieren, um diese einmalige spirituelle Chance nicht zu verpassen. Heute ist es möglich, dass ein Mensch anderen Aspekten seiner Seele begegnet, die sich für gänzlich andere Leben entschieden haben. Eine solche Begegnung ist nicht unbedingt unproblematisch. So kann ein Teil zum Beispiel einer sehr strengen religiösen Sekte angehören und Toleranz und Offenheit innerhalb klar definierter Grenzen lernen, während ein anderer ein durch und durch hedonistisches Leben führt und versucht, ins Gleichgewicht zu kommen. Ein anderer Teil mag sich als Politiker inkarnieren und versuchen, in einer Welt der Versuchungen Ehrlichkeit und Integrität vorzuleben. Oberflächlich betrachtet haben diese drei Teile nur sehr wenig gemein.

Ist es möglich, dass zwei Menschen derselben Seele entstammen?

Seelen können sich in zwölf Teile teilen, daher ist es gut möglich, dass zwei oder sogar mehrere Menschen derselben Seele entstammen. Andere Seelenteile sind möglicherweise gerade nicht inkarniert oder machen völlig andere Erfahrungen in einem anderen Teil des Universums.

Ist es möglich, dass sich nur ein Teil einer Seele inkarniert?
Die Überseele ist ein gewaltiges Wesen, daher ist es sehr unwahrscheinlich, dass seine ganze Energie in einem einzigen Körper Platz findet. Es kann aber in Zeiten großer Veränderungen oder Unruhe vorkommen, dass sich eine solche große Seele, auch Mahatma genannt, in einem Körper inkarniert, um die Schwingung der ganzen Welt anzuheben. Andere Teile ihrer Seele befinden sich möglicherweise auf anderen Planeten oder in einem anderen Universum. Wenn nur ein winzig kleiner Teil der Seele in einen Körper eintritt, um eine ganz bestimmte Lektion zu lernen, wird der Körper nicht stark genug sein, um ein unabhängiges Leben zu führen. Er wird körperlich oder geistig behindert sein und ständiger Pflege bedürfen. Natürlich gibt es auch andere Gründe, warum sich eine Seele für eine Inkarnation in ständiger Abhängigkeit entscheidet.

Hat Jesus seine gesamte Seelenenergie mitgebracht?
Ja.

Was ist Geist?
Der Geist ist Teil der Seele und Träger Ihres Bewusstseins. Ihr physischer Körper ist eine Hülle, die Ihren Geist beherbergt. Dieser kann sich während des Schlafes oder der Meditation vom Körper lösen.

Was ist das Ego?
Das Ego ist der Aspekt Ihrer Persönlichkeit, der Sie von anderen Menschen und von Gott trennt. Es soll bestimmte Lektionen lernen.

Was geschieht mit dem Geist, wenn all die vielen Menschen sterben?
Die Universen sind gewaltiger, als Sie es sich auch nur ansatzweise vorstellen können. Es gibt auf den verschiedenen Frequenzen unzählige simultan existierende Ebenen. Keine Sorge, es ist genug Platz für alle da.

Wo leben die Geister?
Sie leben unter den Menschen auf der Astralebene, einer Schwingungsfrequenz, die nur medial begabte Personen wahrnehmen und kontaktieren können.

Warum ist der Planet so übervölkert?
Weil er sich dem Jahr 2012 nähert, das das Ende eines 26 000 Jahre währenden astrologischen Zyklus' markiert und einen kosmischen Augenblick einleitet, in dem ein nie da gewesenes spirituelles Wachstum stattfinden wird. Überall im Universum bewerben sich Seelen darum, sich jetzt auf der Erde inkarnieren zu dürfen. Manche wollen hier und jetzt ihr Karma vollenden, andere wollen sich einfach die günstige Gelegenheit nicht entgehen lassen.

Woher stammen die Menschen, die gegenwärtig auf der Erde leben?
Es gibt keine Quoten für Seelen, die auf die Erde kommen wollen. Die Erde ist nur ein kleiner Planet in einer von Tausenden Galaxien in einer der zwölf Universen. Die Universen werden von Trillionen Seelen bevölkert, die ihre Erfahrungen in anderen Sternensystemen machen. Aber da die Erde zurzeit für die spirituelle Entwicklung so

wichtig geworden ist, besuchen viele dieser Wesen die Erde, um sich auf ihr zu inkarnieren.

Was geschieht mit meinem Geist, wenn ich sterbe?

Anfänglich wird Ihr Geist genau das erleben, was Sie erwarten, gleich, ob es sich dabei um Pech und Schwefel in der Hölle oder um das Paradies handelt. Nachdem sich diese Erwartungen erfüllt haben, folgt eine Periode der Anpassung, besonders für all jene, die aufgrund bestimmter Überzeugungen indoktriniert worden sind. In dieser Zeit werden Sie von Engeln oder jenen Verstorbenen geheilt werden, die in den Heilkünsten unterwiesen worden sind.

Sie werden Ihren Engeln und Geistführern begegnen, möglicherweise sogar den Herren des Karma, um Ihr Leben zu begutachten. Nach dieser Diskussion werden Sie gemeinsam mit ihnen entscheiden, ob Sie sich schnell reinkarnieren müssen oder ob Sie besser ein paar hundert Jahre warten. Es ist auch möglich, dass Sie von jeder weiteren Inkarnation befreit sind, sodass sich Ihre Seele in höhere Dimensionen emporschwingen kann. So lange Sie aber unaufgelöstes Karma und eine karmische Schuld abzutragen haben, ist Ihre Seele an diesen Planeten gebunden. Erst danach können Sie sich entscheiden, ob Sie Ihre Seelenentwicklung auf diesem oder einem anderen Planeten fortführen möchten.

Gleichzeitig wird Ihr Geist mit Ihrer geliebten Seelenfamilie auf den inneren Ebenen wiedervereinigt werden. Gleich ob Sie nun Ihre Aufgabe auf Erden erfüllt haben oder nicht, Sie bringen Ihrer Überseele Ihre Erfahrungen und Erkenntnisse aus diesem Leben dar, damit sie sie absorbieren und wachsen kann.

Kommt die Seele nach dem Tod nicht in den Himmel?
Doch, wenn Sie daran glauben, schon. Der Himmel ist eine Ebene der siebten Dimension, daher werden all jene, die ihre Schwingungsfrequenz nach dem Tod so weit erhöhen können, eine Weile in der Schönheit und dem Licht dieses Ortes an der Seite der Engel verweilen.

Warum sterbe ich nicht, wenn ich während des Schlafes meinen Körper verlasse?
Solange Sie leben, ist Ihr Geist mit einer Silberschnur an den Körper gebunden. Wenn Sie sterben, wird diese Silberschnur durchtrennt und Sie sind von Ihrem physischen Körper befreit.

Was tun die Leute zwischen zwei Leben?
Auf den inneren Ebenen gibt es Millionen Möglichkeiten. Ihr Geist mag sich entscheiden zum Beispiel als Heiler oder Lehrer zu dienen oder Babys zu helfen, die früh gestorben sind. Er mag mit Tieren arbeiten oder neue Ideen entwickeln, wie der Menschheit geholfen werden kann. Die Möglichkeiten zu dienen sind unbegrenzt.
Möglicherweise entscheiden Sie sich einem Kind oder Enkelkind zu helfen oder einer ganzen Gruppe, die noch inkarniert ist. Vielleicht wollen Sie aber auch Ihre Kreativität als Künstler, Musiker oder Architekt entwickeln. Oder Sie werden zu einem Botschafter auf den inneren Ebenen.

Es kann auch sein, dass die Zeit für Sie gekommen ist, sich auf eine neue Rolle vorzubereiten. Dann werden Sie eine Weile auf einer der Universitäten des Lichts in anderen Sternensystemen zubringen.

Astralreisen

Was versteht man unter Astralreisen?
Wenn Ihr Geist seine körperliche Hülle verlässt und in die emotionale Dimension reist, dann spricht man von Astralreisen. Das kann auch geschehen, wenn Sie während des Wachzustandes Ihren Geist aussenden. Dann sollten Sie aber immer Ihre Geistführer bitten, auf Ihren Körper achtzugeben. Astralreisen kommen auch ganz natürlich vor, wenn Sie schlafen. Dann beschützen Ihre Geistführer Ihren Körper automatisch.

Wohin reist der Geist im Schlaf?
Er kann reisen, wohin er will. Da der Geist Träger des Bewusstseins ist, wird er sich auf die astralen Ebenen, also die Dimension der Emotionen begeben, wenn Sie wütend waren oder sich Sorgen gemacht haben. Da das aber sehr anstrengend ist, sind Sie meistens wie zerschlagen, wenn Sie aufwachen. Deshalb ist es so wichtig, sich durch Lesen oder Meditation zu entspannen, bevor Sie schlafen gehen. Dann kann Ihr Geist zu den höheren Ebenen reisen. Dort können Sie Ihren Engeln, illuminierten Meistern, Delphinen oder Ihren Geistführern begegnen, die Ihnen helfen und Sie un-

terweisen werden. Sie können durchaus auch zu Heil- oder Lehrtempeln reisen oder zu Ihrem Heimatplaneten. Die Zeit, die Ihr Körper mit Schlafen verbringt, kann sogar genutzt werden, um anderen Menschen beim Sterben zu helfen, jemanden zu heilen, zu trösten oder zu lehren.

Kann ich beeinflussen, wohin mein Geist während des Schlafes reist?
Wenn Sie sich im Wachzustand befinden, können Sie Ihre nächtliche Reise planen. Sie sollten bereits morgens entscheiden, wohin Sie nachts reisen möchten und klar formulieren, was Sie während des Schlafes erreichen möchten. Dann bekräftigen Sie tagsüber diese Absicht, wodurch sich Ihre Absicht Ihrem Bewusstsein einprägt. Vor dem Einschlafen sollten Sie sich noch einmal gut auf Ihr Ziel konzentrieren, dann werden Sie auch dorthin gelangen. Aber Sie müssen Ihr Ziel immer im Fokus behalten. Es gibt unbegrenzte Möglichkeiten, Sie sollten sich aber für ein Ziel entscheiden, das Ihrer spirituellen oder emotionalen Entwicklung dient.

Komme ich immer dorthin, wo ich hinwollte?
Nein, denn es kann vorkommen, dass Ihr Fokus nicht klar genug ist oder dass Ihre Schwingung nicht hoch genug ist, um bestimmte Ziele zu erreichen. Es kann auch sein, dass Ihre Engel und Geistführer möchten, dass Sie anderswo hinreisen. In einem solchen Fall sollten Sie ihrer größeren Weisheit vertrauen. Sie können darum bitten, von Ihren nächtlichen Reisen mit einem eindeutigen Traum zurückzukehren, um zu erfahren, wo Sie genau waren.

Kann ich meinen Lieben im Schlaf begegnen?
Ja, das kommt vor. Wenn sich Geister lieben und sich zueinander hingezogen fühlen, begegnen sie sich auf den inneren Ebenen, während die Körper schlafen. Das Glück, das sie dabei erleben, beschwingt sie den ganzen Tag, auch wenn sie körperlich voneinander getrennt sind. Deshalb sollten Sie immer an Ihre Lieben denken, bevor Sie schlafen gehen.

Kann ich meinen zukünftigen Mann auf meinen Astralreisen kennenlernen?
Das geschieht gelegentlich, wenn die Beziehung vorherbestimmt ist und Sie sich noch nicht begegnet sind. Dann können Sie ihm auf den inneren Ebenen durchaus Monate oder sogar Jahre vorher begegnen, und wenn Sie sich dann tatsächlich kennenlernen, werden Sie ein Dejà-vu-Erlebnis haben, weil sich Ihre Seelen erkennen.

Alan war ein grundsolider, äußerst bodenständiger Polizist, der nicht zu übertriebener Fantasie neigte. Eines Nachts hatte er einen sehr lebhaften Traum, in dem er einer wunderschönen Frau begegnete, von der er wusste, dass sie seine Frau werden würde. Als er sie ein Jahr später auf einem Fest sah, erkannte er sie sofort. Die beiden sind jetzt seit beinahe zwanzig Jahren glücklich miteinander verheiratet und strahlen noch immer vor Glück, wenn sie über einander reden.

Kann ich im Traum meine verstorbene Mutter besuchen? Sie starb kürzlich nach kurzer Krankheit und ich vermisse sie furchtbar.
Sie können darum bitten, sie zu sehen, wenn es im besten Interesse aller Beteiligten liegt. Bedenken Sie aber bitte,

dass Ihre Mutter auf der anderen Seite in einem Krankenhaus liegen könnte, wo sie geheilt wird, und dass sie möglicherweise noch nicht in der Lage ist, Besucher zu empfangen. Es ist aber auch möglich, dass sie sich auf einer Ebene befindet, von der aus sie keinen Kontakt zur Erde aufnehmen kann. Vielleicht ist sie bereits Teil eines ganz anderen Planes. Es ist aber ziemlich wahrscheinlich, dass Ihr Geist Ihre Mutter besucht, und obwohl Sie sich nach dem Aufwachen nicht an Einzelheiten erinnern werden, so wird doch ein Gefühl des Trostes und der Liebe zurückbleiben. Das wird ihr ebenfalls helfen.

Meine kleine Tochter schläft nachts wie eine Tote, während mein Sohn einen leichten Schlaf hat und leicht erwacht. Warum ist das so?

Der Geist Ihrer kleinen Tochter reist während des Schlafes weit. Sie kehrt zu ihrem Heimatplaneten zurück, der sich nicht in diesem Universum befindet, um dort zu lernen und ihre Seele zu erfrischen. Derartige Reisen können sehr anstrengend sein.

Ihr Sohn stammt von einem nicht weit entfernten Planeten in diesem Universum und muss während des Schlafes nicht so weit reisen.

Mein Sohn hat als Baby immer fürchterlich geschrien, wenn er aus einem Traum erwacht ist. In letzter Zeit ist das allerdings etwas besser geworden. Können Sie dazu etwas sagen?

Für ein Kind mit einer hohen Schwingung ist es sehr schwierig, sich an ein körperliches Leben zu gewöhnen.

Ihr Sohn ist noch nicht oft auf der Erde gewesen und noch nicht besonders mit der materiellen Realität vertraut, deshalb drückt er sein Unbehagen durch Schreien aus. Es kann auch sein, dass er die von seiner Seele geplanten Erfahrungen nicht machen möchte. Das geschieht manchmal auch, wenn ein kleines Kind sehr angespannt ist und der freie Geist Schwierigkeiten hat, sich in dieser engen Hülle heimisch zu fühlen. Natürlich sollten Sie auch überprüfen, ob es nicht körperliche Ursachen für das Schreien gibt.

Ich habe morgens immer schlechte Laune. Warum ist das so?
Unbewusste Themen, von denen Sie nichts wissen wollen, kommen während des Schlafes an die Oberfläche. Wenn Sie dann morgens mit ihnen konfrontiert werden, bekommen Sie schlechte Laune, bis Sie sie wieder verdrängt haben und sie vergessen können. Dies ist aber ein klarer Hinweis darauf, dass Sie Ihre Vergangenheit erforschen und bestimmte angestaute Gefühle offen ausdrücken sollten. Dann werden Sie froh und glücklich aufwachen.

Mein Freund praktiziert Astralreisen während der Meditation. Ist das nicht gefährlich?
Wenn Sie auf natürliche Weise einschlafen, hütet Ihr Geistführer Ihren physischen Körper, damit sich keine anderen Wesenheiten in dieser Hülle einnisten können. Wenn Sie aber Astralreisen praktizieren, ohne Ihren Körper zu schützen, kann es zu Problemen kommen. Medien,

die ihre Körper verlassen, sitzen immer in einem Kreis, damit die anderen Teilnehmer darauf aufpassen können. Sie sollten niemals jemanden berühren, der seinen Körper verlassen hat, und den Körper niemals fortbewegen, da er sonst einen Schock bekommen und ziemlich krank werden könnte. Obwohl die Silberschnur den Geist zum richtigen Körper zurückziehen sollte, kommt es vor, dass ein Geist Mühe hat, seinen Körper wiederzufinden, wenn er nicht dort ist, wo er ihn zurückgelassen hat. Wenn jemand, der sich auf einer Astralreise befindet, Probleme hat, in seinen Körper zurückzukehren, sollten Sie ihn im Christus-Licht halten. Das wird ihm helfen zurückzukehren. Das Christus-Licht ist eine sehr hochfrequente Energie, die Jesus vor zweitausend Jahren auf die Erde gebracht hat.

Ist es möglich, den Körpers zu verlassen und an einen anderen Ort zu reisen, ohne dies gewollt zu haben?
Wenn Sie gefühlsmäßig stark an diesen Ort oder die betreffende Person gebunden sind, können Sie Ihren Geist dorthin projizieren, ohne sich dessen bewusst zu sein. Es kann sogar vorkommen, dass die andere Person Sie dort sieht oder spürt.

Sheela begegnete auf einem Heilungsseminar einem Mann, zu dem sie sich sehr stark hingezogen fühlte. In den nächsten Tagen wachte sie immer um sechs Uhr morgens auf und sah ihn in einer Zimmerecke stehen. Das ging zwei Wochen lang so, bis sie ihn endlich anrief. Sie fand heraus, dass er Frühschicht hatte und immer an sie dachte, wenn er zur Arbeit fuhr.

Was ist der Sinn des Astralreisens?
Manche Menschen setzen Astralreisen ein, um verloren gegangene Gegenstände oder Personen aufzuspüren. Meistens werden sie aber benutzt, um Kontakt zu lieb gewonnenen Menschen oder Orten aufzunehmen.

Welche Eigenschaften brauche ich, um Astralreisen zu unternehmen?
Sie müssen in der Lage sein, sich auf eine Sache zu konzentrieren, damit Sie Ihren Geist dorthin bringen können, wo er hin soll.

Alle meine Kinder lieben das Reisen. Als Lauren die Universität abgeschlossen hatte, flog sie mit nichts als ihrem Rucksack und ihrem Abenteuergeist ausgestattet nach Asien. Zuerst schrieb sie Postkarten und rief ab und zu an, aber eines Tages wurde mir plötzlich klar, dass ich schon eine ganze Weile nichts von ihr gehört hatte. Meine Intuition sagte mir zwar, dass alles in Ordnung sei, aber ich fand, dass drei Monate ohne Kontakt zu lang seien. Ich erzählte einer Freundin von meiner Sorge und sie sagte spontan: »Dann such sie doch einfach auf der Astralebene.«
»Natürlich, das ist es«, dachte ich.
An jenem Abend setzte ich mich hin um zu meditieren und wies meinen Geist an, meine Tochter zu suchen. Innerhalb weniger Augenblicke war ich in einer wunderschönen Bucht mit weißem Sand und Palmen. Sekunden später tauchte Lauren in blauen Shorts, in denen lange braun gebrannte Beine steckten, auf. Sie lachte und sah sehr glücklich aus. Ich sagte zu ihr: »Es ist an der Zeit, mal wieder zu Hause anzurufen.« Sie nickte. Ich kam völlig entspannt von meiner Astralreise zurück und wusste, dass es ihr gut ging.

Am nächsten Tag rief sie mich an. »Hallo Mama, ich bin es. Ich komme nach Hause. Kannst du mich vom Flughafen abholen?« Es stellte sich heraus, dass sie Augenblicke nach unserer astralen Begegnung gemerkt hatte, dass sie lange genug weg gewesen war. Daraufhin hatte sie sofort den Heimflug gebucht.

Ist es möglich, dass ein Geist auf der Astralebene von jemandem attackiert wird, der wütend auf einen ist?

Ja, denn die Astralebene ist die Ebene der Emotionen. Es ist ein düsterer Ort, an dem man immer einen Schutzmantel tragen sollte. Wenn Ihr Geist von jemandem attackiert wird, der auf Sie eifersüchtig ist, werden Sie sich erschöpft fühlen. Es kann sogar vorkommen, dass Sie deutlich sichtbare Kratzer am Körper tragen oder stechende Schmerzen an den Stellen haben, an denen Sie angegriffen wurden. Aus diesem Grund ist es so wichtig, sich Ihrer eigenen Gefühle bewusst zu sein und sich auf diesen Ebenen zu schützen.

Erdung

Was bedeutet es, wenn man sagt, jemand sei nicht geerdet?

Stellen Sie sich vor, Ihr Körper sei ein Krug und Ihr Geist das Wasser, mit dem er gefüllt ist. Ihr Geist soll Ihren Körper ganz ausfüllen. Wenn er Ihren Körper nicht bis in die Zehenspitzen erfüllt, sind Sie nicht geerdet.

Woran erkennt man, dass jemand nicht geerdet ist?
Übliche Symptome sind heftige Kopfschmerzen, Übelkeit oder Magenschmerzen, Schwindelgefühle, Verspannungen im Nacken oder brennende Augen. Wenn Ihr Körper an einer Stelle verspannt ist, kann der Geist diese Stelle nicht voll ausfüllen. Vielleicht haben Sie auch das Gefühl, zu schweben, in Watte verpackt oder irgendwie nicht ganz da zu sein.
Natürlich können all diese Symptome auch auf etwas völlig anderes hindeuten, deshalb ist es wichtig, sie von einem Arzt abklären zu lassen.

Wenn ich meditiert habe, fühle ich mich häufig, als ob ich schwebe und nicht ganz da bin. Warum ist das so und was kann ich dagegen tun?
Wenn Sie das Gefühl haben zu schweben, sind Sie nicht geerdet. Um wieder in den Körper zurückzukehren, stampfen Sie mit den Füßen auf, strecken Sie sich, drehen Sie Ihren Kopf hin und her oder gehen Sie umher. Wenn möglich, gehen Sie barfuß auf Gras. Mutter Natur wird Ihnen helfen, sich zu erden. Nehmen Sie Notfalltropfen, essen Sie etwas Süßes oder trinken Sie eine Tasse Tee.

Eine Übung, um jemanden zu helfen, sich zu erden

- Bitten Sie die betreffende Person sich seitwärts auf einen Stuhl zu setzen, damit Sie an ihren Rücken kommen.
- Reiben Sie Ihre Hände und halten Sie sie in die Höhe, damit die Engel sie segnen können.
- Legen Sie Ihre Hände auf die Schultern der Person. Es kann sein, dass Sie Wärme oder ein Kribbeln spüren, aber falls nicht, macht das auch nichts.
- Stellen Sie sich vor, dass Wurzeln von Ihren und den Füßen der anderen Person bis tief in die Erde wachsen, um Sie zu verankern.
- Bleiben Sie ein paar Minuten lang so stehen.
- Fühlen Sie die Aura der anderen Person über ihrem Scheitel und drücken Sie sanft auf den Kopf. Auf diese Weise wird sie wieder in den Körper gedrückt. Wenn es aber unangenehm ist oder sich irgendwie nicht richtig anfühlt, hören Sie sofort damit auf und massieren stattdessen den Nacken oder den Solarplexus.
- Knien Sie vor der anderen Person nieder und drücken Sie die Hände auf ihre Füße.
- Wenn Sie fertig sind, machen Sie mit den Händen eine schneidende Bewegung von oben nach unten, um Ihre Energie von der anderen zu trennen.
- Stellen Sie sich vor, dass sowohl Sie als auch die andere Person in einen blauen Schutzmantel gehüllt sind.

Mein Partner ist sehr kopflastig. Kann das etwas mit seinen kalten Füßen zu tun haben?

Das kann gut sein. Wer viel denkt oder liest, hat einen Großteil seiner Energie im Kopf, sodass nicht genug für die Füße übrig bleibt. Wo immer Energie ist, da ist auch Wärme, und wo keine Energie ist, da ist es kalt.

Sie können ihm helfen, indem Sie die eben beschriebene Übung mit ihm durchführen oder indem Sie nur Punkt 6 mit ihm machen und seine Energie sanft in seinen Körper zurückdrücken.

Manchmal schrecke ich während der Meditation hoch. Was hat das zu bedeuten?

Sie gleiten in den Schlafzustand hinüber und Ihr Geist ist dabei, den Körper zu verlassen. Wenn Ihnen unbewusst klar wird, was passiert, schrecken Sie hoch.

Ich schlafe beim Meditieren immer ein. Wie kann ich das verhindern?

Konzentrieren Sie sich hundertprozentig auf Ihren Atem oder auf die Stimme der Person, die Ihre Meditation anleitet. Überprüfen Sie, ob Sie geerdet sind. Meditieren Sie regelmäßig und diszipliniert, um Ihre Schwingung zu erhöhen. Bedenken Sie aber auch, dass es gelegentlich vorkommen kann, dass Ihre Engel und Geistführer Sie an geistige Orte bringen wollen.

Eine Freundin hat mir einmal erzählt, dass sie große Mühe hat wieder aufzuwachen, wenn sie während der Meditation einschläft und auf Astralreisen geht. Wenn sie aber an einem geistigen Ort war, ist sie am Ende der Sitzung sofort hellwach und munter. Auf diese Weise weiß sie immer, was sie getan hat.

Ich bin normalerweise ziemlich gesund, aber gelegentlich wache ich mit einer 24-Stunden-Grippe auf. Dann kann ich kaum den Kopf heben und fühle mich den ganzen Tag einfach fürchterlich. Am nächsten Tag geht es mir wieder gut. Ich habe dabei auch nie Fieber. Was hat das zu bedeuten?
Die Symptome, die Sie beschreiben, deuten darauf hin, dass Ihr Geist irgendwie nicht ganz richtig in den Körper zurückgekehrt ist. Bei manchen Menschen geschieht das recht häufig, sodass sie sich immer irgendwie »neben den Schuhen« fühlen.
Wenn Ihr Geist zu seinen nächtlichen Abenteuern aufbricht, besucht er verschiedene Orte. Normalerweise gleitet er bei seiner Rückkehr problemlos in den Körper und Sie fühlen sich beim Erwachen erfrischt. Wenn Sie aber angespannt sind, ist es für den Geist nicht so einfach, in den Körper zurückzugleiten. Wenn Sie aus irgendeinem Grund während Ihrer Reisen gestört werden, kehrt der Geist zu plötzlich in seine Hülle zurück und passt nicht ganz richtig hinein.

Was mache ich, wenn mein Geist nicht richtig passt?
Eine 24-Stunden-Grippe ohne Fieber zeigt an, dass Sie Ihre Mitte verloren haben. Alles, was Sie entspannt, kann dann helfen: eine Massage, ein warmes Bad, Notfalltropfen oder in Extremfällen auch Aspirin. Wenn das alles nicht funktioniert, legen Sie sich wieder ins Bett und

schlafen Sie. Wenn Sie dann loslassen und sich entspannen, kann der Geist den Körper wieder verlassen und auf die richtige Weise zurückkehren.

Manchmal halten diese Symptome aber auch 48 Stunden an. Woran liegt das?
Meistens liegt das daran, dass Sie so verspannt sind, dass der Geist immer noch nicht richtig in den Körper passt. Ein weiterer Grund könnte sein, dass Sie in der ersten Nacht nicht tief genug geschlafen haben, sodass Ihr Geist den Körper nicht wirklich verlassen hat. Das ist aber die Voraussetzung dafür, dass er auf die richtige Weise zurückkommt. Es kann auch sein, dass sich ein Teil Ihrer Seele abgetrennt hat und mehr Zeit und möglicherweise sogar Hilfe benötigt, um zurückzukehren.

Ich arbeite mit Menschen mit körperlichen Behinderungen, die mir oft die Symptome des Nicht-Geerdetseins beschreiben. Warum ist das so und wie kann ich ihnen helfen?
Weil behinderte Menschen häufig starke Verspannungen in bestimmten Körperteilen haben, ist es für den Geist oft schwierig, ganz zurückzukehren. Die Erdungsübung sollte helfen, ebenso wie Heilung auch. Alles, was ihnen hilft, sich zu entspannen, wird den Prozess unterstützen. Versuchen Sie es mit Visualisierungsübungen zur besseren Entspannung, mit Massage oder Atemübungen.

Ich fühle mich oft nicht geerdet, aber mein Freund hat nie dieses Problem. Warum ist das so?

Der Geist mancher Menschen schlüpft sehr leicht aus dem Körper. Aber andere sind dermaßen erdverbunden, dass sie so etwas nie erleben.

Meine Tochter ist verspannt, ängstlich und ergeht sich in Tagträumen. Ich habe das Gefühl, dass sie oft ganz weit weg ist. Ist sie zu wenig geerdet?
Das ist gut möglich. Vielleicht können Sie ihr ja helfen sich zu entspannen und ihr zeigen, dass sie bei Ihnen sicher aufgehoben ist. Spaziergänge, regelmäßiger Aufenthalt in der Natur und vernünftige Ernährung sollten ihr helfen. Sport kann ebenfalls sehr hilfreich sein.

Ich habe oft Panikattacken und jemand hat einmal gesagt, ich wäre nicht geerdet. Stimmt das und was kann ich dagegen tun?
Panikattacken sind eine Folge des Nicht-Geerdetseins. Weil manche Menschen nicht völlig in ihrem Körper anwesend sind, scheint alles irgendwie unwirklich, verschwommen und unüberschaubar. Dann atmen sie zu flach, was sie noch mehr aus dem Körper zieht. Regelmäßige Entspannungs- und Atemübungen sollten helfen. Wenn Sie dennoch wieder einmal einen Anfall haben, wissen Sie, wie Sie damit umgehen können. Sie sollten auch darauf achten, ob es bestimmte Faktoren gibt, die diese Panikattacken auslösen.

Ein guter Hypnotherapeut könnte Ihnen helfen, richtig zu atmen, gleichzeitig Ihre tief sitzenden Ängste aufdecken und Ihre unbewussten Glaubensmuster neu programmieren.

Der Weltraum

Warum explodierte 1986 die Raumfähre Challenger?
Aus menschlicher Sicht war dieses Ereignis natürlich eine furchtbare Tragödie, aber von einem kosmischen Standpunkt aus war die Katastrophe unvermeidbar. Die Raumfähre explodierte, weil es die Absicht dieses Projekts war, den Weltraum zu erobern. Diesem Projekt lagen Arroganz und Größenwahn zugrunde und ihm fehlte jeglicher Respekt vor den Wundern der Schöpfung. Der Name Challenger (Herausforderer) sagt schon alles.

Ist es denn falsch, den Weltraum erforschen zu wollen?
Wenn der Weltraum erforscht wird, um die Grenzen des Wissens zu erweitern und die Wunder des Universums zu entdecken, ist die Raumfahrt spirituell akzeptabel. Jedes Projekt sollte aber vom Geist des Respekts und der Ehrfurcht getragen sein. Dann werden sowohl die Erfolge als auch die gewonnenen Erkenntnisse monumental sein und das menschliche Leben bereichern.

Existiert Leben auf anderen Planeten?
Es gibt tatsächlich Planeten in anderen Universen, auf denen Leben in dreidimensionaler Form möglich ist. Das Le-

ben dort hat zwar nicht genau dieselbe Form wie das auf der Erde, aber ein ähnliches Bewusstsein.
Wesen aus höheren Dimensionen, die nicht von Nahrung, Wasser und Sauerstoff abhängig sind wie die Menschen, existieren überall im Kosmos. Aber diese Wesen haben eine Schwingung, die von menschlichen Augen und Ohren nicht wahrgenommen werden kann.

Gibt es Ufos?
Ja, es gibt Ufos. Auf anderen Planeten, in anderen Sternensystemen und in anderen Universen existieren intelligente Lebensformen, von denen viele technologisch weit fortgeschrittener sind als die Menschheit.

Sind Wolken, die manchmal die Form von Raumschiffen haben, tatsächlich Raumschiffe oder sind es einfach nur Wolken, die zufällig so aussehen?
Raumschiffe haben eine sehr hohe Schwingungsfrequenz, sodass sich genau wie bei den Engeln Niederschläge bilden, wenn sie anhalten. Wenn Sie eine Wolke in der Form eines Raumschiffes sehen, ist eines da oder vor Kurzem dagewesen.

Die spektakulärsten Ufo-Wolken, die ich je gesehen habe, erblickte ich während ich mit einer Freundin auf dem Jakobsweg in Spanien wanderte. Plötzlich erschien eine riesige Wolke in Form einer fliegenden Untertasse, deren Spitze sich öffnete und mehrere kleinere Untertassen freigab, die in verschiedene Richtungen davonflogen und schnell verschwanden. Dann tauchte eine zweite Wolke in Form einer Untertasse auf, deren Spitze sich ebenfalls öffnete und mehrere kleinere Flugobjekte freigab. Das ging zwanzig Minuten lang so weiter und wir schauten gebannt zu.

Was ist ein Mutterschiff?

Darunter versteht man ein riesiges Raumschiff, von dem aus kleinere zu verschiedenen Missionen aufbrechen.

Als ich einmal in Neuseeland war und gerade den Te-Anau-See überquerte, um die berühmten Glühwürmchenhöhlen zu besichtigen, sah ich zufällig hoch und erblickte ein Mutterschiff. Ich sah es nur einen Augenblick lang, aber es ähnelte einem riesigen Luxusdampfer mit endlosen Reihen beleuchteter Fenster. Das ganze Raumschiff strahlte. Ich habe diesen Anblick nie vergessen.

Wer ist Kommandant Ashtar?

Kommandant Ashtar, der Chef des intergalaktischen Kommandos, ist ein sehr hoch entwickeltes Wesen. Er kontrolliert Millionen Raumschiffe der Bruder- und Schwesternschaft des Lichts, die durch unser Universum patrouillieren. Sie haben ein wohlwollendes Auge auf die Erde und beschützten ihre Bewohner.

Gibt es Raumschiffe feindlich gesinnter Außerirdischer?

Ja. Konzentrieren Sie sich nicht auf sie und geben Sie ihnen keine Energie. Nur das, was Sie durch Ihre Gedanken nähren, kann Ihnen etwas antun. Konzentrieren Sie sich daher nur auf das Gute und Lichte.

Spirituelle Themen

Auras und Chakras

Was ist der ätherische Körper?

Der ätherische Körper ist das Gegenstück zu Ihrem physischen Körper, den er genau widerspiegelt. Man kann ihn in einer Entfernung von zirka zwei Zentimetern um den physischen Körper herum spüren. Wenn jemandem ein Körperteil fehlt, zum Beispiel ein Arm, kann er dennoch Schmerzen oder andere Empfindungen im fehlenden Glied wahrnehmen, denn das Bewusstsein bleibt im ätherischen Feld erhalten.

Was ist eine Aura?

Die Aura ist ein farbiges elektromagnetisches Feld, das jedes Lebewesen umgibt. Sie besteht aus der Energie der Denk- und Fühlmuster. Steine, Kristalle, Pflanzen und Bäume strahlen ein einfaches Licht aus, aber Menschen haben eine emotionale, eine mentale und eine spirituelle Aura. Diese werden von hellsichtigen Menschen als Bänder farbigen Lichts wahrgenommen. Empfindsame Menschen können die verschiedenen Schichten mit ihren Händen fühlen.

Kann die Aura eines Menschen die eines anderen beeinflussen?
Aber ja. Wenn Ihre Aura strahlt und voller schöner Farben ist, kann sie die Aura anderer Menschen ebenfalls zum Leuchten bringen. Wenn Sie warmherzig, mitfühlend und liebevoll sind, wird Ihre Aura die Menschen in Ihrer Nähe einhüllen und ihnen Trost spenden. Das alles geschieht, ohne dass Sie sich dessen bewusst sind. Wenn Sie eine Heilerin sind, wird Ihre Aura sich auf alle ausdehnen, die Hilfe brauchen, selbst wenn Sie sie gar nicht kennen. Eine optimistische Aura wird das Licht der Hoffnung in den Herzen der Verzweifelten entzünden.

Kann die Aura eines einzelnen Menschen die Atmosphäre eines ganzen Raumes verändern?
Niemand existiert für sich allein. Die Auras durchdringen sich alle gegenseitig. Wenn ein Mensch, der Frieden und Weisheit ausstrahlt, einen Raum betritt, werden alle Anwesenden dadurch beeinflusst. Aber wenn Sie es zulassen, gilt auch das Gegenteil. Bedenken Sie, dass höhere Frequenzen niedere umwandeln.

Was ist machtvoller: eine dunkle oder eine lichte Aura?
Das Licht verschlingt die Dunkelheit. Heilung löst den Schmerz auf. Liebe lindert Kummer. Das Licht ist unvorstellbar machtvoller als die Dunkelheit. Eine goldene Aura kann Millionen Seelen das Licht bringen.

Was ist der Zweck einer Aura?
Zunächst einmal übermittelt sie anderen Wesen Informationen über Sie, weil diese unbewusst Ihr Energiefeld deuten. Wenn Sie Ihre Aura einziehen, wirkt sie zweitens als Puffer oder Schutzschild zwischen Ihnen und anderen Menschen oder Umständen.

Wie kann ich lernen, Auras zu deuten?
Jeder Mensch deutet bewusst oder unbewusst Auras. Stellen Sie sich einfach die Frage: »Wenn ich die Aura dieses Menschen sehen könnte, was würde sie mir sagen?« Warten Sie dann, bis die Antwort auftaucht.

Eine Übung, um Auras sehen zu lernen

Wenn Sie lernen möchten, Auras zu sehen, fangen Sie mit gesunden Bäumen oder Bergen an, denn diese haben besonders an sonnigen Tagen eine sehr starke Ausstrahlung. Entspannen Sie die Augen und schauen Sie sie nicht direkt an. Vermutlich werden Sie ein Lichtband um sie herum sehen, das manchmal farbig und oft voller Funken ist. Danach können Sie dies an Menschen üben. Tun Sie dies aber immer mit den reinsten Absichten und segnen Sie hinterher den Baum, Berg oder Menschen.

Verändert eine Aura ihre Farbe?
Ja, denn Ihre Gedanken und Gefühle haben einen starken Einfluss auf die Farben der Aura.

Susan Phoenix berichtet: »Ich nahm meine Aurakamera mit zu einem von Dianas Seminaren in Dublin, um die Auras der Teilnehmer vorher und hinterher zu fotografieren. Am Ende des Seminars zeigte jedes einzelne Foto ein stark vergrößertes Aurafeld aus purem Gold, was darauf hindeutete, dass die göttliche Energie der Engel in die Auras eingetreten war. Diese wunderbare Energie spiegelte sich auch in den lächelnden Gesichtern wider, die vor meiner Kamera saßen.«[5]

Was ist ein Chakra?

Chakra ist ein Sanskritwort, das so viel wie »Rad« oder »Kreis« bedeutet und einen Energiewirbel beschreibt. Es ist also ein spiritueller Punkt, durch den der Körper Energie aufnimmt und abgibt. Zurzeit gibt es sieben Haupt-Chakras, aber spirituell entwickelte Menschen finden heute nach und nach Zugang zu den zwölf Chakras, die der göttliche Bauplan ursprünglich vorgesehen hatte. Es gibt viele zusätzliche Chakras, darunter die in den Handflächen, durch die das Licht der Heilung übertragen wird, und die auf den Fußsohlen, die Sie mit der Erde verbinden.

Kurz nachdem ich angefangen hatte, als Hypnotherapeutin zu arbeiten, half ich einer Klientin ihr Herzzentrum zu öffnen. Plötzlich brach ein strahlend rosafarbenes Licht aus ihrer Brust hervor. Lichtfühler bewegten sich im Raum umher und berührten verschiedene Gegenstände. Ich war völlig faszi-

5 Dr. Susan Phoenix ist Autorin der Bücher *Out of the Shadows – A Journey From Grief* und gemeinsam mit Jack Holland von *Phoenix – Policing the Shadows.*

niert und sah mehrere Minuten lang zu. Ich fühle mich geehrt, Zeuge eines funktionierenden Herz-Chakras gewesen zu sein.

Was geschieht, wenn die Chakras nicht richtig funktionieren und die Energie nicht richtig fließt?

So werden Sie sich fühlen, wenn Ihre Energie nicht richtig fließt:

Wurzel-Chakra: Sie werden sehr ängstlich und immer auf der Hut sein.

Sakral-Chakra: Sie werden emotional oder sexuell unausgeglichen sein.

Solarplexus-Chakra: Sie werden unter Ängsten leiden und Panikattacken haben.

Herz-Chakra: Sie werden nicht lieben und nicht vertrauen können.

Kehlkopf-Chakra: Sie werden unfähig sein, Ihre wahren Gefühle oder Gedanken auszudrücken.

Stirn-Chakra: Ihre Intuition wird begrenzt sein. Wenn es sich nicht schließen lässt, werden Sie zu empfänglich für geistige Einflüsse und Atmosphären sein.

Kronen-Chakra: Wenn sich das Kronen-Chakra nicht öffnet, können Sie keinen Kontakt zu Ihrem höheren Selbst aufnehmen.

Was geschieht, wenn die Chakras offen sind und die Energie fließt?

Wurzel-Chakra: Sie werden sich sowohl körperlich als auch materiell sicher fühlen.

Sakral-Chakra: Sie werden warmherzig, glücklich und liebevoll sein, sexuelle Reife besitzen und geben und empfangen können.
Solarplexus-Chakra: Sie werden sich als friedvoll, weise und machtvoll empfinden.
Herz-Chakra: Sie werden bedingungslos lieben können.
Kehlkopf-Chakra: Sie werden in der Lage sein, Ihre wahren Gefühle und Gedanken auszudrücken und daher stets mit Integrität handeln.
Stirn-Chakra: Sie werden sehr intuitiv und hellsichtig sein und andere Menschen heilen können.
Kronen-Chakra: Sie werden Kontakt zu Ihrem höheren Selbst, Ihrer Seele haben.

Was kann ich tun, wenn eines oder mehrere meiner Chakras nicht richtig funktionieren?

Ihre Chakras verstopfen, wenn Ihre Gedanken und Glaubensmuster sie in ständiger Anspannung halten. Sagen Sie positive Affirmationen auf, summen und singen Sie in sie hinein. Sie können ein Chakra energetisieren, indem Sie es von vorne und hinten massieren. Noch effektiver ist es, den betreffenden Bereich insgesamt zu aktivieren, indem Sie zum Beispiel Ihr Kehlkopf-Chakra dadurch lösen, dass Sie den Kopf kreisen lassen. Yoga ist besonders hilfreich, da es so konzipiert ist, dass sich die Chakras öffnen und aneinander ausrichten, damit der Yogi in eine tiefe Meditation eintreten kann.

Erleuchtung und Aszendenz

Worin besteht der Unterschied zwischen Erleuchtung und Aszendenz?

Das Wort Erleuchtung bezeichnet einen Seinszustand, in dem sich das menschliche Bewusstsein so sehr erweitert hat, dass es alles einschließt, was ist. Ein Erleuchteter kann über seine menschlichen Begrenzungen hinauswachsen und seine Körperfunktionen ebenso kontrollieren wie seine Umgebung und seine Lebensumstände.

Aszendenz bezeichnet einen aktiven Zustand, in dem mehr vom Licht der Seele und der Monade in den physischen Körper gezogen wird. Dadurch wird das Bewusstsein erhöht, die spirituelle Bewusstheit erweitert und körperliche Veränderungen werden möglich.

Beides geschieht schrittweise. Manchmal werden Sie in einem bestimmten Bereich erleuchtet und machen einen großen Schritt in Ihrem Verständnis und geistigem Wachstum.

Ereignen sich Erleuchtung und Aszendenz gleichzeitig?

Häufig ist das so, aber die Erleuchtung geht meistens der Aszendenz voraus und bereitet den Betreffenden darauf vor, mehr Seelenlicht zu empfangen.

Wie kann ich Erleuchtung und Aszendenz erlangen?

Spirituelle Praktiken können diesen Prozess beschleunigen. Dabei ist es gleich, ob es sich um Gebete, Mantra-Singen, Yoga, Meditation oder eine andere Übung handelt,

wichtig ist, dass diese Praktiken regelmäßig und konzentriert ausgeübt werden.
Geistige Visualisierungsübungen, Fantasiereisen, Herzöffnungs- und Vergebungsübungen, Karmaabbau, Engelarbeit, aufgestiegene Meister, Energiearbeit mit der Gold und Silber violetten Flamme oder der Mahatma-Energie helfen, sich spirituell zu verwirklichen. Disziplin, Hingabe, Demut, liebevolles Dienen und von Herzen kommende Freude sind unabdingbare Bestandteile jeder Praxis. Außerdem ist es wichtig, die Göttlichkeit in allem und allen zu erkennen und alle Wesen mit dem nötigen Respekt zu behandeln. Wenn Sie Ihre Gedanken beobachten und immer bewusst im höchsten Interesse aller handeln, öffnen sich Ihnen die Türen zu höheren Zielen.

Meister und Gurus

Was ist ein Guru?
Ein Guru ist ein spiritueller Meister, der Schüler annimmt, um sie in den spirituellen Disziplinen zu unterweisen und sie zu initiieren.

Brauche ich einen Guru?
Im Fische-Zeitalter war es weithin akzeptiert und sogar wünschenswert, einen Guru zu haben, dem man folgen konnte. Für viele Menschen war dies ein sicherer und bequemer Weg, um zu einem höheren Verständnis zu gelangen. Heute befindet sich die Erde aber im Einflussbe-

reich des Wassermanns. Die Lektion dieses Zeitalters besteht darin, Meisterschaft über sein Selbst zu erlangen und selbst einen Kanal zum Göttlichen zu öffnen. Daher brauchen die Menschen heute keine Gurus mehr, aber viele folgen ihnen noch, besonders in Asien.

Sind alle Gurus gut?
Viele sind es, aber einige sind es nicht. Wie bei allen anderen Dingen, so sind Sie auch hier aufgerufen, Ihren gesunden Menschenverstand und Ihr Urteilsvermögen zu gebrauchen.

Wenn ich meditiere, rieche ich häufig den Geruch von Lilien. Woran kann das liegen?
Lilien gehören zu den Blumen mit der höchsten Schwingung. Wenn ein höherer Meister oder Engel bei Ihnen ist, riechen Sie möglicherweise ihren Lilienduft. Meister wie Guanyin, Maria, Mutter Gottes oder Maria Magdalena kündigen ihre Anwesenheit ebenso wie die noch lebende Amma oft durch Liliendüfte an.

Ich war zwei Wochen lang zu Gast in Ammas Aschram im indischen Kerala und als ich zurückkehrte, roch ich häufig Lilien, wenn ihr Geist mich während der Meditation besuchte.

Was meinen die Meister, wenn sie sagen, dass das Leben ein Traum ist?
Sie wollen darauf hindeuten, dass es für ein körperliches Wesen sehr leicht ist zu glauben, dass das materielle Leben, also Arbeit, Geld, Erfolg, Besitz am wichtigsten ist.

Aber von einem höheren Standpunkt aus gesehen, sind das alles Illusionen, denn nur die spirituelle Verwirklichung hat einen Wert, wenn der Geist seine körperliche Hülle hinter sich gelassen hat.
Die Meister haben auch verstanden, dass die Menschen ihr Leben durch ihre Gedanken erträumen, weil sie unbewusst oder bewusst ständig das erschaffen, was sie sich vorstellen.

Allgemeine Themen

Wie entstehen neue Ideen und Konzepte?
Wenn die Zeit für eine Weiterentwicklung des Lebens auf der Erde gekommen ist, werden die Samen für neue Erfindungen, für technologische oder wissenschaftliche Durchbrüche den dafür vorgesehenen Empfängern »eingepflanzt«. Viele solcher Samen landen auf unfruchtbarem Boden, aber wenn die betreffenden Menschen zulassen, dass sie wachsen, entstehen oft dieselben Ideen an weit entfernten Orten. Wenn diese Ideen so weit verbreitet werden, dass Tausende Menschen sie gleichzeitig aufnehmen, wird eine Welle des Wandels ausgelöst.
Manchmal werden Informationen aber auch nur wenigen aufnahmebereiten Menschen eingepflanzt. Dann geschieht es zum Beispiel, dass zwei ähnliche Bücher oder Erfindungen in verschiedenen Teilen der Welt auftauchen. Geschieht das, so hat keiner die Ideen des anderen gestohlen, denn die Ideen entstammen der Welt des Geis-

tes und bei beiden sind die von den Engeln gesäten Samen einfach gleichzeitig aufgegangen.

Zwei Beispiele:
Als die Erde mehr blaue Heilungsenergie benötigte, wurde ein Gedankensame auf verschiedenen Kontinenten gesät und die Leute begannen überall, Bluejeans zu tragen. Magenta wurde zur Modefarbe, als die Zeit für die göttliche weibliche Energie gekommen war.

Wie kommt es, dass bestimmte Menschen zur rechten Zeit am rechten Ort sind?
Wenn jemand zu einer festgelegten Zeit an einem bestimmten Ort sein muss, damit er an einem bestimmten Projekt teilnehmen kann, flüstern ihm die Engel und Geistführer das ein. Nach einiger Zeit wird er glauben, dass es seine eigene Idee war, und sich darauf vorbereiten. Die Engel öffnen dann die entsprechenden Türen, damit er genau zur richtigen Zeit am rechten Ort eintrifft.
Ist ein größeres Projekt geplant, ergeht ein allgemeiner Ruf an alle Seelen auf dem Planeten. Einige werden darauf reagieren. Das kann bis zu fünf Jahre vorher geschehen, um genügend Zeit für die Vorbereitungen zu lassen. Als Reaktion auf den Ruf und ohne etwas davon zu wissen, intensivieren die Freiwilligen ihre Studien, ändern plötzlich die Richtung ihres Lebens, beschließen plötzlich einen bestimmten Ort oder eine bestimmte Person aufzusuchen oder ziehen um. Dann entdecken sie, dass sie sich genau dort befinden, wo sich das Projekt entfaltet.

Hinter den Kulissen arbeiten die Engel und Geistführer unermüdlich, um Ihnen zu helfen, Ihre Bestimmung zu erfüllen. Sie orchestrieren alle »Zufälle« und Synchronizitäten.

Was kann ich tun, um zu mehr Gerechtigkeit, Gleichheit und Integrität in der Welt beizutragen?

Wenn Sie eine bestimmte Vision verwirklichen oder sich ganz einer guten Sache verschreiben wollen, dann teilen Sie dies den Engelfürsten mit, da diese für alle größeren Projekte auf Erden verantwortlich sind. Wenn Sie diesen großen erleuchteten Wesen Ihre Hoffnungen mitteilen, sollten Sie das aber auf eine Weise tun, als ob sie bereits Wirklichkeit geworden wären. Die Engel, die keinen freien Willen besitzen, sondern darauf warten müssen, bis die Menschen sie um etwas bitten, können Ihre Gebete, Ihre Absichten und Ihre Visualisierungen benutzen, um bessere Zustände auf Erden zu schaffen.

Ein Beispiel: Nehmen wir an, ein Staat weigert sich ein Friedensabkommen, eine gerechte Handelsvereinbarung oder ein Umweltschutzprotokoll zu unterzeichnen. Stellen Sie sich dann einfach vor, es sei unterzeichnet worden und schicken Sie diese Vorstellung mit einem Gebet zu den Engelfürsten. Diese werden dann die betreffenden Entscheidungsträger drängen, es zu unterzeichnen. Natürlich sind viele Menschen, viele Gebete und viele Visionen nötig, um Veränderungen hervorzubringen, aber vielleicht ist es ja gerade Ihre Stimme, die den Ausschlag gibt.

Sie sollten daher niemals die Macht eines Menschen oder einer Gruppe unterschätzen, sich gemeinsam mit den Engeln für Veränderungen einzusetzen.

Warum besteht gerade heute ein so großes Interesse an Engeln?

Vor etwa 22 000 Jahren während einer 1 500 Jahre dauernden Periode im goldenen Atlantis war die geistige Energie auf diesem Planeten extrem hoch. Während dieser Zeit konnte jeder Mensch seinen Engel sehen und mit ihm kommunizieren. Es war eine Periode der Liebe, des Friedens und der Zusammenarbeit. Aber irgendwann erlagen die Menschen den Versuchungen des Ego und die Schwingung des Planeten nahm ab. Daraufhin zogen sich die höheren Engel und jene wundersamen Geschöpfe aus dem Engelreich, die Einhörner, von der Erde zurück.

Die Energie des Planeten nahm im Verlauf von Jahrhunderten weiter ab, bis sie schließlich im Mittelalter den absoluten Tiefpunkt erreicht hatte. Daraufhin verfügte die Quelle des Seins, dass die Engel der Erde zu Hilfe kommen sollten. Gleichzeitig inkarnierten sich bestimmte hoch entwickelte Seelen – beispielsweise Leonardo da Vinci –, um die spirituelle Weisheit wieder auf die Erde zu bringen. Große Maler, Bildhauer, Schriftsteller und andere kreative Menschen erboten sich, in dieser Zeit geboren zu werden, um durch ihr Licht die Schwingung des Planeten zu erhöhen. Sie schufen Bilder oder Statuen der Engel, die sie sehen oder spüren konnten. Das war der Anfang der geistigen Wiedergeburt des Planeten, die Renaissance.

Diese Energie stieg eine Weile kontinuierlich an, aber dann begann sie wieder abzunehmen.
Im Jahr 2012 wird der Menschheit wieder eine großartige Gelegenheit zu geistigem Wachstum gegeben werden. Aus diesem Grund werden gegenwärtig so viele Engel auf die Erde geschickt, um der Menschheit zu helfen, die höheren Energien auch aufzunehmen.

Noch vor wenigen Jahren sprach niemand über Engel. Ich wurde gebeten, *A Little Light on Angels*[6] zu schreiben. Als ich das Buch veröffentlichte, erntete ich nichts als Hohn und Spott. Heute gibt es in jeder größeren Stadt Engelläden und viele Leute tragen Broschen in Engelform oder haben Engelaufkleber auf ihren Autos. Man diskutiert offen über Engel, mehr und mehr Menschen nehmen Kontakt zu ihnen auf oder halten Ausschau nach weißen Federn oder anderen Zeichen. Die Engel lassen uns ihre Gegenwart deutlich spüren.

Welche Auswirkungen haben die Gestirne auf unser Leben?
Alle Sterne und alle Planeten üben einen magnetischen Einfluss auf das Leben auf der Erde aus. Je nach Geburtsort und Geburtsdatum beeinflussen verschiedene Himmelskörper Sie während Ihres gesamten Lebens auf unterschiedliche Weise.
Die kosmischen Einflüsse lassen sich am ehesten mit den Gezeiten vergleichen. Wenn Sie Ihre Bewegungen verste-

---

6 Deutsch: *Der Engel-Ratgeber. In jeder Lebenslage Schutz, Beistand und Trost durch die himmlischen Wesen finden.* Ansata, München 2003

hen, können Sie die einströmenden Energien ausnützen. Wenn sich die Energien dann wie bei einer Ebbe zurückziehen, werden Sie sich besser zurückhalten, bis die Strömung Ihr Vorhaben wieder unterstützt. Sie können die Wartezeit dazu nutzen, Ihr Boot seetüchtig zu machen, statt sich im Kampf gegen die Strömung zu erschöpfen. Es bleibt aber immer Ihre Entscheidung, ob Sie im Einklang mit den astrologischen Faktoren handeln wollen, oder ob Sie Ihre Ziele mit Entschlossenheit, Kraft und unter Einsatz all Ihrer Fähigkeiten unabhängig davon erreichen wollen.

Es ist allgemein bekannt, dass der Mond die Gezeiten beeinflusst. Es ist auch bekannt, dass die verschiedenen Mondphasen sich stark auf den emotionalen oder mentalen Zustand mancher Menschen auswirken.
Merkur wird mit Kommunikation assoziiert. Nimmt er ab, mag auch manche Kommunikation nicht mehr funktionieren. Wenn sich der Einfluss des Saturn bemerkbar macht, werden Sie erst Ihre gegenwärtige Situation in Ordnung bringen müssen, bevor Sie weitergehen können.

Carole machte schwere Zeiten durch. Sie hatte ihre Stelle verloren und in dem Temporärjob, den sie in der Not angenommen hatte, verdiente sie nicht genug, um ihre Ausgaben zu decken. Ihr Wagen musste dringend in die Werkstatt, ihr Kreditkartenlimit war ausgereizt. Sie musste sich Geld von Freunden und Verwandten leihen und fast alles, was sie besaß, verkaufen. Sie stornierte ihren Handy- und ihren Internetanschluss, aber noch immer konnte sie nicht von dem geringen Lohn leben.

In ihrer Verzweiflung suchte sie einen Astrologen auf, der ihr erklärte, dass zurzeit Saturn dominierte und dass ihr alles genommen werden wurde, um herauszufinden, was sie wirklich brauchte. Er sagte ihr auch, dass die Situation noch sechs Monate so weitergehen würde, dass sich dann aber die Dinge zum Besseren wenden würden. Dank dieser Informationen konnte Carole die weiteren Herausforderungen annehmen. Sie meisterte jede finanzielle Krise, erklärte sich für zahlungsunfähig, verkaufte alles Überflüssige und lernte zum ersten Mal in ihrem Leben hauszuhalten. Sie konzentrierte sich auf ihre Gesundheit, machte ihre Wohnung sauber, strich sie neu an und nutzte die verbliebene Zeit, bis sich die Dinge zum Besseren wenden würden.

Die Voraussage traf ein: Nach sechs Monaten erhielt sie eine Lohnerhöhung und ihr Temporärjob wurde in eine feste Anstellung umgewandelt. Endlich konnte sie ihren Lebensunterhalt wieder selbst bestreiten und sie sah das Licht am Ende des Tunnels. Ohne die Hilfe des Astrologen hätte sie sich mit Sicherheit aufgegeben.

Einhörner

Was sind Einhörner?

Einhörner sind Pferde aus der siebten Dimension, die zum Reich der Engel gehören. Aufgrund ihrer Reinheit erscheinen sie als leuchtend weiße Geschöpfe, aus deren drittem Auge Licht austritt, sodass es aussieht, als hätten sie dort ein Horn.

Warum reden im Moment so viele Menschen über Einhörner und warum werden gerade jetzt so viele gesehen?
20 000 v. u. Z. sahen die Menschen des goldenen Atlantis ständig Einhörner. Aber als die Schwingungsfrequenz der Erde immer niedriger wurde, zogen sich diese zurück. Jetzt endlich erhöht sich die Schwingung vieler Individuen und der Erde wieder, sodass diese herrlichen Geschöpfe zurückkehren können. Wer Augen hat zu sehen, der wird sie erblicken.

Wo kann man sie sehen?
Einhörner können wie alle anderen geistigen Wesen auch am besten dort gesehen werden, wo der Schleier zwischen den Welten am dünnsten ist, also in der Natur, an besonders schönen Orten oder an Kraftorten. Wenn aber Ihre Energie hoch genug ist, werden sie Ihnen erscheinen, wo immer Sie auch sein mögen.

Warum heißen sie Einhörner?
Hellsichtige Menschen sehen diese wundersamen Geschöpfe in Pferdeform mit einem Horn dort auf der Stirn, wo sich das dritte Auge befindet. Tatsächlich besteht dieses »Horn« aber aus reiner Energie, die aus dem dritten Auge austritt. Ein ähnliches Phänomen kann man bei den Engeln sehen, die Licht in Form von Flügeln ausstrahlen, oder besonders hohen geistigen Wesen, die einen Heiligenschein tragen.

Sind Engel im Vergleich zu Menschen das, was Einhörner im Vergleich zu Pferden sind?
Vereinfacht gesagt, ja. Aber ein Mensch kann nicht zu einem Engel werden, Pferde hingegen können zu Einhörnern werden. Allgemein ist es so, dass Tiere sich zu Menschen weiterentwickeln, aber einige von ihnen können auch in das Reich der Engel aufsteigen.

Sai Baba, der indische Avatar, erzählte seinen Jüngern, dass sein Lieblingselefant im nächsten Leben als Mensch wiedergeboren werden würde.

Warum kommen die Einhörner gerade jetzt auf die Erde?
Die Einhörner befinden sich jetzt auf dem Planeten, um bei der bevorstehenden geistigen Umwandlung zu helfen, die sich in den nächsten Jahren vollziehen wird. Sie kommen als Antwort auf die Gebete der Menschen. Während die Engel auf direkten Befehl der Quelle des Seins gekommen sind, fühlen sich die Einhörner vom Licht derjenigen Menschen angezogen, die reinen Herzens sind. Ihre Aufgabe ist es, die Menschheit an ihre Unschuld zu erinnern, also an ihren göttlichen Kern. Zudem bringen sie Hoffnung, Weisheit und Erleuchtung.

Was tun die Einhörner in den geistigen Welten?
Sie sind Hüter der alten Weisheit, der Magie und der Mysterien. Sie bewahren die Visionen der Menschen und anderer Wesen auf anderen Existenzebenen. Heute konzentrieren sie sich ganz auf die Erde, um ihr beim Aufstieg zu helfen.

Warum haben die Einhörner ein Horn aus Licht?
Ihr drittes Auge ist so hoch entwickelt, dass das daraus entspringende Licht so scharf und klar wie ein Laserstrahl ist. Es projiziert Weisheit und Erleuchtung auf die Menschen. Wenn es auf Ihr drittes Auge oder Ihr Herz-Chakra gerichtet ist, empfangen Sie tiefes spirituelles Wissen und Qualitäten wie Schönheit, Klarheit, Reinheit, Edelmut, Gnade, Heilung, Freude und Frieden werden in Ihnen wachsen.

Wem zeigen sich die Einhörner?
Wenn Sie guten Willens sind und Mut besitzen, dann werden die Einhörner Ihnen Gedanken schicken, die der Welt helfen. Sie werden Sie ermutigen und Ihnen Kraft geben, damit Sie Ihre Mission erfüllen können. Sie arbeiten mit jedem, der bereit ist, anderen zu helfen, oder einen Plan für das Allgemeinwohl hat. Sie erscheinen auch denen, die reinen Herzens sind und den festen Willen haben, den spirituellen Weg zu gehen.

Wie können mir die Einhörner helfen?
Wenn Sie eine Vision verfolgen, die über Ihre eigennützigen Interessen hinausgeht, werden Ihnen die Einhörner bei der Umsetzung Ihres Projekts Kraft geben und Ihnen helfen, sich Ihre Integrität, Ihr Selbstwertgefühl und Ihr Ehrgefühl zu bewahren. Sie werden Ihnen inspirierende Worte zuflüstern, für Sie den Kontakt zur geistigen Welt aufrechterhalten und Ihrer Seele Heilung bringen. Ein Einhorn kann Ihnen aber auch helfen, persönliche Ziele zu erreichen.

Können Einhörner heilen?
Ja. Einhörner heilen Sie auf einer sehr tiefen Ebene, indem sie Ihre Seele berühren und sie wieder ganz machen. Sie stellen den Kontakt zu Ihrem Geist wieder her, um Hoffnung zu erwecken und das Feuer der Liebe zu entfachen. Sie sind Träger der göttlichen Gnade, durch die spirituelle, mentale und emotionale Blockaden aufgelöst werden und der Körper geheilt wird.

Hat jeder Mensch ein Einhorn?
In den alten Zeiten der Weisheit blieb ein Einhorn ein Leben lang bei einem Menschen. Gegenwärtig geschieht das nicht. Nur sehr wenige Menschen erleben die Präsenz eines Einhorns von Geburt an. Aber wenn Sie Weisheit, Kraft und Visionen entwickeln, wird sich Ihnen Ihr Einhorn nähern. Seine Energie ist so speziell und so leicht, dass es mehrmals ganz kurz kommt, um sich sofort wieder zurückzuziehen. Wie eine Welle kommt diese Energie immer wieder auf Sie zu, bis Sie stark genug sind, sie zu halten. Denken Sie an Menschen, die Selbstvertrauen, Edelmut und Integrität ausstrahlen. Solche Menschen befinden sich in Kontakt mit ihrer Einhorn-Energie.

Warum fühlen sich Kinder zu Einhörnern hingezogen?
Einhörner und Kinder besitzen eine natürliche Affinität, weil ihre Essenz so rein ist. Neugeborene, die die geistige Dimension erst vor Kurzem verlassen haben, halten noch Kontakt zum Wunderbaren und Magischen. Die Einhörner erinnern sie an diese Welt. Deshalb können sie unbeschwert miteinander spielen.

Das helle Licht der neuen, hoch entwickelten Kinder, die sich seit einigen Jahren auf der Erde inkarnieren, zog die Einhörner überhaupt erst an.

Ich habe schon häufig Engelwolken gesehen, aber noch nie eine Einhornwolke. Woran liegt das?
Wenn ein Engel anhält, um über jemanden oder etwas zu wachen, bilden sich um seine Form herum Kondensationswolken. Sind die atmosphärischen Bedingungen günstig, wird daraus eine weiße Wolke in Form eines Engels. Einhörner bringen ihre Zeit nicht damit zu, uns von oben zu beobachten. Sie kommen auf die Erde, um uns aus der Nähe zu betrachten. Aber gelegentlich beobachten sie uns auch einmal vom Himmel aus, und an einem klaren Tag können Sie manchmal eine Einhornwolke sehen.

Als mein Freund beinahe ertrunken wäre, war er sich sicher, von einem Pferd über Wasser gehalten worden zu sein. Er konnte es allerdings nicht sehen. Könnte das ein Einhorn gewesen sein?
Aber sicher. Die Zeit Ihres Freundes war noch nicht gekommen und sein Schutzengel und ein Einhorn hielten ihn über Wasser und gaben ihm die Kraft auszuhalten, bis Hilfe kam.

Ich träume häufig von weißen Pferden. Könnte es sich dabei um Einhörner handeln?
Manchmal sicherlich. Sie nehmen während des Schlafens Kontakt zu Ihnen auf und führen Sie in die höheren geistigen Welten. Ein Einhorntraum ist etwas ganz Besonde-

res, da er anzeigt, dass Ihnen die Einhörner nahe sind. Sie wollen Sie ermutigen, Ihre Vision in die Tat umzusetzen.

Meine kleine Tochter machte sich immer Ketten aus Gänseblümchen und redete viel über Einhörner. Besteht zwischen den beiden ein Zusammenhang?
Gänseblümchen repräsentieren Reinheit und Unschuld, es kann also sein, dass die Liebe Ihrer Tochter zu diesen Blumen die Einhörner angezogen hat. Wenn Sie ein Gänseblümchen sehen, sollten Sie in ihm stets ein Symbol für Reinheit sehen und an Einhörner denken.

Wenn aus einem Pferd ein Einhorn geworden ist, inkarniert es sich dann noch einmal?
Bis jetzt ist das noch nie geschehen. Aber aufgrund der grausamen und respektlosen Weise in der Pferde in den letzten Jahrhunderten behandelt wurden, kann es sein, dass einige Einhörner sich in nächster Zeit noch einmal inkarnieren werden. Sie werden als leuchtend weiße Pferde umgeben von einem wundersamen Licht erscheinen. Aufgrund der Autorität und Würde, die sie ausstrahlen, werden die Menschen sie anders behandeln. Menschen werden sich daran erinnern, dass Pferde große geistige Wesen sind, die die Erde durch ihre Präsenz segnen. Dann werden alle Pferde mit Respekt, Güte und Liebe behandelt werden.

Hinterlassen die Einhörner ein Symbol?
Wie die Engel so hinterlassen auch Einhörner eine kleine weiße Feder, um anzuzeigen, dass sie da waren. Einhörner

lieben weiße Blumen, vom einfachen Gänseblümchen bis zur exotischen Lilie, daher können Sie davon ausgehen, dass sich Einhörner in der Nähe befinden, wenn Sie plötzlich derartige Blumen sehen. Einhörner befinden sich im Einklang mit der Schwingung der Farbe Weiß.
Viele Menschen malen Bilder, erschaffen Statuen oder Dekorationsgegenstände in der Form von Einhörnern oder schreiben Lieder über sie. Obwohl sie sich dessen meist nicht bewusst sind, so spüren sie doch unbewusst ihre Gegenwart.

Können Einhörner Karma auflösen?
Durch ihre bedingungslose Liebe und ihr Licht segnen sie die Menschen, wodurch tatsächlich Karma aufgelöst wird.

Können Sie ein Einhorn zu jemand anderem schicken?
Ja, denn Ihre Gedanken bilden eine Brücke, die ein Einhorn oder ein Engel benutzen kann, um mit anderen Menschen Kontakt aufzunehmen. Wann immer möglich, werden sie Herz und Geist der Betreffenden erleuchten. Sie können ein Einhorn bitten, Lehrer, Führer oder andere einflussreiche Persönlichkeiten zu erleuchten und sie zu inspirieren.

Ein Beispiel: Zeitungsherausgeber besitzen einen großen Einfluss, aber dieser Einfluss wird nicht immer verantwortungsvoll wahrgenommen. Ob es sich nun um die Herausgeber eines Lokalblattes, einer nationalen oder internationalen Zeitschrift oder Zeitung handelt, ich bitte Sie, das unten stehende Gebet zu sprechen und die folgende Visualisierungsübung zu machen. Sie können dies aber auch für jeden anderen Menschen in jeder anderen Position tun.

Gebet an die Einhörner

Ich bitte die Einhörner nun, dem Herausgeber von … Weisheit, Licht und Integrität zu schenken und sein Herz mit Liebe, Frieden und Güte zu erfüllen.

Visualisierungsübung, um jemandem ein Einhorn zu schicken

- Stellen Sie sich eine Brücke aus weißem Licht vor, die von Ihnen zu der anderen Person führt. Dabei ist es gleich, ob Sie diese Person persönlich kennen oder nicht.
- Sehen Sie ein leuchtendes Einhorn über diese Brücke zur anderen Person traben. Es richtet das Licht aus seinem Horn erst auf den Kopf, dann auf das Herz des Betreffenden.
- Sehen Sie, wie der Empfänger von einer strahlenden Aura umgeben ist und wie sich diese Aura auf alles ausbreitet, was er tut.

Zu welchem Element gehören Einhörner?

Einhörner werden grundsätzlich dem Luftelement zugeordnet, aber sie lieben auch das Wasser. Sie werden sie bevorzugt an Wasserfällen oder Felsküsten finden. Sie erfreuen sich aber auch am Erdelement, besonders am satten Grün der Natur, das ökologisches Gleichgewicht und neues Wachstum symbolisiert.

Visualisierungsübung, um mit Ihrem Einhorn zu arbeiten

- Atmen Sie ein paar Mal tief ein und aus und entspannen Sie sich.
- Stellen Sie sich vor, Sie seien draußen in der Natur an einem wunderschönen Ort, wo die Schleier zwischen den Welten dünn sind.
- Sehen Sie das Büschel weißer Blumen? Berühren Sie sanft die Blütenblätter und riechen Sie ihren zarten Duft.
- In der Nähe erblicken Sie einen Wasserfall, der in der klaren Luft weiß schäumend von den Felsen herabstürzt.
- Ihnen nähert sich ein leuchtend weißes Licht, aus dem ein wunderschönes Einhorn hervortritt, das eine solche Liebe ausstrahlt, dass Sie sich in ihr vollkommen geborgen fühlen.

- Entspannen Sie sich noch mehr, während das herrliche Geschöpf näher kommt und Ihnen den Kopf zuneigt. Aus seinem Horn strömt Licht auf Sie zu. Öffnen Sie sich diesem Licht.
- Erzählen Sie dem Einhorn von Ihren Wünschen, Träumen oder Visionen und bitten Sie es um Hilfe. Warten Sie auf eine Reaktion oder auf mögliche Eingebungen.
- Denken Sie an jemanden und stellen Sie sich vor, dass von Ihnen ein weißes Licht zu dieser Person strömt. Bitten Sie das Einhorn, diese Person zu berühren und ihr auf angemessene Weise zu helfen. Spüren Sie, was passiert.
- Bedanken Sie sich bei dem Einhorn und sehen Sie ihm nach, wie es langsam davontrabt.
- Öffnen Sie die Augen und kehren Sie in die materielle Welt zurück.

Soziale Fragen

Alkohol, Drogen und Süchte

Was sind Süchte?
Süchte sind der letzte verzweifelte Versuch Ihres Ego, Sie davon abzuhalten, sich den Energieblockaden zuzuwenden, die verhindern, dass Sie Zugang zu Ihrer waren Göttlichkeit haben.

Worin bestehen die spirituellen Auswirkungen von Alkohol?
Alkohol senkt Ihre Schwingungsfrequenz, wodurch jede spirituelle Verbindung erschwert wird. Im Übermaß genossen entstehen durch Alkohol Löcher in Ihrer Aura, durch die negative Gedanken, Gefühle und Wesenheiten eintreten und Sie beeinflussen können. Auch weiche Drogen haben diese Wirkung.

Tom und Angela waren beide hellsichtig. Auch ihre sechzehnjährige Tochter Rose war medial sehr begabt. Eines Abends besuchte Rose eine Bar, in der sich viele Wesenheiten herumtrieben. Eine klammerte sich an sie. Als sie nach Hause kam, schrie sie um Hilfe, denn da sie hellsichtig war, konnte sie tatsächlich sehen, dass der Geist sie fest umklammert hielt. Es war der Geist eines Alkoholikers, der auf der materiellen Ebene feststeckte. Er stillte seine

Sucht, indem er sich an lebenden Trinkern festsaugte. Er flüsterte Rose ständig ins Ohr: »Trink doch noch etwas. Trink doch noch etwas.« Rose war zu Tode erschrocken und wusste nicht, wie sie ihn wieder loswerden sollte. Zum Glück wussten ihre Eltern, was zu tun war, und befreiten sie aus seinen Klauen.

Tom und Angela waren so froh, dass Rose diese Gabe besaß, denn ein normaler Jugendlicher hätte sich einfach nur mies gefühlt und immer mehr getrunken, um den Geist auf seinem Rücken zu befriedigen. Und er hätte niemals gewusst, was ihn dazu getrieben hatte.

Eine Übung, um Jugendlichen zu helfen

- Zünden Sie eine Kerze an.
- Bitten Sie die Engelfürsten, die für Großkonzerne, Städte und Länder verantwortlich sind, den Besitzern und Managern von Kneipen, Bars und Diskotheken, in denen sich Jugendliche betrinken oder Drogen nehmen, ein höheres Bewusstsein zu schenken.
- Visualisieren Sie die Jugendlichen im Licht, das ihnen Selbstachtung, Glück und ein besseres Selbstwertgefühl schenkt, damit sie in ihrem Leben einen Sinn finden.
- Halten Sie an der Vision fest, dass eine neue Generation ihr wahres spirituelles Potenzial erkennen wird.

Gebet für Jugendliche mit Suchtproblemen

Engel des Lichts und der Liebe, ich danke euch dafür, dass ihr auf die Kneipen, Bars und Diskotheken aufpasst, in denen sich Jugendliche aufhalten. Bitte berührt die Herzen und Köpfe der Besitzer und Manager, damit sie sich ihrer Verantwortung bewusst werden. Beschützt die jungen Menschen, die eine solche Lokalität betreten. Bitte helft ihnen, einen Sinn in ihrem Leben zu finden. So sei es.

Wie wirken sich Drogen spirituell gesehen aus?
Weiche Drogen haben eine ähnliche Wirkung wie Alkohol, sie unterbrechen Ihre spirituellen Verbindungen. Harte Drogen verursachen bleibende Schäden. LSD wirkt sich auf die Gehirnwellen aus und sorgt dafür, dass sie nicht mehr synchron funktionieren. Der unvermeidliche Verlust der spirituellen Dimension führt zu einem sehr eingeschränkten Leben. Bedenken Sie bitte, dass jede Entscheidung, die Sie treffen, Konsequenzen hat.

Warum würde irgendjemand ein spirituell eingeschränktes Leben wählen?
Manche Menschen, die ein großes spirituelles Potenzial besitzen, haben in jungen Jahren Entscheidungen gefällt und Dinge getan, die den Verlauf ihres ganzen Lebens beeinflusst haben. In manchen Fällen bedeutet das, dass sie ihre Lektionen durch Enttäuschungen und Frustration lernen

müssen. Diese beiden Gefühle sind meisterhafte Lehrer. Jene, die bewusst oder unbewusst versucht haben, durch den Gebrauch von Halluzinogenen einen schnellen und einfachen Weg zur Erleuchtung zu finden, müssen nun die Grundlagen für Erleuchtung im nächsten Leben legen. Kann die Persönlichkeit kein Licht mehr sehen, entscheidet sie sich häufig aus Verzweiflung für den Gebrauch von Drogen. Für andere scheint dies der einfachste Weg zu sein und wieder andere gebrauchen Drogen nur aus sozialen Gründen, aber sie alle verstehen die wahren Konsequenzen ihrer Handlungen nicht.

Meine Freundin hat früher LSD genommen. Sie hat gelesen, dass man dadurch seinen spirituellen Fortschritt ein Leben lang blockiert. Jetzt ist sie deprimiert und denkt an Selbstmord. Ich habe solche Angst um sie. Was kann ich nur tun?

Die Antwort besteht aus zwei Teilen, von denen der erste Sie angeht.

Ihre Aufgabe besteht darin, Verantwortung für Ihr eigenes Leben und Ihr eigenes spirituelles Wachstum zu übernehmen, deshalb sollten Sie erforschen, was der Angst um Ihre Freundin zugrunde liegt. Haben Sie Angst, nicht gut genug zu sein, um Ihrer Freundin zu helfen? Haben Sie Angst vor Verlust und Trennung? Fürchten Sie sich davor, ohne sie einsam zu sein oder in Depression zu verfallen, wenn sie stirbt? Haben Sie das Gefühl, man macht Sie dafür verantwortlich, wenn es ihr schlecht geht?

Wenn Sie diese Fragen für sich selbst beantwortet haben, wird Ihr Licht stark genug sein, um ihr wirklich und ohne verborgene Motive helfen zu können. Sie werden fähig sein, ihr wahres Mitgefühl zu zeigen, was eine sehr hohe spirituelle Eigenschaft ist. Das größte Geschenk, das Sie einem anderen Menschen machen können, besteht darin, selbst glücklich zu sein.

Ihre Freundin verfiel in eine Depression, als sie erfuhr, dass ihre früheren Entscheidungen Konsequenzen haben, die ihr nicht gefallen. Die Neigung, auf diese Weise auf die Enttäuschungen des Lebens zu reagieren, hat sie wahrscheinlich ursprünglich dazu veranlasst, LSD auszuprobieren. Es gibt aber noch immer viele Wege im Leben, die für das nächste Leben gute Grundlagen schaffen können. Sie könnte zum Beispiel ihr Herz anderen Menschen, Kindern oder Tieren öffnen, sie könnte den Weg des Dienens, Lehrens oder der Arbeit mit der Natur gehen.

Was sind die spirituellen Auswirkungen von Tabakkonsum?

Tabak benebelt Ihre Aura und bildet eine Dunstwolke um Sie herum, sodass Sie weder die Dunkelheit in sich noch Ihre wahre Herrlichkeit erkennen können. Auf emotionaler Ebene unterdrückt das Rauchen Ihre Gefühle der Wertlosigkeit.

Warum sind so viele Menschen nach Alkohol und anderen Substanzen süchtig?

Alle Süchte sind der Versuch, mit schwierigen Gefühlen umzugehen. Alles was gegenwärtig auf der Erde noch verborgen ist, wird in Vorbereitung auf die große globale Bewusstseinsveränderung ans Licht gebracht, um er-

forscht zu werden. Geheimnisse, unbewusste Triebe und verdrängte Gefühle werden alle sichtbar werden. Das gilt nicht nur für Individuen und Familien, sondern auch für ganze Gesellschaften. Das ist nur selten leicht, da es sehr schmerzhaft ist, sich seinen verdrängten Gefühlen und den unterdrückten Wahrheiten zu stellen. Zudem fühlen sich viele Menschen in der gegenwärtigen materialistischen, chaotischen, »freien« Gesellschaft verloren und suchen in den leicht zugänglichen Drogen einen Ausweg aus ihrem Dilemma.
Gegenwärtig strömt mehr hochfrequente Energie auf die Erde als jemals zuvor. Diese Energie wird den Leidenden helfen, sich aus der Hölle der Süchte zu befreien und sich des wahren Lichts ihrer Seele bewusst zu werden.

Inkarnieren sich heute mehr sensible Seelen und verfallen diese den Drogen leichter?
Ja, es inkarnieren sich heute viel mehr hoch entwickelte Seelen, die an den bevorstehenden Veränderungen teilhaben wollen. Aber solche sensiblen Seelen sind sehr verletzlich und reagieren sehr stark auf chemische Substanzen. Manche von ihnen, die in der Suchtfalle gefangen sind, haben ihre spirituellen Ziele völlig aus den Augen verloren. Robuste Seelen neigen nicht zur Drogenabhängigkeit.

Warum werden manche Menschen gewalttätig, wenn sie betrunken sind, obwohl sie in nüchternem Zustand eher sanftmütig sind?
Wer in betrunkenem Zustand gewalttätig wird, drückt die in ihm brodelnde Wut aus, die er in nüchternem Zu-

stand kontrollieren kann. Alkohol und andere chemische Substanzen senken die Hemmschwelle, die das Bewusste vom Unbewussten trennt. Das Bewusstsein ist dann nicht mehr in der Lage, die niederen Triebe zu beherrschen. Menschen, die zu Gewalttätigkeit neigen, werden von ihren inneren Dämonen dazu getrieben.

Ich zeige ein typisches Suchtverhalten. Ich arbeite zu viel und ich treibe zu viel Sport. Wie wirkt sich das spirituell auf mich aus?

Alle Süchte sind Fluchtmechanismen, die es Ihnen ermöglichen, unangenehmen Gefühlen aus dem Weg zu gehen. Dabei ist es gleich, ob es sich um Essen, Drogen, Arbeit, Konsum, Sex, Diäten, Sport oder Fernsehen handelt. Die Gefühle, die Sie unterdrücken, zeigen sich in Ihrer Aura als Energieblockaden. Sind Gefühle blockiert, kann die spirituelle Energie nicht fließen. Wenn Sie erkannt haben, was Sie sich selbst damit antun, sollten Sie sich bewusst dafür entscheiden, die von Ihnen vermiedenen Gefühle anzuschauen.

Die Engel schlagen vor, dass Sie beim nächsten Heißhunger oder vor dem nächsten Drogenkonsum einen Moment lang innehalten. Atmen Sie tief durch und konzentrieren Sie sich ganz auf den Atem. Wenn möglich, sollten Sie hinaus in die Natur gehen, denn die Erde, die Bäume, die Blumen und die Tiere werden Ihnen helfen, indem sie einen Teil Ihrer dunklen Schwingung absorbieren.

Eine Übung, um sich seinen Gefühlen zu stellen

- Setzen Sie sich hin oder gehen Sie langsam umher.
- Bitten Sie Ihren Schutzengel um Hilfe.
- Beobachten Sie, wo das Gefühl im Körper steckt.
- Atmen Sie tief in das betreffende Körperteil hinein.
- Beobachten Sie, was für Erinnerungen aufsteigen.
- Erinnern Sie sich selbst daran, dass diese die Vergangenheit widerspiegeln und keine Macht mehr über Sie haben.
- Beglückwünschen Sie sich dafür, dass Sie – wenn auch nur für kurze Zeit – die Gefühle anschauen konnten, ohne in Ihr übliches Suchtverhalten zu verfallen.
- Danken Sie den Engeln für ihre Hilfe.

Kinder

Von der Empfängnis bis zur Geburt

Hat jedes Baby einen Schutzengel?
Ja, jedes Baby, das auf der materiellen Ebene geboren wird, hat einen Schutzengel.

Wann verbindet sich die Seele mit dem Fötus?
Das hängt ganz davon ab, woher die Seele stammt. Seelen vom Orion und Sirius verbinden sich schon wenige Augenblicke vor der Empfängnis mit der Mutter. Andere tun dies viel später. Manche kommen so spät, dass das Baby Mühe hat, den ersten Atemzug zu tun.

War Jesus Empfängnis göttlicher Natur?
Ja, denn die Schwingung Gottes wurde in Maria eingepflanzt. Es gab keine körperliche Verbindung. Diese kosmische Wahrheit kann aber nur von großen Mystikern verstanden werden.

Worin besteht der höhere Sinn der Sexualität?
Das göttliche Konzept der Sexualität sah so aus, dass sich ein Paar in einem Augenblick der Ekstase liebevoll mitei-

nander verbinden sollte. Der Orgasmus war der Augenblick, in dem das Sperma herausgeschleudert wurde, um das Ei zu befruchten. Zudem wurde durch diesen Energieausstoß eine geeignete Seele aus der geistigen Welt angezogen. So arbeiteten die materielle und die geistige Welt in völliger Harmonie zusammen.

Wie sieht man von einer höheren Perspektive aus Retortenbabys?
Die Engel lieben alle Babys, ganz gleich auf welche Weise sie entstanden sind. Retortenbabys sind Seelen, die sich so dringend auf der Erde inkarnieren wollen, dass sie jede sich bietende Gelegenheit ergreifen und bereit sind, auch schwierige Umstände zu akzeptieren. Aber auch sie werden ja von einer menschlichen Mutter geboren und haben daher einen Schutzengel.

Was ist, wenn das Ei von einer anderen Frau stammt, der Samen aber vom Vater?
Das ist die Entscheidung aller Beteiligten auf der Seelenebene. Sie ermöglicht es jedem der Beteiligten, eine bestimmte Lektion zu lernen.

Wie bereitet man sich am besten auf eine Empfängnis vor?
Wenn die Eltern schon ein höheres Bewusstsein besitzen, sollten sie vor der Empfängnis meditieren, um herauszufinden, welcher Seele sie am besten dienen können. Dann sollten sie mit einer wartenden Seele Kontakt aufnehmen. Sie sollten sich während des Liebesaktes auf diese Absicht

konzentrieren, um der betreffenden Seele einen guten Start in die Körperlichkeit zu ermöglichen. Elternschaft ist ein sehr wichtiger Akt des Dienens und beinhaltet eine große spirituelle Verantwortung, daher sollten Babys von ganzem Herzen gewollt werden. Seelen, die auf diese Weise empfangen werden, stammen aus den reinen geistigen Welten.

Ist Abtreibung spirituell gesehen falsch?
In der geistigen Welt gibt es keine Urteile. Die Seelen, die sich inkarnieren wollen, entscheiden selbst über ihr Schicksal. Viele Menschen haben Geschlechtsverkehr nur, um ihr niedriges Selbstwertgefühl zu mildern, ihre sexuelle Gier und ihre Bedürftigkeit zu befriedigen und ihre Einsamkeit einen Moment lang zu vergessen. Solche zukünftigen Eltern denken nur an ihre eigenen Bedürfnisse und verschwenden keinen Gedanken an die Bedürfnisse der Seele, die sich im Moment ihrer körperlichen Vereinigung zu ihnen gesellt. Wird ein Baby ungewollt empfangen, birgt das bestimmte Lektionen sowohl für die Eltern als auch für deren Familien in sich.
Wird eine Abtreibung vorgenommen, so hat die betreffende Seele zugestimmt, sich durch diese Eltern zu inkarnieren. Sie weiß, dass ihre Reise auf der Erde schon wieder zu Ende sein wird, bevor sie richtig begonnen hat.

In Indien wurde ein Arzt ins Gefängnis gesteckt, weil er eine Abtreibung vorgenommen hat, nur weil der Fötus weiblich war. Was sagen die Engel dazu?
Die Seele des abgetriebenen Kindes wusste vorher, dass die Schwangerschaft der Mutter abgebrochen werden würde.

Das höhere Selbst des Babys bot sich an, um auf diese Weise eine karmische Schuld abzutragen. Bitte beten Sie für die Seele dieses Babys, wenn Sie diese Zeilen lesen. Sie werden ihr auch noch Jahre später helfen.
Der Arzt, der die Abtreibung durchführte, weil das Kind ein Mädchen geworden wäre, befand sich nicht mehr auf dem für ihn vorgesehenen spirituellen Weg. Daher hatte sich die Seele des Arztes (nicht die Persönlichkeit) angeboten, sich zu opfern, um die Aufmerksamkeit der ganzen Welt auf das grausame Schicksal der indischen Mädchen zu lenken.
Dieser Plan entstand in der geistigen Welt, um Veränderungen und ein höheres Bewusstsein hervorzubringen. Die Frage ist nicht, ob es aus spiritueller Sicht vertretbar ist, einen Fötus aufgrund seines Geschlechts abzutreiben, sondern was die Kulturen der Welt tun können, damit Jungen und Mädchen gleichermaßen geschätzt werden.

Die Gesetze und Sitten bestimmter Kulturen machen es schwierig und teuer, ein Mädchen zu haben. Was kann man dagegen tun?
Ändern Sie die Gesetze und Sitten. Tun Sie dies, indem Sie sich daran erinnern, dass in den Augen Gottes männlich und weiblich die beiden gleichberechtigten Teile eines Ganzen sind. Das war immer so und wird immer so sein. Da die absolute Wahrheit im Herz und Geist aller Menschen schwingt, wissen es alle, wenn auch meist unbewusst. Ursprünglich waren es die Minderwertigkeitsgefühle der Frauen selbst, durch die dieses Ungleichgewicht entstand und jahrhundertelang andauerte. Heute

aber inkarnieren sich viele mutige Frauen, um die Macht der Frauen wiederherzustellen. An den unwahrscheinlichsten Orten werden in der nächsten Zeit starke Veränderungen festzustellen sein, sodass die Waagschalen wieder ins Gleichgewicht kommen. Bis es so weit ist, achten Sie darauf, dass Sie Jungen und Mädchen, Männer und Frauen gleichermaßen wertschätzen. Indem Sie das tun, lehren Sie andere durch Ihr Beispiel, dasselbe zu tun.

Was geschieht mit der Seele eines abgetriebenen Kindes?

Sie hat verschiedene Wahlmöglichkeiten. Sie kann zum Beispiel auf der Astralebene der Familie verbunden bleiben, wodurch sie sich entwickelt und bestimmte Erfahrungen macht. In einem solchen Fall kann es vorkommen, dass die Seele Trauer, Zurückweisung oder Ablehnung erlebt und diese negativen Gefühle wie eine dunkle Wolke über seiner Familie hängen. Ist die Seele aber weise und liebevoll, kann sie ihrer Familie von der geistigen Welt aus helfen.

Die zweite Möglichkeit besteht darin abzuwarten, bis die Eltern bereit sind, ein neues Baby zu haben. In einem solchen Fall hat die Abtreibung lediglich den Beginn des Ein tretens in einen Körper verzögert.

Die Seele kann aber auch in die geistige Welt zurückkehren, um dort ihre Aufgaben zu erfüllen.

Die vierte Möglichkeit wäre, dass sie mit Hilfe ihrer Führer, Engel und spirituellen Ratgeber ihre Pläne noch einmal überdenkt und sich andere Eltern aussucht.

Die Seelen aller abgetriebenen Babys profitieren sehr von allen liebevollen Gebeten. Maria, die Mutter Gottes, und ihre Helfer kümmern sich um sie.

Gebet für die Seele eines ungeborenen Kindes

Geliebte Maria, Mutter Gottes, ich bitte dich, die Seele dieses ungeborenen Kindes zu behüten. Mögen die Engel sie in Liebe und Licht hüllen und ihr helfen, die richtigen Entscheidungen für die Fortsetzung ihrer spirituellen Reise zu treffen.

Warum kommt es zu Fehlgeburten?

Wenn ein Baby zu früh geboren wird, ist dies für die Eltern eine Tragödie, aber bedenken Sie bitte, dass die Reise einer Seele durch die Inkarnationen ein gewaltiges Unterfangen ist. Es kann sein, dass eine Seele die irdische Ebene nur berühren muss und sich deshalb nach ein paar Wochen Schwangerschaft wieder zurückzieht. Vielleicht hat sie sich durch ihren Rückzug auch entschieden, die Eltern wachzurütteln oder ihnen eine bestimmte Lektion zu ermöglichen. Es kann aber auch vorkommen, dass sie schlicht und einfach entschieden hat, dass das bevorstehende Leben zu schwierig sein würde, und sich daraufhin zurückgezogen. In manchen Fällen ist der Körper der Mutter einfach nicht bereit, diese Erfahrung zu machen. Dann sollte sie ihren Gesundheitszustand überprüfen lassen. Es kann sein, dass ihre Sehnsucht und der Stress ihren Körper so sehr übersäuert haben, dass es unmöglich ist, ein Baby auszutragen. Möglicherweise befinden sich auch der Vater, die Mutter oder beide nicht in der richtigen mentalen, emotionalen, körperlichen oder spirituellen Verfassung. Auch Glaubensmuster aus vergangenen Leben können die Geburt eines Babys unmöglich machen. Daher ist es sehr wichtig, dass beide Eltern sich sehr genau anschauen, was auf den inneren Ebenen vor sich geht.

Kurz nachdem ich diese Zeilen geschrieben hatte, unterhielt ich mich mit einer Bekannten über ihre Töchter. Sie erzählte mir, dass sie zwischen den beiden Geburten fünf Fehlgeburten gehabt hatte und fügte hinzu: »Wenn ich es im Nachhinein betrachte, muss ich sagen, dass ich damals nicht bereit war, ein zweites Kind zu haben.« Ich bewunderte ihre Ehrlichkeit.

Warum werden manchmal Babys mit Schädigungen geboren?

Die Seele des Babys bestimmt die Umstände der Geburt, daher gibt es keine Zufälle. Alle Menschen, die an einer Geburt beteiligt sind, bekommen ihre Anweisungen vom höheren Selbst des Babys.

Von einer höheren Perspektive aus gesehen sollen die Komplikationen, Fehler und Probleme, die während oder nach einer Geburt auftreten, den Beteiligten bestimmte Lektionen und Erfahrungen ermöglichen. Trotzdem muss jeder Mensch auch persönlich Verantwortung für alle seine Fehler oder Unterlassungen übernehmen. Nachlässigkeiten oder ärztliche Fehler werden zu karmischen Schulden.

Welche Entscheidungen trifft eine Seele vor der Geburt?

Vor der Empfängnis kommuniziert die Seele des Kindes mit seinen Engeln, Geistführern und spirituellen Helfern. Gemeinsam entscheiden sie, welches Geschlecht das Kind haben und unter welchen Umständen es aufwachsen wird, damit die Seele die für sie notwendigen Erfahrungen machen kann. Die zukünftigen Eltern werden genauestens unter die Lupe genommen, denn sie werden ihre Gene an das Kind weitergeben. Auch über Geschwister, Großeltern, Onkel und Tanten, selbst über entfernte Verwandte wird zu diesem Zeitpunkt entschieden. Auch anderen Faktoren, wie zum Beispiel der Wunsch dasselbe Alter wie ein Geschwisterteil oder der künftige Ehepartner zu haben, werden dabei berücksichtigt.
Da der astrologische Einfluss bei der Geburt eminent wichtig ist, werden Zeit und Ort der Geburt sorgfältig bestimmt. Was für ein Klima herrscht dort? Welche Gefühle herrschen dort vor? All diese Faktoren werden sich auf das Baby auswirken. Je entwickelter die Seele allerdings ist, desto weniger Wahlmöglichkeiten wird sie haben. Deshalb wartet eine solche Seele manchmal Hunderte von Jahren, bis die Umstände genau richtig sind.

Warum werden manche Babys zu früh geboren?

Dies ist die Entscheidung des höheren Selbst, das die Umstände genau kennt, in die das Baby hineingeboren werden wird. Derartige Entscheidungen auf der Seelenebene sorgen dafür, dass die Seele genau jene Herausforderungen und Schwierigkeiten erlebt, die sie erleben will. Für die, die sehr auf das Leben fixiert sind, ist dies ein Test ihrer Willenskraft. Sie werden ihre ganze Energie auf das Überleben richten. Andere, die schwächer, nicht so entschlossen oder sich nicht sicher sind, ob sie sich überhaupt inkarnieren wollen, werden sich dafür entscheiden zu sterben. Für einige Seelen war nie geplant, dass sie sich länger als ein paar Stunden, Tage oder Wochen auf der Erde aufhalten.

Ist es richtig, Frühgeburten künstlich am Leben zu erhalten?

Diese Frage taucht erst auf, seit die Medizinwissenschaft so große Fortschritte gemacht hat. Heute werden viele Frühgeburten künstlich am Leben erhalten, um das Ego der Ärzte oder die Bedürftigkeit der Eltern zu befriedigen. Dabei wird aber nicht beachtet, was im besten Interesse der Seele liegt.

Auch wenn sich viele dieser Kinder selbst opfern, um bestimmte Lektionen zu lehren und spirituelle Fragen zu provozieren, so sollten Sie doch für sie beten, ganz gleich ob sie nun bleiben oder in die geistige Welt zurückkehren.

Warum gibt es Mehrfachgeburten?

Früher gab es in einem beliebigen Jahr nur wenige Zwillinge. Drillinge überlebten nur sehr selten, während Vierlinge praktisch nie geboren wurden. Geschah es dennoch, so deshalb, weil die betreffenden Seelen beschlossen hat-

ten, sich gemeinsam zu inkarnieren, um einander zu helfen oder ein bestimmtes karmisches Problem aufzuarbeiten.
Natürlich kommt es auch heute noch vor, dass Seelen die Lebensreise gemeinsam antreten, aber meistens sind andere Gründe ausschlaggebend. Weil heute die Chancen, eine Mehrfachgeburt unbeschadet zu überstehen, viel größer sind, und so viele Seelen die gegenwärtigen Lebensumstände erleben wollen, kommt es häufiger vor, dass sich zwei Seelen denselben Platz in einer Gebärmutter teilen, wenn sich ihnen die Möglichkeit dazu bietet. Die künstliche Befruchtung eröffnet Möglichkeiten, die es früher einfach nicht gab.

Warum muss ein Zwilling sterben, während der andere überlebt?
Jede Seele hat ein anderes Karma.

Ich möchte hier noch einmal die Geschichte erzählen, die ich bereits in *Light Up Your Life*[7] wiedergegeben habe. Eine Frau erwartete Zwillinge. In der Nacht vor deren Geburt träumte sie von einem Boot, das landete. In ihm saßen ein gut aussehender Prinz und eine wunderschöne Prinzessin. Der Prinz sprang an Land und half der Prinzessin beim Ausstieg. Dann kletterte er zurück ins Boot und segelte davon. Die Frau wusste, dass der Junge sterben und das Mädchen überleben würde. Als die beiden am nächsten Tag geboren wurden, geschah genau das. Ihr wurde klar, dass ihr

7 Deutsch: *In Licht und Liebe leben. Entdecke, wozu du bestimmt bist – und tue es.* Heyne, München 2006

Sohn seine Schwester nur auf ihrer Reise zur Erde begleitet hatte und dass dies genau die Erfahrung gewesen war, die beide gebraucht hatten. Das machte den Verlust ihres Sohnes zwar nicht weniger schmerzhaft, aber zumindest verstand sie den spirituellen Grund seines frühen Todes.

Wenn alles eine Entscheidung auf der Seelenebene ist, warum werden dann siamesische Zwillinge geboren?

Der Grund dafür liegt in dem in einer früheren Inkarnation leidenschaftlich geäußerten Wunsch, niemals wieder voneinander getrennt zu sein. Die Kraft dieses Seelenwunsches drückt sich dann in einer untrennbaren körperlichen Verbindung aus.

Ist es spirituell gesehen richtig, siamesische Zwillinge zu trennen?

Das kommt ganz darauf an. Manche Seelen sollten erst durch den Tod voneinander getrennt werden. Bei anderen lässt der Wunsch, sich niemals wieder zu trennen, nach, wenn sie spüren, dass ihre Körper untrennbar miteinander verbunden sind. Dann ist es spirituell gesehen richtig, moderne Medizintechniken zu benutzen, damit beide ein individuelles Leben führen können.

Eltern und Ärzte sollten immer den Kontakt zum höheren Selbst der siamesischen Zwillinge suchen, um herauszufinden, ob es erlaubt ist, eine solche Operation durchzuführen. Auf jeden Fall muss sie aus Mitgefühl geschehen und nicht zur Befriedigung des Ego der Eltern oder der Ärzte.

Haben wir Einfluss darauf, was für ein Kind wir bekommen?

Ja. Sowohl Eltern als auch ganze Familien können meditieren, um herauszufinden, welcher Art von Seele sie die beste Unterstützung gewähren können. Dann können sie beten, dass sie ein Kind mit solchen Eigenschaften oder Merkmalen bekommen.

Als sie bereit waren, eine Familie zu gründen, meditierte ein mir bekanntes Paar gemeinsam und bat darum, dass eine hoch entwickelte Seele zu ihnen kommen möge. Die Tochter, die ihnen geboren wurde, ist wunderschön, voller Energie und Licht und hochintelligent, in einem Wort: sehr speziell. Sie lacht gerne, überschreitet alle Grenzen und sie haben mit ihr alle Hände voll zu tun. Als sie ein zweites Kind wollten, baten sie wieder um eine hoch entwickelte, aber stillere Seele. Kurz nach der Geburt ihres Sohnes nahm ich ihn auf den Arm und konnte sehen, dass er von tibetischen Mönchen umgeben war. Er hat einen völlig anderen Charakter als seine Schwester und ist ruhig, rücksichtsvoll und sehr in sich gekehrt. Die beiden sind einfach wunderbar! Aber vielleicht bin ich nicht ganz objektiv, denn die beiden sind meine Enkelkinder.

Wie kann ich die Empfängnis und Geburt meines Kindes spirituell beeinflussen?

Als zukünftige Mutter können Sie sich noch vor der Empfängnis als Gefäß für die sich neu inkarnierende Seele anbieten. Wenn sich beide Eltern sowohl körperlich als auch emotional, mental und spirituell darauf vorbereiten, das Baby in diese Welt zu bringen, trägt dies dazu bei, dass seine karmische Last erheblich leichter wird.

Gebete, Meditationen, Hymnen, Gesänge und Mantras unterstützen und beruhigen die Seele vor der Empfängnis, während der Schwangerschaft und nach der Geburt.

Als ich fragte, ob ich meine Enkel in diesem Buch erwähnen dürfte, erinnerte mich mein Schwiegersohn Greg daran, von dem Mantra zu erzählen, das wir für Finn sangen. Ich hatte mich angeboten, auf die zweijährige Lauren aufzupassen, während meine Tochter ins Krankenhaus gefahren wurde. Sie hatte das Baby bereits übertragen. Die Wehen bei Laurens Geburt hatten 36 Stunden gedauert und jetzt war sie bereits sehr erschöpft, deshalb beschlossen wir ihr Lieblingsmantra zu singen, *Om Namo Bhagavate Vasudevaya*. Wir widmeten es dem Kind und baten um kurze Wehen. Während wir sangen, spürten wir eine außerordentliche hohe Schwingung im Raum. Drei Stunden später setzten die Wehen ein und nach weiteren drei Stunden war Finn gesund und ohne Komplikationen auf die Welt gekommen.
Greg sagte später zu mir: »Die Energie, die in jener Nacht spürbar war, als wir sangen, war erstaunlich und hatte ganz klar mit Finn zu tun. Es war, als ob er auf das Mantra reagiert hätte.«

Jugend

Warum werden wir heute mit gewalttätigen Jugendbanden konfrontiert?
Die Jugendlichen wollen irgendwo dazugehören, deshalb bilden sie Gruppen Gleichaltriger. Sie haben das schon immer getan, denn das ist Teil des Erwachsenwer-

dens. Aber heute ist ihr Verhalten außer Kontrolle geraten, weil sich die Familienstrukturen auflösen und sie sich ihres Platzes in der Gesellschaft nicht mehr sicher sein können. Da die Erwachsenen ihnen weder Weisheit noch Disziplin bieten und ihnen nicht den rechten Weg weisen, wissen sie oft nicht, wohin mit ihrer Energie. Deshalb ziehen sie rastlos umher und organisieren sich in Banden.

Viele der heutigen Jugendlichen wurden von ihren Eltern als Kinder zu sehr behütet und durften nicht draußen spielen oder die Nachbarschaft erkunden. Statt ihnen zuzuhören und sie einfach zu lieben, gab man ihnen alle möglichen teuren Spielzeuge und ließ sie gewalttätige Fernsehsendungen und Videos schauen, die für Kinder nicht geeignet sind. Kinder, die zu sehr behütet werden, bleiben unreif und unselbstständig, aus ihnen werden enttäuschte, undisziplinierte Heranwachsende, die wenig Selbstvertrauen und ein geringes Selbstwertgefühl haben und nicht wissen, was sie mit sich selbst und ihrer Energie anfangen sollen. Das Leben erscheint ihnen sinnlos und leer und viele von ihnen leiden unter Depressionen, weil sie sich von der Quelle abgeschnitten fühlen. Ihr Verhalten spiegelt nur das Dilemma der Erwachsenen wider.

Das Pendel wird aber schon bald wieder in die andere Richtung ausschlagen, weil die Gesellschaft an sich wieder ausgeglichener wird und die Menschen wieder mehr Verantwortung übernehmen.

Wie können wir den Jugendlichen helfen?

Jugendliche brauchen Mitgefühl, Liebe, Disziplin, Führung, Ermutigung und Hoffnung. Jedes Mal, wenn Sie ihr Verhalten verurteilen oder sich vor ihnen fürchten, schicken Sie einen Strahl dunkler Energie direkt in ihr Bewusstsein und verfestigen die Illusion der Getrenntheit nur noch. Sie müssen das Göttliche auch in Jugendlichen erkennen. Die höhere Wahrheit lautet, dass alles vollkommen ist und immer vollkommen gewesen ist. Wenn Sie Jugendliche betrachten, sollten Sie sie in ihrer Vollkommenheit sehen und die Engel bitten, Sie zu benutzen, um Licht in ihre Köpfe und Herzen zu schicken. Segnen Sie die Jugendlichen sowohl einzeln als auch als Gruppe und schicken Sie ihnen Mitgefühl, Liebe, Disziplin, Führung, Ermutigung und Hoffnung. Wenn Sie dies von ganzen Herzen tun, ermöglichen Sie den Engeln, ihnen zu helfen.

Warum sind die Jugendbanden so aggressiv?

Menschen, die sich nicht geliebt fühlen, verschließen ihr Herz und sind deshalb nicht mehr in der Lage, irgendetwas zu fühlen. Das gilt besonders für Jugendliche. Als Resultat werden sie gewalttätig, destruktiv, grausam und selbstzerstörerisch. Sie glauben, dass niemand ihren Schmerz fühlen kann. Daher können auch sie den Schmerz anderer Menschen nicht fühlen. Sie sind zutiefst verängstigt und verletzt.

Die Jugendlichen gründen ihre eigenen Familien, die Banden, und nehmen alle möglichen Drogen, um ihre Gefühle zu betäuben. Sie drücken ihre Enttäuschung und

ihre Angst aus, indem sie wütend und aggressiv werden und – wenn sie keine andere Ausdrucksform haben – auch gewalttätig und gefährlich.
Ein Kind, das sich geliebt, respektiert und verstanden fühlt, kann auch mit anderen mitfühlen, was automatisch bedeutet, dass es unfähig ist, anderen Wesen wehzutun.

Zur Erinnerung: Wenn Sie Ihr Herz öffnen, sind Sie von einer Aura der Liebe umgeben, die alle, die mit Ihnen in Kontakt kommen, einhüllt, und ihren Schmerz heilt. Erinnern Sie die Jugendlichen daran, dass es ungefährlich ist, zu lieben und geliebt zu werden. Dann werden sie sich vielleicht daran erinnern, wer sie wirklich sind.

Warum trinken so viele Jugendliche oder nehmen Drogen?

Zu viele Eltern und andere Erwachsene mit Vorbildfunktion haben ihre Verantwortung vernachlässigt, die Jugendlichen mit Liebe, aber auch mit klaren Grenzen großzuziehen. Fernsehsendungen, in denen häufig Kneipen und Bars vorkommen, spiegeln den gegenwärtigen Zustand unserer Familien wider. Alkohol und Drogen sind gesellschaftlich akzeptiert und leicht verfügbar, ohne dass Alternativen aufgezeigt würden.
Auf der spirituellen Ebene haben viele Jugendliche Hoffnung und Vertrauen verloren. Sie wissen nicht, warum sie leben und haben keine Ahnung, dass sie in einen größeren Zusammenhang eingebunden sind. Einige von ihnen begehen Selbstmord auf Raten, indem sie trinken oder Drogen nehmen.

Warum sind heutzutage sogar Mädchen so gewalttätig?

Die alte Ordnung, in der Männer die Welt beherrscht haben, nähert sich ihrem Ende. In den Tausenden von Jahren, in denen die Männer über die Frauen herrschten, hatten Frauen keine andere Wahl als zu akzeptieren, dass sie von den Männern, die sich als ihre Besitzer sahen – Väter, Onkel, Brüder, Söhne und Ehemänner –, unterdrückt und geschlagen wurden, dass sie in Armut leben mussten und ständig schwanger waren, dass sie auf vielerlei Weise missbraucht wurden und dann auch noch ertragen mussten, dass die Männer fremdgingen.

All diese alten verdrängten Gefühle kommen nun hoch, um verarbeitet oder zumindest freigesetzt zu werden. Viele Mädchen drücken heute die unausgesprochene Wut ihrer Mütter, Großmütter, Urgroßmütter und anderer weiblicher Vorfahren aus. Da sie nicht wissen, wie sie diese Gefühle heilen oder angemessen ausdrücken sollen, manifestieren sich diese als Gewaltausbrüche.

Wenn sich die Frauen aber klarmachen, dass sie auf einer bestimmten Ebene kollektiv an ihrer eigenen Entmachtung mitgewirkt haben, können sie Verantwortung für ihre Vergangenheit, Gegenwart und Zukunft übernehmen. Sie können sich neu entscheiden, wer sie sein und wie sie sich verhalten wollen. Wenn das geschieht, wird sich auch die Wut verflüchtigen und jede einzelne Frau wird ihren Familienstammbaum geheilt haben. Der Lohn ist innerer Friede, ein starkes Selbstwertgefühl und Glück für sich selbst und ihre Nachkommen.

Was können wir tun, um Kindern und Jugendlichen eine Alternative zu geben?

Viele der heutigen Kinder und Jugendlichen sind hochfrequente Seelen, die voller Energie sind und ihre Lebenskraft irgendwie ausdrücken müssen, am besten durch Sport, Kreativität oder Spiritualität.

Jungen und Mädchen brauchen Väter, die mit ihnen schwimmen, Tennis spielen oder eine andere Sportart betreiben, und nicht jemanden, der mit ihnen auf dem Sofa hockt und anderen Leuten beim Sport zuschaut. Alle künstlerischen, musikalischen und kreativen Bemühungen sollten respektiert und gefördert werden.

Wie man Kindern und Jugendlichen helfen kann

Setzen Sie sich dafür ein, dass Kindern und Jugendlichen mehr Sportstätten zur Verfügung gestellt werden. Fordern Sie lokale Theatergruppen auf, Stücke zu spielen, für die auch junge Schauspieler gebraucht werden. Gründen Sie Malklassen oder andere Kreativkurse. Ermutigen Sie Jungen und Mädchen, sich um Tiere zu kümmern oder um Menschen, die benachteiligt sind.

Visualisierungsübung, um jungen Menschen zu helfen

- Zünden Sie eine Kerze an und konzentrieren Sie sich auf die Flamme.
- Atmen Sie tief und regelmäßig.
- Schließen Sie die Augen.
- Bitten Sie darum, dass Herz und Geist der jungen Menschen überall auf der Welt geöffnet werden mögen.
- Stellen Sie sich vor, dass Engel in die Schulen, Universitäten und Freizeitstätten gehen, um das Licht der Hoffnung zu entzünden.

Wie wird die gegenwärtige Erziehung aus spiritueller Sicht beurteilt?

Kinder lernen am besten in einer ruhigen, entspannten und harmonischen Atmosphäre und von Lehrern, die ermutigen, inspirieren und vernünftige Regeln durchsetzen. Das gegenwärtige Erziehungssystem ist völlig aus dem Gleichgewicht geraten. In den Schulen herrscht zu viel Stress, da dort nur die linke Hirnhälfte entwickelt wird, während die rechte völlig vernachlässigt wird.

Lernen mit der linken Hirnhälfte ist logisch, linear, rational, wissenschaftlich, mathematisch, Computer orientiert. Sie zwingt die jungen Menschen die Ideen anderer Menschen auswendig zu lernen und sie wiederzukäuen, sodass kein eigenständiges Denken entstehen kann. Weil zu viel Wert auf Regeln, Verbote und Vorschriften gelegt wird, fühlen sich sensible Kinder eingeengt, weshalb sie häufig deprimiert werden und dagegen rebellieren – in manchen Fällen auf sehr grausame Weise.

Die rechte Hirnhälfte ist verantwortlich für Originalität, Kreativität, Vorstellungsvermögen, Rhythmus, Gesang, künstlerischen Ausdruck, spirituelle Verbundenheit und die Öffnung des Herzens. In Kulturen, die Wert auf die Entwicklung der rechten Hirnhälfte legen, werden Fürsorglichkeit, Mitgefühl, Vertrauen und Verantwortlichkeit ermutig und gefördert. Das führt zu Entspannung, Frieden und Zufriedenheit, manchmal aber auch zu mangelnder Entschlossenheit oder fehlender finanzieller Verantwortlichkeit.

Von einer spirituellen Perspektive aus gesehen, muss das Erziehungssystem so reformiert werden, dass es die Entwicklung der rechten Hirnhälfte mit einschließt. Die Auswirkungen werden enorm sein, denn ein solches Bildungssystem wird interessierte, ausgeglichene junge Menschen hervorbringen, die sich ihres Platzes in der Gesellschaft sicher sind und ihre Kreativität und Originalität angemessen ausdrücken. Gleichzeitig werden sie sich auch für all jene, denen es nicht so gut geht wie ihnen selbst, verantwortlich fühlen und für sie sorgen.

Blockieren Lesen und Schreiben unser spirituelles Potenzial?

Wenn es im Übermaß betrieben wird, schon. Wenn sich ein Mensch völlig auf Lesen und Schreiben konzentriert, entwickelt sich die linke Hirnhälfte auf Kosten der rechten. Nur durch die Aktivierung der rechten Hirnhälfte können Sie spirituelle Verbindungen herstellen. Ist die linke Hirnhälfte zu dominant, machen Sie sich zu sehr von den Ideen anderer Menschen abhängig. Jeder spirituelle Fortschritt hängt aber eng mit Kreativität und Originalität zusammen.

Wie können wir Kindern und Jugendlichen helfen, ihre Lebenskraft auf ungefährliche Weise zum Ausdruck zu bringen?

Lieben Sie Ihre Kinder, hören Sie ihnen zu und verbringen Sie Zeit mit ihnen. Junge Menschen brauchen Offenheit, Ermunterung und Freiheit, aber auch Herausforderungen, Abenteuer und Struktur. Setzen Sie sich dafür ein, dass mehr Sportstätten errichtet werden, besonders Spielplätze. Sorgen Sie dafür, dass Kinder Abenteuer erleben können und hören Sie damit auf, in Ihren Kindern Schuldgefühle zu wecken. Erlauben Sie ihnen kreativ zu sein, Graffiti an Wände zu sprühen, in öden Gebieten Gärten anzulegen, in andere Länder zu reisen und die dortigen Kulturen kennenzulernen, in Hilfsprojekten zu arbeiten und praktisch zu erfahren, was Solidarität und Zusammenarbeit bedeuten. Ermuntern Sie weise, starke Männer, sich mehr um die junge Generation zu kümmern.

Könnten Initiationsriten für Jungen nützlich sein?

Ja, in Kulturen, die solche Riten kennen, fühlen sich die Jungen ihrer Männlichkeit sicherer, was bedeutet, dass sie Frauen, Kindern und Schwache respektieren.

Und was ist mit Initiationsriten für Mädchen?
Frauen haben immer schon innere Initiationsriten durchlaufen, zum Beispiel die erste Blutung, die erste Geburt und die Wechseljahre. Diese wichtigen Eckpunkte im Leben einer Frau sollten wieder geehrt und gefeiert werden. Eine Frau, die ihre Weiblichkeit zelebriert, wird auch eine glückliche Mutter sein und Männer in ihrer Rolle ehren können.

Indigo-, Kristall- und Regenbogenkinder

Was sind Indigo-, Kristall- und Regenbogenkinder?
Darunter versteht man erleuchtete Seelen, die beschlossen haben, sich in dieser speziellen Phase der Evolution des Planeten zu inkarnieren, obwohl sie vorher noch nie auf der Erde waren. Sie sind gekommen, um ihren Familien und allen, die mit ihnen in Kontakt kommen, eine höhere Art des Seins zu demonstrieren.
Indigokinder werden so genannt, weil Indigo die vorherrschende Farbe ihrer Aura ist. Sie sind medial begabt und besitzen Heilkräfte. Kristallkinder haben kristallklare Auras und können andere Daseinsbereiche klar sehen, darunter auch das Reich der Engel. Regenbogenkinder haben Auras in allen Farben des Regenbogens. Weil sie das gesamte Farbspektrum verkörpern, sind sie besonders ausgeglichen.

Bringen diese speziellen Kinder Karma mit?
Nein, sie kommen ohne Karma, aber in ihren Geburtshoroskopen sind bestimmte Herausforderungen sichtbar, die aber immer Lektionen für ihre Familien und alle, die mit ihnen in Kontakt kommen, darstellen.

Woher stammen die hochfrequenten Kinder?
Alle Indigo-, Kristall- und Regenbogenkinder stammen vom Orion, dem Planeten der Erleuchtung. Da sie sich niemals zuvor auf Erden inkarniert haben, ist die materielle Dimension für sie sehr schwer begreiflich. Sie waren auch auf keinen anderen Schulen im Universum. Ihre einzige Heimat ist Orion. Weil ihre Seelen so rein sind, sind Lehrer von anderen Planeten gekommen, um sie in die kosmischen Lehren einzuführen.

Was ist an ihnen so besonders?
Sie schwingen nicht nur auf einer besonders hohen Frequenz, sondern sind auch sehr medial begabt und oft sogar erleuchtet. Viele besitzen die Gabe des Heilens, der Telepathie oder der Hellsichtigkeit. Einige von ihnen besitzen sehr fortgeschrittene Kräfte, die sorgsam kultiviert und gefördert werden müssen.

Werden für die Kinder bestimmte Eltern ausgesucht?
Ja, es wird vor ihrer Inkarnation sorgfältig darauf geachtet, dass sie in Familien aufwachsen, die sich angemessen um sie kümmern können und ihnen helfen, mit dem Leben auf der Erde zurechtzukommen. Aufgrund ihrer großen Sensibilität reicht das aber nicht immer aus, um

ihnen zu helfen, sich den Bedingungen der materiellen Dimension anzupassen.

Wer sind die autistischen Kinder und wie können wir ihnen helfen?

Manche Indigo-, Kristall- oder Regenbogenkinder ziehen sich in den Autismus zurück, weil ihre Schwingung so hoch und so rein ist, dass sie mit der sie umgebenden Energie nicht fertig werden. Sie haben sich von ihren Gaben und Begabungen abgeschottet. Um ihnen zu helfen, diese wieder zu gebrauchen, müssen Sie Ihre eigene Schwingung erhöhen.

Natürlich sind nicht alle Autisten auch Indigo-, Kristall- oder Regenbogenkinder. Es gibt viele hoch entwickelte Wesen, die sich auf der Erde inkarnieren, aber mit der niedrigen Schwingung, die dort vorherrscht, nicht fertig werden. Sie helfen ihnen am besten, indem Sie Ihr eigenes Bewusstsein erweitern.

Andere autistische Kinder sind mit einem schweren Karma auf die Erde gekommen. Indem sie sich für diesen eingeschränkten Zustand entschieden und ihre Möglichkeiten stark begrenzt haben, verhindern sie, dass sie noch mehr schlechtes Karma ansammeln.

Was auch immer der Grund für Autismus sein mag, Sie können allen autistischen Kindern helfen, indem Sie sie lieben und die Engel der Heilung bitten, sich ihrer anzunehmen.

Sterben und Tod

Koma

Ähneln sich das Koma und der Tod?

Nein, wenn ein Mensch in ein Koma fällt, ist sein Geist durch die Silberschnur noch mit seinem Körper verbunden.

Manche Menschen im Koma haben schreckliche Angst zu sterben. Sie wollen zu ihren Familien zurück und flehen auf den inneren Ebenen um Hilfe. Derartig verängstigte Wesen brauchen Zuspruch und Gebete. Man sollte darum bitten, dass ihnen im höchsten Interesse ihrer Seele geholfen werden möge. Das wird ihnen entweder helfen, in den Körper zurückzukehren oder frohen Herzens ins Licht zu gehen, je nach dem, was für die Seele das Richtige ist.

Andere Menschen leisten wunderbare Arbeit, während sich ihr Körper im Koma befindet. Ihr vom Körper befreiter Geist kann heilen oder Menschen aufsuchen, um Trost zu spenden oder bei Konflikten zu vermitteln. Oft können sie Dinge vollbringen, zu denen selbst die Engel nicht imstande sind, weil ihre Schwingung denen, die Hilfe brauchen, vertrauter ist. Diejenigen, die solche Arbeit leisten sind ganz zufrieden, denn sie wissen, dass ihre körperliche Hülle gut aufgehoben ist, bis sie ihre Aufgabe erfüllt haben. Gebete für das Wohl ihrer Seele werden sowohl ihnen als auch denen helfen, mit denen sie kommunizieren.

Ist es spirituell gesehen richtig, die lebenserhaltenden Geräte abzustellen, wenn sich jemand in einem Dauerkoma befindet?

Seit die Medizin so große Fortschritte gemacht hat, die aber leider keine Entsprechung im spirituellen Verständnis haben, stellen sich der Menschheit viele quälende Fragen. In den erleuchteten Zeiten untersuchten die Heiler das Energiefeld ihrer Patienten, um aus den dort enthaltenen Seelenaufzeichnungen herauszulesen, ob die Zeit gekommen war, den Körper hinter sich zu lassen. Das geschah im höchsten Interesse des Patienten. War die Zeit des Patienten gekommen, nabelten sich die Heiler und die Familien des Patienten von ihm ab und sein Geist wurde befreit. Der Körper starb dann automatisch.

Heute ist es sehr leicht einen Todkranken am Leben zu erhalten. Das mag aber dem höheren Willen des Patienten entgegenstehen und ihn in einem Zustand zwischen Leben und Tod gefangen halten.

Sie müssen lernen zu meditieren, um mit dem höheren Selbst des Patienten Kontakt aufzunehmen und herauszufinden, was die Seele will. Ist die Zeit des Kranken tatsächlich gekommen und ist die Absicht aller Beteiligten rein und uneigennützig, kann es spirituell gesehen durchaus richtig sein, die Maschinen abzustellen. Aber man sollte sich diese Entscheidung niemals leicht machen.

Trifft das auch zu, wenn ein Mensch keine lebenserhaltenden Geräte braucht, sich aber in einem komatösen Zustand befindet und selbstständig atmet?
Dann liegt ein etwas anderer Fall vor. Atmet der Patient ohne fremde Hilfe, kann die Familie viele Lektionen lernen, darunter Geduld und Akzeptanz. Auch Mitgefühl, Verständnis, Liebe, Mut und Unterscheidungsvermögen werden in einer solchen Situation entwickelt.
Es kann sein, dass sich der Patient vorgenommen hat, zu einer bestimmten Zeit zu sterben und nun darauf wartet. Dabei kann es sich zum Beispiel um eine bestimmte astrologische Konstellation handeln, die ihm auf seiner Reise nach dem Tod weiterhelfen wird.
Häufig fürchtet sich aber der Geist einer solchen Person im Wachkoma davor loszulassen. Möglicherweise will sie auf ihre Kinder oder Enkelkinder aufpassen, vielleicht hat sie Angst vor dem Sterben. Bitte beten Sie auf jeden Fall für ihr höchstes Wohl. Weil sie Zuspruch braucht oder die Erlaubnis zu gehen, sollten Sie den von Ihnen geliebten Menschen körperlich, emotional, mental und spirituell loslassen.
Bedenken Sie aber immer, dass der Geist der scheinbar so abwesenden Person unglaubliche spirituelle Taten außerhalb des Körpers vollbringen kann und möglicherweise andere heilt oder Frieden stiftet.

Vor vielen Jahren bat man mich, eine Frau zu besuchen, die bereits sehr lange im Wachkoma lag. Sie hatte zwei Kinder und einen Mann, die wollten, dass sie wieder zu ihnen zurückkäme. Ich hatte die Familie nur einmal gesehen und gefunden, dass die Situation sehr traurig und hoffnungslos war. Nachdem ich die Frau gesehen hatte, teilte mir mein geistiger Führer unmissverständlich mit, dass sie nicht in ihr altes Leben zurückkehren wollte, aber Angst hatte loszulassen und hinüberzugehen. Mir wurde aufgetragen, mit ihr zu arbeiten, mit ihrem Geist Kontakt aufzunehmen und ihm klarzumachen, dass es in Ordnung war, den Körper zurückzulassen. Ich sollte ihrem Geist mitteilen, dass für die Kinder gesorgt sein würde und dass ihre Großmutter sie auf der anderen Seite erwartete. Ich tat dies drei Wochen lang täglich. Dann ließ sie los. Obwohl es der Familie zunächst das Herz brach, so ermöglichte es ihr doch, ihr Leben weiterzuleben und sich nach vorne zu orientieren.

Der Sterbeprozess

Wie kann ich einem sterbenden Menschen am besten helfen?

Das hängt zum Teil davon ab, woran er glaubt. Wenn er spirituell völlig unbewusst ist und an nichts außerhalb der materiellen Welt glaubt, sollten Sie sich mit Ratschlägen zurückhalten. Öffnen Sie einfach Ihr Bewusstsein und assistieren Sie ihm. Geben Sie ihm geistig die Erlaubnis zu gehen, schicken Sie ihm Ihre Liebe und beten Sie still darum, dass sich der Übergang reibungslos vollziehen möge. Sie können sich sicher sein, dass Sie ihm damit helfen, denn er wird Ihre Botschaften auf telepathischem Weg empfangen. Gebrauchen Sie Ihre Intuition, denn auf dem Sterbebett hat schon so mancher Atheist plötzlich Engel oder tote Verwandte gesehen, die ihm helfen wollten. Dann ist er unerwarteter Weise plötzlich dazu bereit, dass Sie ihm von Gott und der spirituellen Dimension erzählen.

Ist der Sterbende aber spirituell bewusst, zeigen Sie ihm Ihre Liebe und geben Sie ihm die Erlaubnis zu gehen. Je nach dem, was Ihnen richtig zu sein scheint, können Sie dies im Stillen oder auch laut tun. Es kommt vor, dass ein geliebter Mensch nicht loslassen kann, weil er glaubt, dass Sie ihn brauchen. Wenn Sie das spüren, erinnern Sie ihn behutsam daran, dass Sie sich in der Obhut der Engel befinden, und dass es für ihn in Ordnung ist, den Körper hinter sich zu lassen und die wunderbare Freiheit und Freude zu erleben, die auf ihn wartet. Es ist für einen Sterbenden oft sehr tröstlich, sich der Energie Ihres Gebetes hinzugeben. Ganz gleich, wie die konkreten Umstände auch aussehen mögen, es ist sehr wichtig, dass Sie bereit sind, den Betreffenden loszulassen.

War ein Engel anwesend, als mein Mann starb?
Aber ja. Niemand stirbt allein. Nicht nur Ihr Schutzengel ist im Moment des Todes anwesend, auch die höheren Engel kommen, um Ihnen beim Übergang zu helfen. Ihr Mann wurde in das Licht überführt.

Sensible, durchaus bodenständige Krankenschwestern mit gesundem Menschenverstand haben mir oft erzählt, dass sie manchmal

Engel sehen, die auf den Tod eines Patienten warten. Dann wissen sie, dass der Moment nahe ist.

Warum sterben manche Menschen auf so schreckliche Weise?

Die Art und Weise des Todes wird auf der Seelenebene entschieden und spiegelt häufig die Art und Weise wider, wie der Betreffende gelebt hat. Ein Mensch, der immer auf Messers Schneide gelebt hat, wird eine spektakuläre Todesart wählen, während ein stiller Mensch wahrscheinlich friedlich im Schlaf sterben wird. Das muss aber nicht zwangsläufig so sein. Selbst wenn uns ein Tod besonders grausam erscheint, muss der Betreffende nicht unbedingt Schmerz spüren. So verlassen zum Beispiel viele Menschen, die bei einem Brand umkommen, ihre Körper bereits, bevor ihr Körper anfängt zu brennen. Bedenken Sie bitte, dass die Engel immer da sind, um ihnen zu helfen. Sollte sich die Seele aber entschieden haben, aus dem Tod eine schmerzhafte Erfahrung zu machen, können die Engel daran nichts ändern.

Was geschieht mit den Seelen von Menschen, die furchtbare Verbrechen begangen haben, wie zum Beispiel Slobodan Milošević?

Üblicherweise verbringen sie nach ihrem Tod eine lange Zeit an einem Ort der Heilung, bis sie bereit sind, ihr Leben Revue passieren zu lassen. Wenn ihre Seele viele dunkle Leben hinter sich hat und sich ihr Herz gegenüber dem Leid, das ihre Entscheidungen und Taten verursacht hat, verhärtet hat, werden sie intensive Rehabilitierungsmaßnahmen durchlaufen. Wenn sie aber während der Revue Mitgefühl mit ihren Opfern empfinden, wird ihnen Gelegenheit gegeben werden, in der inneren Dimension Liebe zu lernen, bevor sie auf die Erde zurückkehren. Werden Gebete empfangen, die Leiden und Verdammnis für diese menschlichen Monster erflehen, hat dies furchtbare Konsequenzen für ihre Seelen. Gibt es aber Gnadengesuche von ihren Lieben und von Lichtarbeitern, können die Engel diese annehmen und aus ihnen eine Flamme fertigen, die sie in ihre Herzen senken. Dank der Kraft dieser Gebete werden sie in ihrer nächsten Inkarnation in Umstände hineingeboren werden, in denen sie keinen Schaden anrichten können. Sie werden liebevolle Eltern bekommen und endlich etwas über die Liebe lernen.

Mein Mann, ein vorsichtiger Fahrer, der niemals trank, wurde in eine Frontalkollision mit einem Betrunkenen verwickelt. Er starb und der Betrunkene blieb unverletzt. Ist das gerecht?
Auf emotionaler Ebene ist dies natürlich für Sie und Ihre Familie sehr traurig und traumatisch. Aber seien Sie sich sicher, dass die Engel es verhindert hätten, wenn die Zeit Ihres Mannes noch nicht gekommen wäre.
Auf der spirituellen Ebene hat die Seele Ihres Mannes, sein höheres Selbst, beschlossen, dass sie auf diese Weise ins Licht zurückkehren wollte. Manchmal wollen Menschen durch die Umstände ihres Todes die Aufmerksamkeit auf bestimmte Missstände lenken, in diesem Fall auf den Einfluss von Alkohol auf die Fahrtüchtigkeit. Die dadurch

entstehende öffentliche Wut, der Schock und das Entsetzen werden gebraucht, um nicht nur Einstellungen, sondern auch Gesetze zu ändern. Im Himmel hoffte man auch, dass der Betrunkene und alle, die ihn kannten, so entsetzt über diesen schrecklichen Vorfall sein würden, dass sie ihr Leben ändern.

Ihrer ganzen Familie wurde eine Gelegenheit gegeben zu erwachen, denn furchtbare Verluste und tragische Todesfälle führen zu einer vertieften Beschäftigung mit spirituellen Themen. Scheinbar ungerechte Dinge sind häufig auch die Auflösung einer karmischen Schuld.

Babys und Kinder

Mein Kind fiel aus dem Fenster und starb. Ich muss immer wieder daran denken, was es wohl durchgemacht hat, als es fiel.

Während Ihr Kind fiel, erlebte es nur einen kleinen Augenblick der Angst. Dann wurde es von den Engeln aufgefangen und mit ins Licht genommen. Es fühlte nichts als eine große Freude. Es war seine Zeit zu sterben.

Wo war sein Schutzengel, als mein Kind ertrank?

Der Schutzengel Ihres Kindes war da und hielt es liebevoll in den Armen, um ihm den Übergang zu erleichtern. Wäre es für Ihr Kind nicht an der Zeit gewesen zu sterben, hätten die Engel es »wie durch ein Wunder« gerettet.

Warum sterben Babys überhaupt?

Jedes Baby hat eine spirituelle Ausstiegsklausel, die es ihm erlaubt, seine Mission auf Erden innerhalb der ersten sechs bis zwölf Monate zu beenden. Für sensible Seelen ist die Erde ein sehr schwieriger Aufenthaltsort und so kommt es vor, dass manche Babys trotz aller Liebe und Fürsorge der Eltern zu dem Schluss kommen, die selbst gestellte Aufgabe sei zu schwierig. Entscheidungen, die von der Seele willig getroffen wurden, sehen ganz anders aus, wenn man in einem Körper steckt.

Manche Kinder kommen nur, um ihren Eltern und ihrer Familie bestimmte Lektionen zu ermöglichen, eine davon ist das Loslassen eines geliebten Menschen, der sich entschieden hat, hinüberzugehen.

Es kommt auch vor, dass eine Seele eine frühere Inkarnation vorzeitig verlassen musste und nur noch einen kleinen Teil seines Karma erfüllen muss. Dann lebt es nur ein paar Tage, Wochen oder Monate in einem physischen Körper. Immer ist es eine Entscheidung, die bereits vor der Geburt getroffen wurde.

Wenn sich ein Kleinkind entschließt, seinen Körper zu verlassen, dann helfen ihm die Engel dabei, ins Licht zurückzukehren.

Warum kommt es zu Totgeburten?

Eine Totgeburt ist immer ein furchtbarer Schock und eine Tragödie. Die Engel hüllen die Eltern, aber auch den Geist des toten Babys in Liebe, und versuchen ihnen den Tod in einem größeren Zusammenhang begreiflich zu machen. Bedenken Sie bitte: Wenn die Seele des Babys den hundertprozentigen Willen hat zu leben, werden die Engel dafür sorgen, dass bei seiner Geburt die besten Bedingungen herrschen. Es gibt keine Zufälle.

Es hilft der Seele, wenn Sie ihr einen Namen geben, sie anerkennen und für sie beten. Zünden Sie eine Kerze für Ihr Kind an und segnen Sie es.

Was bedeutet der plötzliche Kindstod?

In den ersten sechs bis zwölf Monaten hat jede Seele eine Ausstiegsklausel, an die kein Karma gebunden ist. Sie darf sich zurückziehen und ins Licht zurückkehren, wenn sie meint, das vorgesehene Leben würde zu anstrengend werden. Die Ausübung dieses Rechts ist der Grund für den plötzlichen Kindstod. Natürlich wird es meistens auch körperliche Gründe geben, die es dem Baby ermöglichen, diesen Ausweg zu nehmen.

In den Augen der spirituellen Hierarchie ist das Leben eine Chance und ein Privileg, niemals aber ein Recht. Diese Babys machen einfach von ihrer Ausstiegsklausel Gebrauch und ihre Engel helfen ihnen dabei. Viele warten ganze sechs Monate, bis sie ihre Entscheidung treffen.

Warum sterben Kinder überhaupt?

Das höhere Selbst eines Kindes entscheidet sich, in diesem Leben eine bestimmte Mission zu erfüllen. Mehr als fünf oder zehn Jahre mögen dafür nicht nötig sein. Es kann sein, dass der junge Mensch nur noch wenige Lektionen zu lernen hatte oder dass er Teil eines anderen Plans auf der Erde oder anderswo ist. Gelegentlich kommt es auch

vor, dass das Kind nur seinen ungeborenen Geschwistern den Weg bereitet.
Vielleicht brauchten die Eltern diese Lektion. Weil der Tod eines Kindes so schmerzhaft ist, löst er meistens bei den anderen Familienmitgliedern eine Sinnsuche aus. Obwohl es sehr selten vorkommt, dass ein Kind vor seiner Zeit stirbt, entbindet Sie das natürlich nicht von Ihrer Verantwortung, alles für das Wohlergehen Ihres Kindes zu tun.

Mein jugendlicher Sohn starb bei einem Autounfall. Geht es ihm gut?
Als Ihr Sohn starb, spürte er weder Angst noch Schmerz, denn er sah ein wunderschönes weißes Licht auf sich zukommen. Er ist jetzt in der geistigen Welt glücklich und ganz.

Zeit zum Sterben

Woher weiß man, wann die richtige Zeit gekommen ist, um zu sterben?
Abgesehen von einigen wenigen Ausnahmefällen stirbt jeder Mensch zur rechten Zeit. Aber manchmal können Gebete und Fürbitten der Angehörigen den Zeitpunkt beeinflussen. Der Lebenswille der betreffenden Person kann die vorgeburtliche Entscheidung ebenso verändern wie der Wille, sich selbst das Leben zu nehmen.

Ich kannte eine Frau mit vier Kindern, von denen ein Sohn Asthma hatte und immer sehr kränklich war. Eines Tages kam sie mit ihrer Tochter in sein Zimmer und entdeckte, dass er in der Nacht gestorben war. Ihre Tochter sah sie an und sagte leise: »Er hat seine Mission erfüllt, Mami.«

Unter welchen Umständen stirbt jemand vorzeitig? Und was wird dann aus seinem Lebensplan?
Mord, Selbstmord oder absichtlich herbeigeführte Unfälle verkürzen manchmal das Leben, weshalb sich der Betreffende dann noch einmal inkarnieren muss, um seine Zeit auf Erden zu erfüllen. Dabei mag es sich um Tage, Wochen oder ein paar Jahre handeln. Der universelle Computer der Herren des Karma wird die notwendigen Anpassungen vornehmen und neue Möglichkeiten berechnen.

Mein Mann überlebte ein furchtbares Schiffsunglück, bei dem alle anderen ertranken. Warum überlebte gerade er?
Sein starker Überlebenswille hielt ihm am Leben und dadurch verdiente er sich das Recht, sein Leben fortzusetzen. Zudem war seine Zeit einfach noch nicht gekommen.

Mein Bruder besuchte zum ersten Mal seine gesamte Familie und kurz darauf starb er im Alter von 41 Jahren. Wir haben das Gefühl, dass er sich von allen verabschieden wollte. Wusste er, dass er sterben würde?
Es war ihm wahrscheinlich nicht bewusst, aber auf der Seelenebene wusste er es und wollte sich verabschieden.

Auf diese Weise brachte er die ganze Familie noch einmal zusammen.

Geben manche Seelen ihren Familien unbewusst Hinweise, dass sie demnächst hinübergehen werden?
Ja, das kommt vor und kann auf verschiedene Weise geschehen. Besonders Kinder versuchen, ihre Eltern zu warnen, damit sie nicht so schockiert sind, wenn es passiert.
Oft hilft es den Angehörigen, wenn sie verstehen, dass der Tod zum göttlich vorherbestimmten Zeitpunkt eingetreten ist.

Christas schöne lebenslustige Tochter starb mit zwanzig bei einem Unfall. Eine Woche vor ihrem Tod zeigte sie ihrer Mutter ihre Handfläche und erklärte ihr, dass sie eine sehr kurze Lebenslinie habe. Ihre Mutter, die ein großes Verständnis in solchen Dingen besaß, war zwar erschüttert, sagte aber leichthin, dass das wohl nichts zu bedeuten hätte. Aber die Seele ihrer Tochter wollte der Familie ankündigen, dass es an der Zeit sei zu gehen, und versuchte sie auf diese Weise auf den kommenden Verlust vorzubereiten.

Pauline verbrachte die Ferien mit ihrer fünfjährigen Tochter am Meer. Am ersten Nachmittag sagte die Kleine zu ihrer Mutter: »Mami, ich will nach Hause.« Pauline antwortete: »Nun sei nicht albern, mein Liebling. Wir sind doch gerade erst angekommen. Wir werden herrliche Ferien haben.« Ihre Tochter sah sie an und sagte mit Bedacht: »Mami, du verstehst nicht. Ich will nach Hause. Du kannst mich nicht hierbehalten.« Sie starb noch am selben

Nachmittag. Erst dann realisierte Pauline, dass ihre Tochter ihr versucht hatte zu sagen, dass es für sie an der Zeit wäre, ins Licht zurückzukehren.

Amelias Eltern war gesagt worden, dass sie nie Kinder haben würden. Aber nun war sie da: wunderschön und voller Licht. Sie war das Ein und Alles für ihre Eltern. Sie spielte gerne im Garten, beobachtete Tiere und fühlte sich in der Natur am wohlsten. Als sie sechs Jahre alt war, kam sie eines Tages von der Schule nach Hause und gab bekannt, dass es reine Zeitverschwendung sei, all diese Dinge zu lernen. Sie wollte auch ihre Hausaufgaben nicht machen, sondern lieber draußen spielen. Am nächsten Tag starb sie an einer Hirnblutung.

Ist es möglich, den vorher festgelegten Todeszeitpunkt neu zu bestimmen?

Das geschieht manchmal, ist aber eher selten. Manchmal kehrt eine Seele von der Schwelle des Todes zurück, um einem geliebten Menschen zu helfen. In einem solchen Fall haben die beiden ihre alte Vereinbarung neu bestimmt, um füreinander da zu sein.

Mein Vater stand an der Schwelle des Todes. Im Krankenhaus sagte man mir, dass es nur noch eine Frage von Stunden wäre und dass man nichts machen könne. Alle verabschiedeten sich von ihm, aber meine Mutter konnte sich nicht vorstellen, nach 60 Jahren Ehe ohne ihn zu leben. Plötzlich sagte der Facharzt, dass man ihm Nahrung geben würde, die ihn möglicherweise umbringen könnte, aber es sei seine einzige Chance. Nach zwei Stunden begann mein Vater wieder zu sprechen und war auf dem Weg der Besserung. Ich bin überzeugt, dass er seinen Vertrag neu ausgehandelt hat und noch zwei Jahre bleiben wollte, um meiner Mutter zu helfen. Obwohl er schließlich doch vor ihr starb, gab ihr die zusätzliche Zeit doch die Möglichkeit, sich mit dem Gedanken an das Alleinsein vertraut zu machen. Ich bin mir sicher, dies war ein Geschenk seiner Seele.

Wie viel Spielraum hat eine Seele hinsichtlich des Todeszeitpunkts?

Das hängt von verschiedenen Faktoren ab. Ist die nächste Phase der Reise bereits fest geplant, muss der Betreffende gehen, um sie antreten zu können. Seine Seele mag sich entschieden haben, dass sie Angehörigen oder anderen Menschen effektiver von der anderen Seite aus helfen kann. Ist das der Fall, wird sein höheres Selbst dafür sorgen, dass er genau zum richtigen Zeitpunkt stirbt.

Wenn ein sterbender Mensch unbedingt seine Angehörigen um sein Sterbebett versammelt sehen will, bevor er hinübergeht, kann er den Zeitpunkt des Todes mehrere Stunden hinauszögern. Will aber das höhere Selbst, dass sich sein Geist vom Körper trennt, bevor sie kommen, dann wird das geschehen. In beiden Fällen haben die Seelen aller Beteiligten zugestimmt und das Geschehen wird von den Engeln und Geistführern koordiniert. Nichts geschieht zufällig.

Manchmal ist es extrem wichtig, dass jemand zu einem bestimmten astrologischen Zeitpunkt stirbt und damit unter dem Einfluss bestimmter Gestirne. Wenn er die Energie dieser Konstellation braucht, um eine bestimmte spirituelle Reise unternehmen zu können, gibt es überhaupt keinen Spielraum.

Wenn ein berühmter Mensch stirbt, kann durch die Gebete vieler Menschen eine gewaltige Energiewelle entstehen. Dann kommt es vor, dass Seelen, die auf den Tod warten, auf dieser riesigen Energiewelle der Liebe reiten, um ihre eigene Reise zu beschleunigen.

Warum warten manche Menschen auf ihre Angehörigen und warum sterben andere ganz allein?
Das hängt ganz von der Entscheidung des höheren Selbst ab. Die Umstände werden dann von den Engeln und Geistführern arrangiert. Nichts bleibt dem Zufall überlassen. Hier sind ein paar Gründe, warum eine Seele bestimmte Entscheidungen trifft.
Wenn sie wartet, bis die Angehörigen da sind, kann die sterbende Person mit einem Gefühl der Zufriedenheit, Liebe und Erfüllung ins Licht gehen. Manchmal geben die Angehörigen der sterbenden Person die Energie, die nötig ist, um hinüberzugehen. Das geschieht besonders dann, wenn Familie und Freunde bereit sind, die betreffende Person loszulassen.
Familie und Freunde spüren, dass der Sterbende sie so sehr liebt, dass er auf sie gewartet hat. Das hilft ihnen, besser mit dem Schmerz fertig zu werden. Wenn der Sterbende wartet, kommt die Familie sich näher. Wenn sich die Familie an einem Sterbebett versammelt, ergibt sich die Möglichkeit, alte Verletzungen zu heilen. Die Trauernden können einander trösten und unterstützen. Gemeinsame Gebete sind äußerst machtvoll und können dem Geist des Sterbenden sehr helfen.

Warum würde sich jemand dafür entscheiden, allein zu sterben oder bevor bestimmte Menschen ankommen?

Zum Beispiel weil das höhere Selbst weiß, dass die Gefühle der Angehörigen es dem Geist schwer machen werden, den Körper zu verlassen. Manche Menschen haben eine so starke Verbindung zueinander, dass es energetisch gesehen keine Rolle spielt, ob die Angehörigen physisch anwesend sind oder nicht. Dann verlässt der Geist den Körper zum festgelegten Zeitpunkt. Wenn ein Angehöriger im Moment des Todes nicht da ist, mag ihn das so erschüttern, dass er sich spirituellen Dingen zuwendet.

Der Sterbende mag glauben, dass er alles allein schafft, dass er sowieso einsam ist und dass ohnehin niemand für ihn da sein wird. Dabei ist es ganz gleich, ob das stimmt oder nicht, weil es nun einmal seine innere Überzeugung ist. Die Überzeugungen, die ein Mensch sein ganzes Leben lang gehegt hat, bestimmen auch seine letzten Momente auf Erden.

Warum sterben manche Menschen, wenn ihre Angehörigen das Zimmer verlassen?

Es braucht Energie, um hinüberzugehen. Es kommt oft vor, dass die Angehörigen den Sterbenden zurückhalten, meist ohne es zu wissen. Wenn sie den Raum verlassen, nutzt der Geist die Gelegenheit, wenn die Schnüre etwas gelockert sind, um den Körper zu verlassen.

Kann ich die Art und Weise meines Sterbens beeinflussen?

Jeder Gedanke, jede Überzeugung und jede Handlung, ob nun bewusst oder unbewusst, beeinflusst Ihr Leben und natürlich auch Ihren Tod. Entscheiden Sie sich jetzt, wie Sie sterben möchten. Wenn Sie sich darüber im Klaren sind, teilen Sie den Engeln Ihre Entscheidung mit. Sie werden dafür sorgen, dass die Umstände Ihrem Wunsch entsprechen. Fügen Sie aber wie immer »im höchsten Interesse aller« oder »möge Gottes Wille geschehen« hinzu. Das vor allem aus dem Grund, dass Ihr Ego zwar eine bestimmte Idee haben mag, aber Ihr höheres Selbst, das den Gesamtzusammenhang erkennen kann, eine andere Meinung hat, was die Art und Weise Ihres Todes angeht.

Ich möchte meiner Familie nicht zur Last fallen, sollte ich im Alter senil werden oder körperlich behindert sein. Was kann ich tun?

Erstens, wenn Sie glauben, dass Sie stören oder anderen zur Last fallen werden, wird genau das eintreten. Wenn Sie sich selbst respektieren und schätzen, werden Sie im hohen Alter von anderen respektiert und geschätzt werden. Um Ihr Glaubenssystem zu ändern, sollten Sie daran arbeiten, Ihr Selbstwertgefühl zu verbessern. Fangen Sie noch heute damit an, sich wie ein weises und wertvolles Mitglied Ihrer Familie und Gemeinde zu benehmen.

Zweitens entsteht Senilität dadurch, dass der Betreffende keine Verantwortung mehr für sich selbst übernehmen will. Erkennen Sie, dass Sie bewusst oder unbewusst Ihr

Leben erschaffen. Stellen Sie sich vor, dass Sie bis ins hohe Alter glücklich, gesund und geistig klar sein werden. Drittens sollten Sie Verantwortung für Ihre Gesundheit übernehmen, indem Sie sich vernünftig ernähren, sodass Körper und Gehirn optimal genährt werden. Trinken Sie viel reines Wasser, lachen Sie viel, nehmen Sie sich selbst nicht zu ernst, denken Sie frohe Gedanken. Sorgen Sie dafür, dass Ihre Gedanken und Gefühle gesund und positiv sind. Dann können auch Sie ein weiser, glücklicher, gesunder und geliebter alter Mensch werden.

Mord, Sterbehilfe und Selbstmord

Warum gibt es überhaupt Morde?

Von einer höheren Warte aus gesehen, sind viele Morde Abmachungen zwischen zwei Seelen, auch wenn sie sich auf der Erde gar nicht kennen. Opfer und Täter sind durch karmische Schnüre miteinander verbunden, manchmal über viele Leben hinweg.

Aber jeden Tag entsteht neues Karma. Verliert ein Mensch sein Leben, so wird er sich in einem anderen Körper wieder inkarnieren, um die verlorenen Jahre nachzuholen. Dann werden er und der Täter solange aneinander gebunden sein, bis die karmische Schuld abgetragen ist. Niemand kommt mit irgendetwas davon, denn die spirituelle Gerechtigkeit siegt immer.

Gebete für die Opfer, aber auch für die Täter, sind sehr hilfreich, denn letzten Endes kehren alle zur Liebe und ins Gleichgewicht zurück, denn alle Menschen sind Teil des Einen.

Kann es einen höheren Sinn für einen Mord geben?
Gelegentlich ja. Wenn sich die Menschheit weigert, auf ihre spirituellen Führer zu hören und weiterhin in Unwissenheit lebt und unsinnige Gesetze erlässt, kann es vorkommen, dass das höhere Selbst einer ganzen Gruppe einen mörderischen Plan entwickelt, der die Gesellschaft so sehr schockieren soll, dass Veränderungen unumgänglich werden. In einem solchen Fall haben die Seelen der Opfer und der Täter dem natürlich zugestimmt. Sie opfern sich für das Allgemeinwohl.
Es mag auch sein, dass das höhere Selbst eines Einzelnen sich dafür entscheidet, ermordet zu werden, um die öffentliche Aufmerksamkeit auf sein Lebenswerk oder seine Überzeugung zu richten. Das geschieht oft, wenn ein natürlicher Tod im hohen Alter nicht dieselben Auswirkungen auf die Menschheit haben würde.

Ein Beispiel: Das Massaker von Hungerford führte zu einer Verschärfung der englischen Waffengesetze. Einzelne Morde hatten das bis dahin nichts bewirken können. Die Massenmorde an Schülern und Studenten in Amerika haben zumindest eine Debatte über die amerikanischen Waffengesetze in Gang gebracht, aber viele werden noch sterben müssen, bis die Leute Vernunft annehmen.
Manchmal kommt eine ganze Seelengruppe überein, bei einem schrecklichen Verkehrsunfall oder einem Zugunglück zu sterben, um notwendige Veränderungen in Gang zu bringen.

Der Mord an Mahatma Gandhi schockierte nicht nur Indien, sondern die ganze Welt, sodass danach eine Zeit lang Frieden herrschte.

Zur Erinnerung: Jedes Leben ist ungeheuer wertvoll. Jeder Mord, gleich ob er zwischen den Seelen vereinbart war oder nicht, zieht Karma nach sich.

Warum wurden in Soham zwei zehnjährige Mädchen ermordet? War der Name der Stadt von Bedeutung?

Von einer höheren Warte aus gesehen ist alles immer perfekt. Der Sanskritbegriff »So Ham« bedeutet »der Atem Gottes« und das göttliche Licht strahlte sehr hell in den beiden Mädchen. Sie verkörperten Reinheit und Unschuld. Als die beiden Seelen beschlossen, auf diese Weise ins Licht zurückzukehren, war ihnen klar, dass die ganze Welt durch ihren Tod aufgerüttelt werden würde. Und sie sollten recht behalten.

Ihr Tod zog die öffentliche Aufmerksamkeit auf die hinterlistige Finsternis, die sich in englischen Schulen breitgemacht hatte, und es begann ein Prozess des Umdenkens. Die Menschen dachten oder sagten »So Ham«, Atem Gottes, und konzentrierten sich so unbewusst auf das Göttliche. Die Engel führten die Kinder direkt ins Licht, wo ihre Seelen weiterhin strahlen.

Unterscheiden die Engel zwischen Mord und Totschlag?

Engel urteilen überhaupt nicht. Sie bezeugen nur, was auf Erden vorgeht, denn die Handlungen der Menschen sind

den Wesen der Liebe oft vollkommen unverständlich. Weil die Engel den großen Zusammenhang erkennen können, erkennen sie auch die widerstreitenden Energien, die dazu führen, dass ein Mensch einen anderen tötet.
Die Engel sehen, dass jemand einem anderen nur dann willentlich wehtut, wenn sein Herz verschlossen ist. Ein Mörder wird höchstwahrscheinlich viele Leben voller schmerzhafter Erlebnisse vor sich haben, bis sich sein Herz wieder öffnet. Die Engel sehen auch, ob jemand seine Tat bereut oder nicht. Reue zeigt sich immer daran, dass sich das Herz öffnet. Bereut jemand seine Tat nicht, ist sein Herz immer noch verschlossen. Diese Faktoren werden von den Herren des Karma berücksichtigt, wenn sie debattieren, welche Erfahrungen eine Seele als Nächstes machen soll.

Was geschieht mit einem Mörder nach seinem Tod?
Anfänglich wird er genau das erleben, was er erwartet. Wenn er dann so weit ist, wird ihm gezeigt, welche Folgen seine Taten für die Angehörigen seiner Opfer hatten. Diese Rückschau ist für die betreffende Seele eine furchtbare Angelegenheit. Gemeinsam mit den Engeln und den Geistführern wird die Seele dann entscheiden, was sie tun kann, um ihre Schuld abzutragen. Dann wird sie sich entweder in einer geeigneten Familie reinkarnieren oder sich in einer Rehabilitationseinrichtung auf das nächste Leben vorbereiten.

Einige Beispiele: Der eine Mörder wird entsetzt sein, wenn er die Konsequenzen seiner Taten erkennt. Er wird sich gemeinsam mit

der von ihm getöteten Person reinkarnieren, um ihr im nächsten Leben zu dienen.
Ein anderer wird kein Mitgefühl verspüren und muss in seiner nächsten Inkarnation spüren, wie es ist, ohne Liebe zu leben. Was er einem anderen angetan hat, wird nun ihm angetan, damit er am eigenen Leib erfahren kann, was er angerichtet hat.

Sollte ich auch Mördern meine Liebe schicken?
Es ist niemals falsch, Liebe zu schicken. Auch wenn Sie die Handlungen eines anderen Menschen nicht gutheißen, so sollten Sie doch ihm gegenüber nicht Ihr Herz verschließen, denn dann hätten Sie zugelassen, dass Sie von seiner negativen Energie beeinflusst werden. Wenn Ihr Herz vollkommen offen ist, werden Sie die Glückseligkeit der Einheit erleben.

Was Sie tun können, um Mördern zu helfen

- Hören Sie auf zu urteilen. Sie kennen weder die Hintergründe, die zur Tat geführt haben, noch das Karma des Mörders oder den großen Plan.
- Zünden Sie eine Kerze an und bitten Sie die Engel Ihnen zu helfen, das Göttliche in allen Menschen zu sehen.
- Wenn Sie von einem Mord erfahren, stellen Sie sich vor, dass Sie in der inneren Dimension eine Kerze entzünden und dass das Licht zum Opfer strömt.

- Stellen Sie sich vor, dass ein rosafarbenes Licht das Herz des Täters erfüllt und ein goldenes ihren Verstand. Dann durchtrennen Sie alle Schnüre, die sich zwischen Ihnen und dem Täter durch Ihre Vorurteile oder Beurteilungen gebildet haben.

Aber gewiss ist es doch dem Opfer gegenüber nicht gerecht, dem Täter Liebe zu schicken, oder?
Wenn Sie dem Täter Liebe schicken, mag ihm dies helfen, sein Herz zu öffnen und davon wird schließlich auch die Person profitieren, die von ihm geschädigt wurde. Natürlich sollten Sie auch für das Opfer beten und ihm Liebe, Licht und Heilung schicken. Schließlich sind letzten Endes alle eins.

Hat es spirituelle Konsequenzen, wenn man jemanden versehentlich tötet?
Das hängt ganz von der Absicht des Betreffenden ab. Angenommen, Sie fahren nach Hause, sind nüchtern und umsichtig, und plötzlich läuft Ihnen ein Kind vors Auto, dem Sie nicht mehr ausweichen können, dann entsteht daraus kein Karma. Aber wie sich dieses Ereignis auf Sie auswirkt, das wird spirituelle Konsequenzen haben.
Wenn Sie aber betrunken, zu schnell und unvorsichtig nach Hause fahren und jemanden überfahren, der Ihnen vors Auto läuft, dann müssen Sie eine karmische Schuld abtragen – oft auch über viele Leben. Das gilt auch, wenn die Zeit der anderen Person gekommen war.

Kann Sterbehilfe durch irgendetwas gerechtfertigt werden?

Aus spiritueller Sicht wird die Möglichkeit zu leben über alles geschätzt. Es gibt aber Fälle, in denen das Leben eines Menschen unerträglich geworden ist. Ist der Betreffende wirklich bereit und entscheidet er aus freiem Willen, so ist Sterbehilfe akzeptabel. Aber dieser Weg ist sehr gefährlich, denn eine solche Entscheidung muss reinen Herzens und mit der größtmöglichen Integrität gefällt werden. Wird auf einen Patienten auch nur der geringste Druck ausgeübt, hat dies enorme karmische Konsequenzen.

Sind Menschen, die Selbstmord verüben, Feiglinge?

Die Engel urteilen nicht. Sie sehen aber, dass es für viele Menschen großen Mut braucht, sich das Leben zu nehmen. Niemand kann wissen, wie sehr ein anderer Mensch geistig, emotional, körperlich oder seelisch leidet.

Warum bringen sich Menschen selbst um?

Einige wenige wissen, dass ihre Zeit gekommen ist und reagieren damit auf den Ruf heimzukehren. Andere haben das Gefühl, ihre Mission auf Erden abbrechen zu müssen, da sie sich auf dem falschen Weg wähnen und glauben, von der anderen Seite aus mehr Gutes tun zu können. Die meisten werden aber einfach mit ihrem Leben nicht fertig. Bevor sich die Menschen inkarnieren, erörtern sie alle Herausforderungen und Lektionen, denen sie sich stellen wollen. Aber hinterher merken viele, dass sie sich einfach zu viel vorgenommen haben und dass sie so nicht mehr weitermachen können. Sie brauchen eine Ruhepause, bevor sie es von Neuem versuchen können, denn die Prüfungen, vor denen sie geflüchtet sind, werden beim nächsten Mal noch schwerer werden.

Gehen Selbstmörder auch ins Licht?
Das hängt ganz vom Geisteszustand des Betreffenden im Augenblick des Todes ab. Oft ist er so verwirrt und verängstigt, dass er das Licht nicht sehen kann. Da kein Todesengel kommt, um den Selbstmörder zu begleiten, haben viele Mühe, den Weg zu finden. Es ist sehr, sehr wichtig, Gebete für all jene zu sprechen, die durch ihre eigene Hand sterben.

Was geschieht denn mit Menschen, die Selbstmord begangen haben?
Niemand wird be- oder verurteilt. Jemand, der Selbstmord verübt hat, wird auf der anderen Seite genauso willkommen geheißen wie alle anderen auch. Man zeigt ihnen auf liebevolle Weise die Entscheidungen, die sie vor der Geburt getroffen haben, und wie sie damit umgegangen sind. Wenn sie ihre Körper verlassen haben, bevor sie ihre Lektionen lernen konnten, kehren sie nach einer Phase der Heilung – und wenn sie dazu bereit sind – auf die Erde zurück, um ihre ursprüngliche Aufgabe zu Ende zu bringen, die allerdings schwieriger als beim ersten Mal sein wird.

Während ich dies schreibe, regnet es draußen in Strömen. Das Wetter scheint sehr passend, denn heute Morgen war ich auf dem Begräbnis einer Freundin, die Selbstmord verübt hat. Ich werde sie hier Anjy nennen, aber das ist nicht ihr richtiger Name. Anjy hatte sich in den Monaten vor ihrem Tod von allen abgeschnitten und dennoch war die Kapelle voll. Diejenigen, die nicht an der Trauerfeier teilnehmen konnten, hatten sich am Abend vorher getroffen, um Kerzen für sie anzuzünden und für sie zu beten. Ich frage mich, ob sie wohl eine Ahnung hatte, wie vielen Menschen sie wichtig war. Wenn sie es gewusst hätte, hätte sie womöglich anders gehandelt? Ich vermute, nicht.

An ihrem Todestag hatte eine enge Freundin sie besuchen wollen, war aber in letzter Minute verhindert gewesen. Hätte ihr Besuch Anjys Selbstmord verhindert?

Wir glauben, dass sie sich klar entschieden hatte, sodass ihr Schutzengel aus Respekt vor ihrem freien Willen nicht eingegriffen hatte. Denn wenn ihre Zeit noch nicht gekommen wäre oder sie nicht den Willen gehabt hätte, ihr Leben zu beenden, hätte ihr Engel dafür gesorgt, dass sie ihren Plan nicht hätte ausführen können.

Gebet für jene, die sich das Leben genommen haben

Liebe Engel, bitte erleuchtet all jenen den Weg, die ihr eigenes Leben genommen haben. Umschließt sie mit euren Schwingen und hüllt sie in Liebe. Nehmt ihnen die Angst und helft ihnen, Mut, Kraft, Liebe und wahren Frieden zu finden. Amen.

Auf dem Weg ins Licht

Ich bin mir nicht sicher, ob es meiner Mutter, die letztes Jahr hinüberging, gut geht. Was kann ich tun, um ihr zu helfen?
Wenn Sie ein ungutes Gefühl wegen Ihrer Mutter, einem Angehörigen oder selbst einem völlig Fremden haben, dem Sie nur einmal begegnet sind, bitten Sie Maria, die Mutter Gottes, diese Person zu finden und ihr zu helfen. Maria hat eine wunderbare Engelenergie, ist voller Liebe und Mitgefühl, und sie wird alles unternehmen, um Ihren Wunsch zu erfüllen.

Gebet, um jemandem zu helfen, ins Licht zu gehen

Geliebte Maria, Mutter Gottes, Königin der Engel, bitte finde (hier den Namen einsetzen). Gewähre ihm Frieden, Liebe und Heilung und führe ihn zum Licht.

Die folgende Visualisierungsübung wird Ihrem Gebet noch mehr Nachdruck verleihen.

Visualisierungsübung, um das Gebet zu verstärken

- Zünden Sie eine Kerze an.
- Denken Sie an den Menschen, dem Sie helfen wollen. Vielleicht haben Sie den Verstorbenen nicht persönlich gekannt, sondern nur etwas über ihn gelesen, fühlen sich aber aufgrund Ihrer Intuition und Ihres Mitgefühls verpflichtet zu helfen. Dann versuchen Sie einfach, ihn zu spüren.
- Stellen Sie sich vor, dass Maria, die Mutter Gottes, ihm begegnet und ihn in ein herrlich blaues Licht hüllt. Stellen Sie sich dann vor, wie die beiden gemeinsam ins Licht gehen.

Wenn einem immer ein Engel zur Seite steht, warum bleiben dann manche Menschen als Geister auf der Erde?

Es gibt verschiedene Gründe, aus denen manche Menschen nicht ins Licht gehen. Wenn sich ein Mensch sehr stark vor dem Tod fürchtet, wird ihn seine Angst an die Erde binden. Auch wenn jemand sehr an seinen Angehörigen oder seinem Haus hängt, von Drogen oder Alkohol abhängig ist, kann die irdische Verhaftung stärker sein als der stille Ruf der Engel. Auch unerledigte Dinge können einen Geist auf der materiellen Ebene zurückhalten. Manche Menschen, die sehr plötzlich sterben, stehen so sehr unter Schock, dass sie gar nicht erkennen, dass sie tot sind. Sie wandern auf der Suche nach ihren Angehörigen ziellos umher. Das mag nach unserem Gefühl jahrelang so gehen, aber für sie vergeht nicht so viel Zeit. Diese Geister sehen einfach nicht das Licht und können nicht ohne Hilfe hinübergehen. Einige wenige bleiben Hunderte von Jahren auf der Erde, aber irgendwann geht jeder ins Licht, wenn ihm geholfen wird. Ihre Gebete sind dabei eine enorme Hilfe.

Was genau tut ein Rettungsmedium?
Darunter versteht man Menschen, die Geister sehen. Sie strahlen ein Licht aus, das jene anzieht, die noch nicht hinübergegangen sind. Sie können jenen gefangenen Seelen helfen, ins Licht zu gehen. Es gibt auch andere, die sich nicht bewusst sind, dass sie derartige Fähigkeiten haben, und ihre Arbeit im Schlaf machen. Oft wachen diese Menschen völlig erschöpft auf, besonders wenn sie nach einer Katastrophe im Einsatz waren.

Ist es immer richtig, einer gefangenen Seele zu helfen, ins Licht zu gehen?
Wie bei allen spirituellen Dingen, so hängt die Beantwortung dieser Frage auch hier von der individuellen Situation und den Bedürfnissen des betreffenden Geistes ab. Versuchen Sie sich auf den betreffenden Menschen einzustimmen und zu spüren, was angemessen und richtig ist.

Vor vielen Jahren, als ich noch Seminare im kleinen Rahmen gab, mietete ich häufig die Räume einer örtlichen Kirche. Zu meinem

und zum Entsetzen der Teilnehmer, flogen immer, wenn wir gerade angefangen hatten zu meditieren, Bücher von einem Tisch und landeten krachend auf dem Boden. Wir gewöhnten uns irgendwie daran, aber in der folgenden Stille hörten wir immer jemanden über die Bühne laufen. Die Schritte hörten sich wie die eines wütenden Kindes an und manche Teilnehmer bekamen es mit der Angst zu tun.
Mein Geistführer Kumeka sagte uns, dass es sich bei dem Geist um ein vierzehnjähriges Mädchen handelte, das vor etwa 40 Jahren vor der Kirche in einen Unfall verwickelt gewesen war. Man hatte sie hineingetragen und sie war hier gestorben. Er sagte weiter, dass das Mädchen nicht wusste, dass es tot war und nicht hinübergehen wollte, deshalb konnten wir auch nichts gegen ihren freien Willen ausrichten. Er fügte noch hinzu, dass sie Anerkennung wollte und glaubte, wir würden sie absichtlich ignorieren. Es mag sich komisch anhören und es war schon merkwürdig, besonders dann, wenn neue Leute teilnahmen, aber von diesem Moment an fingen wir jede Sitzung damit an, das Mädchen zu begrüßen. Und wir hörten nie wieder einen Pieps von ihr. Ich bin mir sicher, dass ihr zur rechten Zeit die richtige Person helfen wird, ins Licht zu gehen.

Ich hatte noch ein völlig anderes Erlebnis mit einem Geist. Es handelte sich um den Geist einer alten Dame, die vor mir in meinem Haus gelebt hatte. Sie hatte ihr Heim über alles geliebt und wollte es nicht verlassen. Oft sah ich sie still in einer Ecke sitzen oder aus dem Fenster meines Arbeitszimmers schauen, wenn ich nach Hause kam. Sie war ziemlich traurig und die Atmosphäre in dem Teil des Hauses, in dem sie sich aufhielt, war sehr bedrückend.
Ich hätte sie in Ruhe gelassen, aber innerhalb weniger Tage passierten drei Dinge, die mich veranlassten, meine Meinung zu än-

dern. Die Vorbesitzerin des Hauses rief mich an, um mir von dem Geist einer alten Dame zu erzählen, die ihr Sohn oft gesehen hatte. Am nächsten Abend traf ich ein Medium, das mir sagte, dass eine alte Dame in meinem Haus herumspukte und durch ihre Traurigkeit die Energie bestimmter Räume senkte. Es beschrieb die Räume mit erstaunlicher Genauigkeit. Eine Freundin, die im Gästezimmer übernachtete, das früher einmal das Schlafzimmer gewesen war, flippte völlig aus, als die alte Dame ihr plötzlich ins Gesicht starrte. Es war klar, dass die alte Dame ihr Haus nicht aufgeben wollte.

Ich entschied, dass das Haus nun mein Heim war und dass sie mich störte. Eines Abends versammelte ich eine Gruppe, um das Haus zu reinigen und sie zu überreden, doch ins Licht zu gehen. Sie floh vor uns von einem Zimmer ins nächste, aber plötzlich sah sie ihre Großmutter und ihren Engel und verschwand in einem Energiewirbel.

Interessanterweise kam sie kurz darauf zurück und fragte: »Warum wollten Sie, dass ich hinübergehe, wo ich doch noch nicht bereit war?« Wir erklärten ihr, dass es nun mein Haus sei. Sie akzeptierte dies und dankte uns. Sie sagte, wir hätten das Richtige getan und sie sei nun glücklich.

Was kann ich tun, wenn mich eine gefangene Seele aufsucht, um von mir Hilfe beim Übergang zu erbitten?

Rufen Sie die Engel an, um ihr zu helfen, und zeigen Sie ihr das Licht. Sobald sie es sieht, wird sie hinübergehen und Sie werden ihr einen großen Dienst erwiesen haben. Gewisse Menschen mit einer bestimmten Energie können Geister sehen, deshalb fühlen sich Geister zu ihnen hingezogen. Es gibt so viele Seelen, die auf Erden gefangen sind und Hilfe benötigen, dass viele Medien überfordert sind. Es ist also Ihr gutes Recht bekannt zu geben, dass Sie nur zu bestimmten Zeiten für diese Arbeit zur Verfügung stehen oder dass Sie diese Arbeit gar nicht mehr tun wollen.

Ich erinnere mich noch gut an eine Frau, die in meinen Tagen als Hypnotherapeutin zu mir kam. Sie war furchtbar verängstigt, denn sie wurde von den Geistern verstorbener Menschen aufgesucht, die mit ihr reden wollten. Sie wollte, dass ich sie hypnotisierte, damit dies ein Ende hätte. Natürlich konnte ich das nicht. Das Problem war, dass sie römisch-katholisch war und der Priester ihr gesagt hatte, dass es eine Sünde sei, sich mit Geistern zu unterhalten oder ihnen zu helfen. Da sie ihm glaubte, wollte sie nichts anderes hören. Ihr Verstand befand sich im Konflikt mit ihrer Seele. Ich weiß nicht, ob sie diesen Konflikt jemals gelöst hat.

Manchmal rieche ich Desinfektionsmittel in meinem Haus. Ich rieche es nur ganz kurz und ich habe die Quelle nicht herausfinden können. Meine Tante, eine Krankenschwester, starb letztes Jahr. Kann es sein, dass sie versucht, mit mir Kontakt aufzunehmen?

Ja, wenn der Geist Ihrer Tante auftaucht, verströmt er den Geruch eines Desinfektionsmittels, um Ihnen auf diese Weise zu sagen, dass er da ist. Interessanterweise arbeitet ihre Tante in den inneren Dimensionen ebenfalls als Pflegerin, weil sie diese Arbeit schon auf der Erde so liebte.

Meine Nachbarin hat Selbstmord begangen. Sollte ich zu ihrer Beerdigung gehen?
Der Geist Ihrer Nachbarin braucht Ihre Gebete und Ihre Liebe mehr als sonst jemand. Bitte gehen Sie zur Beerdigung mit einem offenen Herzen und voller Mitgefühl. Bedenken Sie bitte auch, dass sie vielleicht den Ruf der Engel vernommen und auf die einzige Weise reagiert hat, die sie kannte.

Begräbnisse

Kann das eigene Begräbnis anderen Menschen helfen?
In den letzten Jahren gab es zwei Begräbnisse, die im Mittelpunkt des öffentlichen Interesses standen und die vielen Menschen geholfen haben. Das erste war das Begräbnis von Prinzessin Diana. Ihr Tod war für Millionen Menschen ein Katalysator, um ihre verdrängten Gefühle auszudrücken. In zahlreichen Fällen wurden Trauer und Kummer, die sich über viele Leben angesammelt hatten, ausgedrückt und dadurch aufgelöst. Die Gebete, die Blumen und die ganze Aufmerksamkeit erzeugten einen gewaltigen Energiewirbel, in dem Millionen gefangene Seelen mit ihr ins Licht gehen konnten. Diana führte eine riesige Prozession von Seelen in die höheren Dimensionen, wo sie von Heerscharen der Engel erwartet wurden.
Das zweite Begräbnis war das des Papstes. Auch hier erzeugten die Gebete, die Gesänge und die zum Ausdruck

gebrachten Gefühle eine Energiewelle, auf der viele Seelen in die höheren Dimensionen ritten. Viele Menschen, die alt oder gebrechlich waren, nahmen die Gelegenheit wahr, um ihre Körper zu verlassen.
Natürlich sind bei jedem Begräbnis Engel anwesend, die die Trauernden trösten.

Ist es sinnvoll, Blumen zu einem Begräbnis zu schicken?
Blumen enthalten eine reine spirituelle Essenz. Die Engel sind in der Lage, diese zu extrahieren und sie auf den inneren Dimensionen zu verstärken. Sie benutzen diese Essenz, um der Seele des Verstorbenen zu helfen. Blumen erhöhen die Energie bei Begräbnissen, wodurch nicht nur den Hinterbliebenen, sondern auch den Verstorbenen geholfen wird.

Hilft es dem Verstorbenen, wenn man zu seinem Begräbnis geht?
Die gemeinsam erzeugte Energie kann dem Geist des Verstorbenen helfen, ins Licht hinüberzugehen. Ist der Geist bereits dort, werden die Gebete und die zum Ausdruck gebrachte Liebe der Seele Energie verleihen. Sie sollten aber nur gehen, wenn in Ihrem Herzen Liebe ist. Wenn Sie zu einem Begräbnis gehen und Hass oder Wut in sich tragen, wird das dem Verstorbenen nicht helfen. Aber auch übermäßige Trauer hilft ihm nicht, ins Licht zu gehen, denn dadurch wird die Seele zurückgehalten.

Was ist besser: Erd- oder Feuerbestattung?
Das, was Sie für richtig halten, ist richtig für Sie. Verschiedene Kulturen haben unterschiedliche Begräbnisriten entwickelt, die auf ihrem Glauben, ihren Sitten und den klimatischen Bedingungen beruhen.

Was sind die Vor- und Nachteile einer Beerdigung?
Ist der Körper gesund und rein, nährt der Leib die Erde und gibt ihr die Nährstoffe, die sie für neues Wachstum braucht. Zudem ist es für manche Menschen ein großer Trost, das Grab des geliebten Menschen besuchen zu können und zu wissen, dass er in geheiligter Erde liegt.
Ist der Körper aber voller Krankheiten, nimmt die Erde diese auf und muss sich später wieder davon reinigen. Wird jemand begraben, ist es leichter, mit der materiellen Dimension verbunden zu bleiben, denn die Erde ist weiblich, nährend und speichert Energie. Sehr selten kommt es vor, dass der Geist eines Toten, der dem materiellen Dasein sehr verbunden ist, sich an die sterblichen Überreste klammert und auf dem Friedhof herumspukt.

Was sind die Vor- und Nachteile der Kremation?
Feuer ist eine sehr machtvolle, männliche, läuternde Energie. Während der Feuerbestattung wird ein Großteil der astralen und mentalen Energie, die den Körper des Verstorbenen umgibt, umgewandelt. Der Geist wird geläutert und dadurch wird die weitere Reise erleichtert. Weil auch die äußere Hülle des Geistes, der Körper, geläutert wird, ist es viel schwieriger der materiellen Dimension verhaftet zu bleiben.

Die Nachteile einer Kremation liegen darin, dass eine solche Zeremonie für die Familie und die Freunde etwas sehr Endgültiges hat, weil sie nun kein Grab haben, das sie besuchen können. Ein Urnengrab kann aber dieses Bedürfnis durchaus erfüllen.

Hilft eine aufwendige Begräbniszeremonie dem Verstorbenen mehr als eine schlichte Feier?
Die Engel sehen, wie viel Liebe in die Vorbereitung einer Beerdigung einfließt. Liebe und Gebete helfen dem Verstorbenen, nicht aufwendige Inszenierungen.

Ist ein Holzsarg besser als ein Pappsarg?
Nein.

Familie

Elternschaft

Worin besteht die wahre Rolle der Eltern?
Die wahre Rolle der Eltern besteht darin, den Kindern auf liebevolle Weise die männliche und die weibliche Energie in einem perfekten Gleichgewicht zu präsentieren. Es ist die spirituelle Verantwortung der Eltern, die Begabungen der Kinder zu fördern und sie stets zu ermutigen. Dazu gehört natürlich auch, dass klare Grenzen gesetzt werden. Es ist aber nötig, den Kindern aufmerksam zuzuhören, ihre Bedürfnisse anzuerkennen und entsprechend zu handeln.

Warum gibt es heute so viel alleinerziehende Mütter?
Dieses Phänomen ist die Folge des Zusammenbruchs gesellschaftlicher Strukturen. Zum ersten Mal seit vielen hundert Jahren haben sich Frauen das Recht genommen, ihre Sexualität zu erforschen und sie freier auszudrücken. Allerdings haben viele von ihnen weder die Reife noch das Verständnis, die für eine Mutterschaft nötig sind. Mutterschaft ist nämlich eine der wichtigsten spirituellen Aufgaben, die es überhaupt gibt.

Viele Mädchen und Frauen bekommen Kinder, um ihre eigenen Bedürfnisse – und nicht die des Kindes – zu befriedigen, und die freizügige westliche Gesellschaft hat dies unterstützt. Dazu kommt aber auch, dass so viele Seelen auf die Erde drängen, um in dieser Zeit großer spiritueller Möglichkeiten anwesend zu sein, dass sie jedes Gefäß nehmen, das sich ihnen bietet – mag es auch noch so unreif oder ungeeignet sein.

Ist es das spirituelle Recht einer jeden Frau, ein Kind zu haben?
Nein. Seelen inkarnieren sich in weiblicher Form, um vielerlei Erfahrungen zu machen. Mutterschaft ist nur eine davon.

Warum übernehmen so viele Väter keine Verantwortung für ihre Kinder?
Auch dies ist eine Konsequenz des Zusammenbruchs vieler gesellschaftlicher Strukturen. Viele Jugendliche werden Eltern, obwohl sie dafür viel zu unreif sind und sich nicht im Klaren sind, was Elternschaft wirklich bedeutet. Für all jene, die keine männlichen Vorbilder in Bezug auf Vaterschaft haben und nicht die Unterstützung einer Großfamilie genießen, ist es sehr schwer, gute Väter zu sein.
Dazu kommt noch, dass die jungen Frauen, die keine positiven Vorbilder in Bezug auf Mutterschaft haben, unrealistische Erwartungen an den Partner stellen, durch die sich die Männer unter Druck gesetzt fühlen und dann das Weite suchen.

Aus spiritueller Sicht trägt jeder Vater, der sich der Verantwortung für seine Kinder entzieht, ihnen gegenüber eine karmische Schuld, die sich möglicherweise über viele Leben erstreckt, bis die entsprechenden Lektionen gelernt und Vergebung und Selbstvergebung Tatsache geworden sind. Das Gleiche natürlich auch für Mütter.

Kann das Karma, das durch abwesende oder verantwortungslose Eltern entsteht, aufgelöst werden?

Negative Denk- und Verhaltensmuster in Familien erstrecken sich oft über viele Generationen, ja sogar über viele Leben. Zumindest versuchen heute viele Eltern und Großeltern ihre spirituellen Pflichten wahrzunehmen. Sie fangen an zu verstehen, was sie ihren Kindern unabsichtlich angetan haben, bemühen sich um Vergebung und versuchen eine neue Basis für die Beziehung zu ihren Kindern zu schaffen. Vielerorts werden Familien geheilt. Wenn die Reue echt ist und die Lektion wirklich gelernt wurde, werden sie durch die Gnade der Herren des Karma von der Vergangenheit befreit. Wenn Sie glauben, dazu bereit zu sein, sollten Sie um einen kosmischen Freispruch bitten. Bedenken Sie aber bitte, dass Sie von ganzem Herzen darum bitten müssen.

Hier einige Beispiele für schädliche Erziehungsmuster:

- Nicht für die Kinder da zu sein – entweder tatsächlich oder gefühlsmäßig.
- Den Kindern den eigenen Willen und die eigenen Bedürfnisse aufzuzwingen – zum Beispiel die Kinder zu zwingen, denselben Beruf zu ergreifen.

- Die Kinder zu sehr zu disziplinieren oder zu wenig. Beides ist schädlich.
- Den Kindern zu viel von den eigenen Sorgen zu erzählen, wenn sie dafür zu klein sind.
- Die Zuneigung der Kinder zu erkaufen, statt sie sich durch integres Verhalten zu verdienen.
- Sich vor den Kindern negativ über den Partner zu äußern.
- Nicht mit dem Partner zu kommunizieren oder das Kind als Mittler zu missbrauchen.
- Die Kinder anzuschreien oder sie zu ignorieren.
- Die Kinder anzulügen.
- Eines besser zu behandeln als die anderen.
- Die Kinder nicht zu lieben.
- Die Kinder spüren zu lassen, dass sie stören.
- Die Kinder spüren zu lassen, dass man nichts von ihnen hält.
- Die Kinder zu entmündigen.
- Sich zu weigern, Gaben und Begabungen der Kinder anzuerkennen.
- Sich zu wünschen, Mädchen wären Jungen oder umgekehrt.
- Die Kinder mit Gewalt zu beherrschen.

Gebet an die Herren des Karma

Ich erkenne, dass ich das folgende Muster an meinen Kindern ausgelebt habe: (Beschreiben Sie hier das Erziehungsmuster.) Ich möchte mich selbst und meine Kinder von diesem Muster befreien. Ich schwöre feierlich, dass ich mein Verhalten ändern werde. Ich bitte darum, dass die Denkmuster, die diesem Verhalten zugrunde liegen, aus meinem Bewusstsein gelöscht werden mögen und dass das betreffende Karma aufgelöst werden möge. So sei es. Es ist vollbracht.

Visualisierungsübung, um ein Familienmuster aufzulösen

- Stellen Sie sich vor, Ihr Kind stünde vor Ihnen. Dabei spielt es keine Rolle, ob es am Leben oder tot, ein Erwachsener oder ein Baby ist.
- Sagen Sie: »Es tut mir von Herzen leid, dass ich dich so behandelt habe. (Beschreiben Sie hier Ihr Verhalten.) Ich bitte dich, mir zu vergeben.«
- Warten Sie einen Augenblick, um zu spüren, ob Ihnen Vergebung gewährt wurde.
- Sagen Sie dann: »Ich vergebe mir selbst.«

Wenn Sie spüren, dass Ihr Kind noch nicht bereit ist, Ihnen zu vergeben, bitten Sie Ihren Engel seinem Engel zu sagen, dass Sie sich entschuldigen möchten. Wiederholen Sie die Übung am nächsten Tag oder eine Woche später, bis Sie spüren, dass sich etwas verändert hat. Natürlich können Sie auch direkt mit Ihrem Kind über Ihre neuen Einsichten und Ihre Reue sprechen, aber es ist sehr hilfreich, vorher die Visualisierungsübung durchzuführen.

Worin besteht die spirituelle Rolle der Großeltern?
Sie sind Teil des Betreuungsgefüges für die Kinder. Zwischen Großeltern und Enkeln besteht oft eine sehr starke Seelenbindung, die ohne die Verantwortung der Elternschaft oft leichter zum Ausdruck gebracht werden kann.

Adoption

Aus welchem Grund sucht sich eine Seele Eltern aus, die das Kind zur Adoption freigeben werden?
Dafür gibt es viele Gründe, denn eine Adoption geschieht niemals zufällig, sondern ist immer göttlich vorbestimmt und daher perfekt. Bevor das Baby geboren wird, diskutiert die Seele mit seinen Engeln und Geistführern seine Zukunftsaussichten und die zu lernenden Lektionen. Im Fall einer Adoption werden sowohl die leiblichen als auch die Adoptiveltern vorher ausgesucht.
Häufig ist eine Adoption die karmische Konsequenz aus anderen Leben. Gelegentlich kann es vorkommen, dass eine Seele ein Leben ohne Blutsverwandte erleben möchte. Wie wird sie sich dabei fühlen? Wie wird sie sich der Situation anpassen? Wird sie sich ein Leben lang zurückgewiesen fühlen? Kann sie unter solchen Umständen überhaupt ein Zugehörigkeitsgefühl entwickeln?
Andere Seelen wollten von vornherein von den Adoptiveltern aufgezogen werden, mussten aber aus bestimmten Gründen einen anderen Einstieg ins Leben finden. Manche haben karmische Bindungen an die leiblichen Eltern,

die durch die Geburt aufgelöst werden. Es kommt auch vor, dass eine Seele den leiblichen Eltern aus reiner Liebe eine bestimmte Lektion ermöglicht, und dann erst seine eigentliche Bestimmung erfüllt.

Warum sehnen sich so viele Adoptivkinder danach, ihre leiblichen Eltern kennenzulernen?
Wenn ein adoptiertes Kind eine sehr starke Seelenbindung an die leiblichen Eltern hat, wird es sich immer danach sehnen, sie kennenzulernen. Es kommt aber auch vor, dass die Mutter oder der Vater das Kind nicht wirklich losgelassen haben und es sich ständig zurückwünschen – häufig auch unbewusst. Das wird sich extrem stark auf das heranwachsende Kind auswirken, besonders wenn es sehr sensibel ist.

Meine Schwester gab ihren kleinen Sohn vor zwanzig Jahren zur Adoption frei. Sie kann nicht aufhören, an ihn zu denken, und möchte Nachforschungen über seinen Verbleib anstellen. Was wäre aus spiritueller Sicht das Beste für sie und ihn?
Natürlich gibt es bestimmte Dinge, die sie unternehmen kann, um ihn zu finden, aber spirituell gesehen wäre es zunächst einmal wichtig, ihn emotional freizugeben. Viele Jahre lang hat sie ihrem Sohn sorgenvolle Gedanken geschickt und ihn mit einer sehr starken energetischen Schnur umwickelt, die ihn in einen ständigen inneren Konflikt bringt. Das psychische Durchtrennen dieser Schnur wird beide freisetzen, damit sie tun können, was im höchsten Interesse aller Beteiligten liegt. Bedingungs-

lose Liebe hingegen erzeugt keine solche Schnüre und kann auch nie verloren gehen.

Wenn sie die psychische Verbindung durchtrennt haben, können beide Seelen Entscheidungen fällen, ohne dass sich negative Gefühle wie Bedürftigkeit, Sehnsucht, Kontrolle, Verzweiflung oder Schuld einmischen, die das eigentliche Thema nur verschleiern. All diese Gefühle wirken abstoßend, sodass der Sohn sich von seiner leiblichen Mutter fernhalten wird. Liebe, Freude, Selbstständigkeit, Fürsorge und innerer Friede hingegen wirken anziehend, sodass seine Seele sich zu ihrer hingezogen fühlen wird.
Eine Woche, nachdem sie die folgende Übung gemacht hat, sollte die Mutter meditieren und die Engel bitten, ihren Sohn in der inneren Dimension zu finden. Wenn sie seine Gegenwart spürt, kann sie ihm ihre Liebe gestehen und ihren Wunsch äußern, ihn kennenzulernen. Es ist sehr wichtig, dass sie dabei klarmacht, dass dies im höchsten Interesse aller Beteiligten geschehen soll. Dann muss sie auf seine Antwort warten.
Wenn Ihre Schwester das zu schwierig findet, sollte sie sich still hinsetzen und ihren Engel bitten, dem Engel ihres Sohnes eine Nachricht zu übermitteln. Die Botschaft sollte liebevoll sein und in etwa lauten, dass sie ihn gerne kennenlernen würde, aber seine Entscheidung respektiert und tun wird, was immer für ihn das Beste ist. Liegt eine Begegnung im höchsten Interesse aller wird der Engel ihres Sohnes auf einen geeigneten Moment warten und ihm den Gedanken einpflanzen. Wenn er seine Mutter kennenlernen möchte, werden die Engel sie zusammenbringen.

Eine Übung, um die Bindung an ein zur Adoption freigegebenes Kind aufzulösen

- Setzen Sie sich still hin und entspannen Sie sich so gut wie möglich, indem Sie sich auf die Ausatmung konzentrieren.
- Rufen Sie den Erzengel Michael an. Vielleicht können Sie seine Gegenwart an Ihrer Seite spüren.
- Stellen Sie sich das Baby von damals vor oder den Erwachsenen, wie Sie ihn sich heute vorstellen. Wenn kein klares Bild möglich ist, denken Sie einfach an Ihr Kind.
- Erklären Sie ihm, dass Sie es gerne kennenlernen würden, aber nur wenn dies im besten Interesse aller Beteiligten liegt. Weil sie es lieben, bieten Sie an, es emotional freizugeben. Wenn es zu Ihnen kommen sollte, werden Sie sich freuen, aber wenn nicht, akzeptieren Sie die Entscheidung.
- Sehen Sie Ihr Kind vor sich und spüren Sie die emotionalen Verbindungen, die zwischen Ihnen beiden bestehen.
- Berühren Sie die Schnüre, um zu sehen, wie dick sie sind und aus was sie gemacht sind.
- Bitten Sie den Erzengel Michael die Schnüre zu durchtrennen und die Ansatzpunkte gründlich mit Licht zu reinigen.
- Nehmen Sie wahr, wie der Erzengel Michael die Schnüre emotionaler Verbundenheit mit seinem Schwert durchtrennt, und spüren Sie, dass Sie von Licht erfüllt werden und sich die Schnüre auflösen.

- Winken Sie dem Kind oder dem Erwachsenen zu, während Sie einen Weg, gesäumt von den schönsten Blumen, entlanggehen. Sie wissen, dass Sie Ihrem Kind Liebe und die Freiheit, es selbst zu sein, geschenkt haben.
- Stellen Sie sich vor, dass Sie sich im Meer, einem Fluss oder einer Dusche gründlich säubern.
- Bedanken Sie sich bei Erzengel Michael und der Seele Ihres Kindes.

Vielleicht möchten Sie hinterher wirklich duschen, um Gefühle, die möglicherweise noch an Ihnen kleben, abzuwaschen. Vertrauen Sie darauf, dass etwas geschehen wird, was im höchsten Interesse aller Beteiligten liegt.

Gesundheit

Warum lassen Gott und die Engel es zu, dass Menschen krank werden und leiden?

Das tun sie nicht. Gott und die Engel beobachten die Krankheiten und das Leiden der Menschen lediglich. Alle Seelen haben sich freiwillig dafür entschieden, sich auf einem Planeten zu inkarnieren, auf dem der freie Wille herrscht. Der Mensch fügt sich jedes Leid, jede Krankheit und jeden Kummer selbst zu.

Das Ganze funktioniert folgendermaßen: Wenn Ihre Seele beschließt, sich auf Erden zu inkarnieren, weiß sie, dass sie die komplette Meisterschaft über den Körper haben und dass es ihre Verpflichtung sein wird, sich gut um ihn zu kümmern. Der Mensch baut seinen Körper folgendermaßen auf: Seine grundlegenden Glaubensmuster erschaffen das Skelett und die Knochen, seine Gedanken erschaffen Muskeln und Gewebe, seine Gefühle bestimmen alle Flüssigkeitssysteme im Körper, also Urin, Blut, Lymphe und Tränen. Sowohl »Unfälle« als auch Glücksmomente, ebenso wie Katastrophen werden durch seine Energie angezogen, die wiederum durch Gedanken, Gefühlen und Überzeugungen erzeugt wird.

Ihr Körper ist ein Feedbacksystem, das Ihnen widerspiegelt, was sich in Ihrem Bewusstsein abspielt und wie Sie es behandeln. Staut sich Flüssigkeit in Ihrem Körper? Das könnte ein Anzeichen dafür sein, dass Sie verdrängte Gefühle erforschen und bestimmte Nahrungsmittel nicht essen sollten. Haben Sie Kopfschmerzen? Dann sollten Sie einmal überprüfen, ob Sie sich Sorgen darüber machen, was andere von Ihnen halten, und herausfinden, ob Sie auf irgendetwas allergisch reagieren. Ohrenschmerzen würden darauf hinweisen, dass Sie vielleicht bestimmte Dinge lieber nicht hören.

In Ihren ersten Inkarnationen werden Unausgewogenheiten leicht behoben. Aber irgendwann befinden sich die Menschen immer mehr im Ungleichgewicht, weil sie sich während ihrer Leben nicht um die Ursachen der körperlichen Probleme kümmern. Auf diese Weise entsteht ein Rückstau, das gesundheitliche Karma, das in den folgenden Leben aufgearbeitet werden muss. Wenn Sie sich dann wieder inkarnieren, manifestiert sich das ungelöste Thema zum Beispiel als Organschwäche, als Anfälligkeit für bestimmte Krankheiten oder als irgendein anderes Krankheitssymptom. Im Laufe der Leben wird die eigentliche Ursache immer weiter verschleiert, sodass es immer schwieriger wird, sie herauszufinden.

Weil die Menschen die Verantwortung für ihre eigene Gesundheit abgegeben haben, entstand die allopathische Schulmedizin, die äußerst potente Medikamente einsetzt, die die Symptome zwar unterdrücken, aber niemals die Ursache heilen. Und dann fangen die Menschen an, Gott, ihren Eltern, den Ärzten oder Krankenhäusern die

Schuld an den Problemen zu geben, die sie selbst erschaffen haben.

Wir sind heute Zeugen einer großen Bewegung von Menschen, die nach innen schauen, um ihren gesundheitlichen Problemen auf den Grund zu gehen. Medizinische Intuitive weisen auf den Zusammenhang zwischen bestimmten Organen oder Krankheiten und deren metaphysischen Ursachen hin. Immer mehr Menschen wenden sich natürlichen Heilmethoden zu.
Aber wir sollten natürlich nicht vergessen, dass dank der neuen medizinischen Errungenschaften vielen Menschen geholfen wird, weniger zu leiden.

Warum heilen einen die Engel nicht immer?
Nach den geistigen Gesetzen können die Engel einem Menschen nicht seinen freien Willen nehmen. Deshalb mischen sie sich nicht ein, wenn die Seele eine Krankheit gewählt hat. Sie können auch nicht heilen, wenn der Betreffende nicht bereit ist, etwas aus der Krankheit zu lernen. Nehmen wir an, Sie entwickeln aufgrund einer tief sitzenden Angst vor Verfolgung aus einem anderen Leben eine Schüttellähmung. Wenn Ihre Seele beschlossen hat, dass Sie sich im jetzigen Leben dieser Angst stellen müssen, darf Ihr Engel sich nicht einmischen und muss es zulassen. In einem solchen Fall liegt der Weg zur Heilung in der Erforschung Ihrer inneren Welt.
Wenn Sie die Wesen des Lichtes um Hilfe bitten, werden sie Sie zu jemandem führen, der Sie dabei unterstützen kann, indem er Ihnen hilft, Ihre Einstellung zu ändern, die Traumata aus vergangenen Leben zu erforschen und

zu heilen oder sich Ihren Gefühlen zuzuwenden. Sind die mentalen und emotionalen Ebenen gereinigt, fängt der physische Körper automatisch an zu heilen.

Wann heilen einen die Engel?
Wenn Sie bereit sind, Ihre Verletztheit, Ihre Wut, Ihre Gier, Ihren Stolz, Ihre Eifersucht, Ihren Neid und jede andere Emotion, die Ihr Energiesystem verstopft, loszulassen, wird Ihnen Heilung gewährt werden. Bitten Sie die Engel der Heilung oder den Erzengel Raphael um Hilfe. Wenn Sie dies vor dem Schlafengehen tun, können sie nachts mit Ihnen arbeiten.
Denken Sie auch bitte daran, dass Glaube und Vertrauen sehr wichtige Eigenschaften sind. Wenn Sie Glauben und Vertrauen besitzen, sind Sie auch bereit, Ihre Lektionen zu lernen und allen – auch sich selbst – zu vergeben. Dann werden die Engel Ihnen helfen, alles gesundheitliche Karma aufzulösen.

Warum haben manche Menschen eine Rechtschreibschwäche?
Weil sie in Kulturen leben, die von der linken Hirnhälfte dominiert werden und in denen die Kinder gezwungen werden, ihre Lese-, Schreib-, Logik- und technischen Fertigkeiten auf Kosten der rechten Hirnhälfte zu entwickeln. Natürlich ist auch die Rechtschreibschwäche eine Entscheidung, die die Seele bereits vor der Geburt getroffen hat, weil sie eine bestimmte Lektion lernen möchte. Häufig wird dadurch verhindert, dass der betreffende Mensch sich zu sehr auf die linke Hirnhälfte kon-

zentrieren kann, und daher gezwungen ist, einen Beruf zu wählen, in dem er sich kreativ und künstlerisch ausdrücken kann. Manchmal ermutigt es Menschen auch dazu, andere, kreativere Formen des Lernens zu entdecken.

Jacob stammte aus einer Rechtsanwalts- und Buchhalterfamilie – ein extrem kopflastiges Erbe also. Da er eine Rechtschreibschwäche hatte, konnte er nicht der Familientradition folgen, und wurde stattdessen ein sehr erfolgreicher Möbeltischler. Er lernte Bescheidenheit und Demut, war mit wenig zufrieden, erwies sich als äußerst sparsam und fürsorglich und besaß ein sehr sanftmütiges Wesen, was man von seinen Eltern und Geschwistern nicht sagen konnte. Die Familie hielt ihn zuerst für etwas zurückgeblieben, erst im Lauf der Jahre lernte sie seine speziellen Begabungen und seine ausgeglichene Persönlichkeit schätzen.

Gwens Schuljahre waren die Hölle, da sie aufgrund ihrer Rechtschreibschwäche starke Lernschwierigkeiten hatte. Ich machte mit ihr eine Rückführung, während der sie sich als Mann in einer extrem männerdominierten Kultur erlebte. Sie fand heraus, dass sie in jenem Leben herzlos und selbstherrlich verhindert hatte, dass auch Mädchen eine Ausbildung bekamen. Die Rückführung half ihr, ihr Problem zu akzeptieren, weil sie die karmische Lektion verstand, die darin verborgen war.

Welche Wirkung hat Morphium auf einen Sterbenden?
Das Bewusstsein befindet sich im Geist, nicht im Körper. Wenn der Geist chemischen Einflüssen ausgesetzt wird, sei es durch Alkohol, Drogen oder Medikamenten, kann

es unter Umständen schwerer sein, hinüberzugehen, denn der Geist wird möglicherweise ziellos umherwandern und nicht fähig sein, das Licht zu finden.
Bedenken Sie in einer solchen Situation, dass ständige Gebete dem Betreffenden helfen können, den rechten Weg zu finden, auf dem die Engel ihn heimgeleiten können.

Was ist die spirituelle Sicht in Bezug auf Organtransplantationen?
Ihre Organe sind durch Ihr Bewusstsein erschaffen worden und enthalten Ihre genetischen und karmischen Erinnerungen. Es ist nicht so, dass nur der betreffende Körperteil transplantiert wird, der Empfänger erhält auch die mentale, emotionale und spirituelle Energie des Spenders. Die Nieren zum Beispiel enthalten die Ängste und die Überlebensmuster des Spenders, die Leber die gesamte angestaute Wut. Das Herz ist mehr als eine Pumpe, es ist erfüllt von Liebe oder von deren Abwesenheit. Mit all dem muss der Empfänger fertig werden.
Es ist an der Zeit, dass die Menschen sich fragen, ob sie wirklich einen Teil der Seele eines Menschen auf einen anderen übertragen wollen, denn dies ist eine unbewusste Form der Genmanipulation. Ein Mensch, dem bei seinem Tod Körperteile entnommen werden, wird im nächsten Leben Schwierigkeiten mit diesen Teilen haben.
Bedenken Sie aber immer, dass die Engel nicht urteilen. Sie schauen zu, wenn ein Teil eines Bewusstseins auf einen anderen Menschen übertragen wird. Und sie erinnern Sie daran, dass Sterben nichts weiter bedeutet, als den Schleier beiseite zu ziehen und ins Licht zu gehen.

Warum leiden heutzutage so viele Menschen unter Allergien?
Aus zwei Gründen: Erstens fühlen sich viele empfindsame und weise Seelen von der gegenwärtigen Gesellschaft abgestoßen, weil sie spüren, dass ein besseres Leben möglich ist. Dieser Widerstand drückt sich als körperliche Allergie aus. Zweitens leben die Menschen heute in einer vergifteten Umwelt, in der Luft, Wasser und Lebensmittel verschmutzt sind und die Industrie die gesamte Atmosphäre vergiftet. Deshalb brechen die Immunsysteme vieler Menschen zusammen und Allergien nehmen immer mehr zu. Erst wenn dies vollkommen unerträglich wird, werden die Menschen nach gesünderen Alternativen suchen.

Ich werde ständig von Mücken gestochen. Was kann ich dagegen tun?
Zunächst sollten Sie ganz praktisch vorgehen und Ihre Haut bedecken. Dann sollten Sie Ihr Bewusstseinsniveau erhöhen.

Diese Geschichte wurde mir bei einem Treffen der Lehrer der Diana Cooper Mystery School erzählt. Ein Mann fuhr mit drei Schamanen in einem Kanu den Amazonas hinunter, als sie plötzlich von einer Horde Moskitos angegriffen wurden. Der fremde Besucher, der als Einziger gestochen wurde, war wütend, weil die drei Schamanen sich vor Lachen ausschütten wollten.
»Wie könnt ihr euch über mein Pech auch noch lustig machen?«, brüllte er. »Wir haben nicht über dich gelacht«, erwiderte einer, »wir haben gelacht, um unsere Schwingung zu erhöhen, damit wir nicht gestochen werden.«

Kaum war die Geschichte erzählt worden, schrie eine der Lehrerinnen: »Mich hat gerade eine Mücke gestochen!« Als die anderen sich vor Lachen am Boden kugelten, war sie zunächst wütend, bis sie begriff, warum.

Können Schutzimpfungen Autismus hervorrufen?

Die meisten Babys werden mit den verschiedenen Impfungen fertig, die sie über sich ergehen lassen müssen. Aber einige der hochfrequenten, empfindsamen Seelen werden mit der dunklen Energie der Krankheiten, denen sie ausgesetzt werden, nicht fertig. Ihr Geist verlässt den Körper und hat Mühe zurückzukehren, manchmal gelingt es ihm überhaupt nicht.

Schul- und Naturmedizin

Welche Bedeutung haben Kräuter aus spiritueller Sicht?

Als die Erde von den ersten Tieren und Menschen bevölkert wurde, gab Gott ihnen Kräuter, durch die jeder Teil des physischen, emotionalen, mentalen und spirituellen Körpers in Einklang mit dem Unendlichen gebracht werden konnte.

Jedes Organ hat eine bestimmte Eigenschwingung und für jede dieser Schwingungen existiert ein spezielles Kraut. Stellen Sie sich vor, ein Körperteil sei krank. Wenn das passende Kraut gegessen wird, erzeugt es im betreffenden Körperteil die göttliche Schwingung eines perfekt

funktionierenden Teils. Auf diese Weise kann sich das kranke Organ wieder dieser perfekten Schwingung anpassen. Dann kehrt der ganze Mensch zu seiner ursprünglichen Harmonie zurück. Werden die Kräuter richtig zubereitet und eingenommen, entsteht daraus vollkommene Gesundheit ohne Nebenwirkungen.
Heilkräuter haben sehr komplexe Strukturen, die unmöglich nachgeahmt werden können, da sie spirituelle Schwingungen enthalten, die auf die feinstofflichen Körper einwirken. Medikamente, die ohne diese spirituelle Komponente hergestellt werden, beeinflussen nur den physischen Körper und hinterlassen dort giftige Rückstände. Alle menschlichen Krankheiten können durch Kräuter, Liebe und Ruhe geheilt werden.

Worin besteht die Rolle der Schulmediziner?
Viele Schulmediziner sind Heiler. Ihre Auras sind voll blauer Heilenergie und sie arbeiten oft mit den Engeln zusammen, ohne sich dessen bewusst zu sein. Diese Ärzte heilen ihre Patienten auf mentaler, emotionaler, spiritueller und körperlicher Ebene, werden aber gegenwärtig durch ihre medizinische Ausbildung eingeschränkt.
Einige der westlichen Ärzte sind reine Techniker, die sehr gute Operationen durchführen, mit Erfolg Knochen richten, komplizierte Krankheiten diagnostizieren oder äußerst wirksame Medikamente verschreiben, wenn ein Körper zu schwach ist, um auf die sanften natürlichen Heilmethoden anzusprechen. Man sollte sie für das segnen, was sie im Rahmen ihrer Möglichkeiten tun können.

Bei Frieda wurde ein Gehirntumor festgestellt. Sie versuchte es mit jeder möglichen ganzheitlichen Behandlungsmethode, da sie überzeugt davon war, dass eine Operation schädlich wäre. Schließlich stimmte sie aus lauter Verzweiflung doch einem Eingriff zu, bei dem der Tumor entfernt wurde. Für alles gibt es eben seine Zeit.

Brauchen wir eigentlich Schulmediziner?
Die Schulmedizin ist die Konsequenz einer wissenschaftlich orientierten Kultur, die schnelle Heilansätze für die Probleme sucht, die sich aus der einseitigen Betonung der linken Hirnhälfte ergeben. Einige Ärzte sind wahre Heiler, andere sind reine Techniker, die sich streng an Logik und rationale Herangehensweisen halten. Bedenken Sie bitte, dass nach den geistigen Gesetzen jeder Patient den Arzt anzieht, für den er bereit ist. Solange die Menschen nicht bereit sind, die volle Verantwortung für ihre Gesundheit zu übernehmen, wird die Schulmedizin gebraucht.

Sind allopathische Medikamente wirksam?
Allopathische Medikamente gewähren dem Körper einen Aufschub, bis sein Immunsystem aktiv werden kann. Synthetische Medikamente sind äußerst wirksam, aber sie können niemals die Ursachen einer Krankheit beseitigen und viele von ihnen verursachen Langzeitschäden.
Natürliche Medikamente arbeiten viel subtiler und sind für den Körper besser verträglich. Sie unterstützen die Selbstheilungskräfte des Körpers und sollten durch eine positive Einstellung, gesunde Ernährung und viel Ruhe ergänzt werden. Aber in diesen hektischen Zeiten geben

sich Menschen, die aus dem Gleichgewicht geraten sind, nur selten die Zeit, um wieder gesund zu werden.

Verbessert gesegnetes Wasser wirklich die Gesundheit?
Wenn Wasser oder Nahrung gesegnet werden, erhöht sich deren Schwingung und wird lebendiger und lichtvoller. Je höher die Schwingung einer eingenommenen Substanz ist, desto leichter kann der Körper sie aufnehmen und je stärker erhöht sie das Energieniveau des Körpers. Das wirkt sich natürlich positiv auf die Gesundheit aus.

Krebs und Alzheimer

Was ist die spirituelle Botschaft des Krebses?
Die spirituelle Botschaft des Krebses lautet: Betrachte deinen Körper als Tempel und lebe dein Leben in Freude, Glück und Liebe.

Warum bekommt man überhaupt Krebs?
Da ständig Zellen absterben, ist ständig Krebs vorhanden, aber es gibt verschiedene Gründe, warum ein Mensch Krebsgeschwüre entwickelt, die lebensbedrohlich werden. Der Körper ist ein sehr empfindliches Instrument, für das gut gesorgt werden muss und das gut genährt sein will. Schadstoffe in der Luft, Chemikalien, die Sie mit der Nahrung oder durch die Haut aufnehmen, weil sie in Seifen, Shampoos, Waschmitteln und so weiter enthalten sind, sowie die Strahlung, die von Mobiltelefonen und Elektro-

geräten abgegeben wird, haben tief greifende schädliche Auswirkungen auf die körperliche Hülle. Sie zerstören das Immunsystem, sodass es den Körper gegen die Krebszellen nicht mehr verteidigen kann.

Ein glücklicher, zufriedener Mensch bekommt nur sehr selten Krebs, wodurch erklärt wird, warum Krebs häufig nach einem Verlust, einer Scheidung, einer Entlassung oder einem Schock auftritt. Nach solchen Ereignissen ist ein Mensch nämlich emotional sehr offen und verletzlich. Wenn der betroffene Mensch mit dem Leben hadert, schickt er der seinem Körper innewohnenden Intelligenz eine negative Botschaft, die die Lebenskraft schwächt.

Es ist wichtig, Dinge zu tun, durch die man energetisiert wird und sich froh und lebendig fühlt. Wenn Sie aufhören, Dinge zu tun, die Ihr Herz zum Erklingen bringen, dann sagen Sie Ihren Zellen damit, dass das Leben lediglich aus Kompromissen besteht, dass es nur eine Last ist und keinen Sinn hat. Die Zellen reagieren auf diese Informationen, indem sie ihre Funktionen einstellen, und dadurch kann sich der Krebs ausbreiten. Sehr häufig haben gerade Menschen, die immer freundlich, hilfsbereit und daher beliebt sind, ihre wahren Wünsche begraben, um dazuzugehören und geliebt zu werden. Dadurch kommt aber die Seele immer zu kurz und letzten Endes das ganze Leben.

Viele Menschen bekommen Krebs als Teil ihres familiären oder individuellen Karma. Andere wählen diese Krankheit, um aus dem Leben zu scheiden und ihren Familien Zeit zu geben, sich an den bevorstehenden Tod zu gewöhnen.

Können die Engel einem Menschen mit Krebs helfen?
Die Engel stehen immer voller Liebe und Mitgefühl an der Seite der Kranken, denn sie sind bereit ihnen zu helfen, die Krankheit loszulassen, wenn die Seele dazu bereit ist. Aber natürlich müssen auch Sie selbst etwas dazu beitragen. Wenn Ihr chemisches oder emotionales Ungleichgewicht oder Ihre mentale Unbeweglichkeit sehr tief verankert sind, müssen die Engel beiseite treten und zuschauen, wie Sie Ihr schmerzhaftes Schicksal erfüllen.
Natürlich müssen die Engel dem höheren Willen gehorchen, wenn die Seele vor der Inkarnation beschlossen hat, zu einem bestimmten Zeitpunkt zu sterben. Wenn Sie darum bitten, werden Ihnen die Engel aber mit aller Liebe und Fürsorge zur Seite stehen.
Wenn ein Mensch seinen Körper läutert, alle emotionalen Blockaden löst und sich der Erleuchtung und der Liebe öffnet, können ihn die Engel heilen. Wenn Liebe und reine Absicht vorhanden sind, geschehen ständig Wunder.

Warum gibt es heutzutage so häufig Prostatakrebs?
Das liegt zum Teil an den vielen Chemikalien, Hormonen und der ständigen Strahlung, der Sie ausgesetzt sind. Aber es liegt auch an dem Gefühl der Machtlosigkeit, das Männer heute empfinden, weil sie nicht mehr wissen, wie sie ihre Sexualität und Männlichkeit ausleben und ihre Vaterrolle erfüllen sollen. Da die traditionelle Rollenverteilung zwischen Mann und Frau heute verwischt worden ist, macht sich im Bewusstsein vieler Männer eine große Verwirrung und ein großes Unbehangen breit. Dadurch

wird aber das Immunsystem der Geschlechtsorgane geschwächt.

Warum tritt heutzutage so häufig Brustkrebs auf?

Wie eben schon gesagt, liegt das zum Teil an den vielen Chemikalien, Hormonen und der starken Strahlung, der Sie ausgesetzt sind. Aber Frauen fühlen sich auch machtlos und wissen nicht, wie sie ihre Sexualität und Weiblichkeit ausleben und ihre Mutterrolle erfüllen sollen. Die Rollenverteilung ist heute komplett aus dem Gleichgewicht geraten. Viele Frauen konkurrieren mit den Männern, andere wollen eigentlich Mütter sein, sind aber gezwungen außerhalb des Hauses zu arbeiten und ihre Kinder der Obhut anderer Menschen anzuvertrauen. Wieder andere wollen sowohl das eine als auch das andere. All diese Konflikte erzeugen ein Ungleichgewicht, aus dem dann Krankheit entsteht. Alle Einstellungen, mit Ausnahme freudiger Akzeptanz, sind gesundheitsschädlich.

Wie kann man dem Krebs am besten vorbeugen?

Der beste Schutz gegen Krebs sind Glück, Zufriedenheit, ein gutes Selbstwertgefühl und Nahrung und Wasser in bestmöglicher Qualität. Dann werden Ihr Immunsystem und alle Zellen stark genug sein, um alle Eindringlinge abzuwehren.

Was ist Alzheimer?

Der menschliche Körper ist so konstruiert, dass er Hunderte von Jahren lang gesund und vital funktionieren kann. Dies wurde in vorgeschichtlicher Zeit häufig genug

demonstriert. Aber heute glaubt die Menschheit kollektiv daran, dass das Älterwerden von einem kränkelnden Körper und schwächelnden Geist begleitet sein muss. Diese Vorstellung ist aber nicht wahr und richtet viel Unheil an. Weil so viele Menschen empfänglich für das kollektive Unbewusste sind, akzeptieren und absorbieren sie diese Unwahrheiten, was sich natürlich auf ihr Leben auswirkt.
Außerdem ist der Planet Erde zu einer chemischen Müllhalde geworden. Von Kindheit an nehmen die Menschen Chemikalien auf, die in Shampoos und Seifen enthalten sind. Wenn Menschen älter werden, kommen noch Färbmittel hinzu. Die Nahrung, die Putzmittel und die Luft sind voller Giftstoffe. All diese Chemikalien und die ständige Strahlung, die von den technologischen Neuerungen ausgeht, fördern den Zusammenbruch von Gehirnzellen. Dass Alzheimer heute epidemische Ausmaße angenommen hat, liegt nicht daran, dass die Menschen heute länger leben als vor zwanzig Jahren, sondern daran, dass sie mehr gefährliche Giftstoffe aufnehmen und mit schädlichen Strahlen bombardiert werden.
Wenn Sie erkennen, was die Pharma-, die Lebensmittel-, die Schönheitsindustrie und die technologischen Neuerungen Ihnen antun, werden Sie Verantwortung für alles übernehmen wollen, was Sie essen, auf Ihren Körper tun und in Ihr Haus lassen. Das wird dazu führen, dass Sie sich wieder einfacheren und natürlicheren Produkten zuwenden und Ihr Leben vereinfachen. Wenn alle Menschen Verantwortung sowohl für ihre geistige Einstellung als auch für ihr Verhalten übernehmen, wird die Zahl der Alzheimer-Fälle rasch abnehmen.

Warum verändert sich die Persönlichkeit eines Menschen, wenn er Alzheimer bekommt?
Das tut sie gar nicht. Es ist nur so, dass die Kontroll- und Abwehrmechanismen, die seit Jahrzehnten wirksam waren, nun nicht mehr funktionieren.

Ein Beispiel: Eine Frau war seit vielen Jahren wütend auf ihren Vater, ihre Mutter und ihren Mann, musste die Wut aber unterdrücken, weil sie glaubte, sonst nicht geliebt zu werden. Weil ihr Überlebenswille so stark war, hatte ihr inneres Kind dafür gesorgt, dass sie diesen Menschen gegenüber immer freundlich war und ihnen alles recht machte. Wenn diese Kontrollmechanismen aber nicht mehr funktionieren, wird sich die aufgestaute Wut Bahn brechen und sie wird sich auf eine Weise verhalten, die die Menschen in ihrer Umgebung nicht von ihr gewohnt sind. Tatsächlich ist es so, dass sie endlich einen Weg gefunden hat, ihre lang gehegte Wut zum Ausdruck zu bringen.

Gibt es überhaupt noch Hoffnung?
Wenn die Menschen ihr Bewusstsein erweitern, Verantwortung für ihre Gefühle übernehmen und lernen, ehrlich zu kommunizieren, werden die verdrängten Gefühle nicht länger wie eine Zeitbombe darauf warten zu explodieren. Die letzten Jahre sind eine Zeit großer Läuterung für den Planeten gewesen. Weil Individuen, Gruppen und manchmal sogar ganze Rassen oder Nationen Verantwortung für sich selbst übernehmen und die Vergangenheit loslassen, sind gewaltige Wolken dunkler Energie aufgestiegen, um von den Engeln umgewandelt zu werden.

Dies ist für die spirituelle Hierarchie ein Grund zu großer Freude und verspricht für die Menschen ein gesünderes, geistig waches Leben im Alter.

Genmanipulierte Nahrungsmittel

Warum reagieren heutzutage so viele Menschen allergisch auf Weizen?
Weil die Menschen die ursprünglichen Weizensorten, die die Quelle des Seins als Nahrung für sie bereitgestellt hat, verändert haben.

Ich unterhielt mich über dieses Thema mit Cathie Welchman, die zu einem meiner Seminare kam. Cathie hat einen Doktorgrad in Biologie und arbeitete in der Nahrungsmittel- und chemischen Industrie. Jahrelang litt sie unter einer furchtbaren Weizenallergie, die schließlich durch Kinesiologie geheilt wurde, woraufhin sie beschloss, sich darin ausbilden zu lassen. Zudem studierte sie Ernährungswissenschaften und verwandte Therapieansätze. Sie hat ihr Leben ganz in den Dienst der Gesundheit gestellt und viel über dieses Thema geschrieben. Die folgenden Informationen hat sie im Verlauf ihrer Forschungsarbeiten zusammengetragen.
Im neunzehnten Jahrhundert wurde Brot vorwiegend aus einer Getreidemischung bestehend aus Gerste, Roggen und Weizen gebacken. Roggen, Hafer und Gerste sind seither relativ wenig verändert worden, aber Weizen war damals sehr teuer. Der heutige Weizen ist das Ergebnis von 150 Jahren Kreuzung und genetischer Manipulation, vor allem der amerikanischen, kanadischen

und englischen Sorten. Um 1860 wurde der ursprüngliche Weizen, auch Dinkel genannt, »verbessert«, indem man ihn kreuzte, um die Weizenkeime zu vergrößern und den Glutengehalt zu verdoppeln. Je mehr Gluten ein Korn enthält, desto elastischer wird es, wenn Hefe hinzugefügt wird. Daher geht derartiges Brot schneller auf und wird leichter. Im Verdauungstrakt dehnt sich genetisch verändertes Brot aus, wenn es in Kontakt mit Hefebakterien kommt, wodurch Blähungen und Völlegefühl entstehen.
Weizen enthält eine bestimmte Glutenform, die Gliardin heißt und besonders schwer verdaulich ist. Auch andere Getreidesorten enthalten Gluten, aber nicht als Gliardin, das der Verdauungsapparat nur sehr schwer verarbeiten kann, weil es so klebrig ist. Bei manchen Menschen verbinden sich das Gliardin und die in Hefe enthaltenen B-Vitamine und verwandeln den gekochten Weizen im Darm in eine klebrige Substanz, die die Innenwände des Dünndarms auskleidet und so verhindert, dass Nährstoffe aufgenommen werden können. Bei anderen Menschen wirkt es so aggressiv, dass es die Darmzotten beschädigt, durch die Nährstoffe in den Blutkreislauf aufgenommen werden.
Es wurde aber nicht nur der Glutengehalt des Weizens verändert. Da die neuen glutenreichen Weizensorten immer anfälliger für Pilz- und Schädlingsbefall wurden, wurde die Spelze härter gemacht. Gleichzeitig wurden auch Veränderungen vorgenommen, um die äußere Hülle und den Getreidehalm widerstandsfähiger gegen Regen zu machen. Das Ergebnis ist, dass die äußere Getreidehülle heute so hart wie PVC ist und den Dünndarm unverdaut passiert und in den Dickdarm gelangt, wo die Darmbakterien nicht mehr in der Lage sind, sie im Gegensatz zu anderen Pflanzenfasern abzubauen. Aufgrund ihrer scharfen, spitzen Form verursacht Weizenspelze Irritationen der Darmwände, ruft Entzün-

dungen, Krämpfe, Hämorrhoiden und Durchfall hervor, da der Körper versucht, sie so schnell wie möglich wieder auszuscheiden. Symptome einer Weizenunverträglichkeit sind Blähungen, Reflux, Lymphstaus, Diabetes, Akne, Schuppen, Hautausschläge, Enge in der Brust, Angina, Allergien, ADDH, Hormonstörungen, Zellulite, Erschöpfungszustände, Kopfschmerzen, Reizbarkeit und Verdauungsbeschwerden.
Die meisten Getreidemühlen im angelsächsischen Raum gehören heute einer einzigen Firma. Alles Getreide wird gebleicht und wenn Vollkornbrot gebacken wird, wird ein Teil der Spelze geschrotet und dem Mehl wieder hinzugefügt. Aus diesem Grund bereitet Weizen vielen Menschen in Europa und den Vereinigten Staaten Verdauungsprobleme.

Was man mit genetisch veränderten Nahrungsmitteln tun kann

- Wenn Sie Weizenprodukte essen möchten, sollten Sie sie vorher segnen.
- Bitten Sie die Engel das Bewusstsein der Wissenschaftler zu erhellen, die Getreide genetisch verändern, der Regierungen, die dies erlauben, und den Firmen, die davon profitieren. Bitten Sie darum, dass all diesen Menschen die Folgen ihres Tuns bewusst werden mögen.
- Stellen Sie sich vor, dass die Engel all jenen helfen, die genmanipuliertes Getreide essen.
- Stellen Sie sich einen sechszackigen Stern vor, in dessen Zentrum sich eine goldene Weizenähre befindet,

die direkt von der Quelle des Seins stammt. Dieser Stern wird aus einem nach oben gerichteten Dreieck und einem nach unten gerichteten Dreieck gebildet, die sich überschneiden. Er symbolisiert, dass Himmel und Erde zusammenkommen, um unverfälschte Nahrungsmittel hervorzubringen.

Sicher nimmt man für gentechnisch veränderte Lebensmittel doch die besten Gene, die gesündesten und nahrhaftesten, und züchtet daraus etwas, das besser ist als das Alte, oder? Macht die Natur das nicht auch?

Die Engel weinen, weil sie mit ansehen müssen, was in bestimmten Teilen der Welt geschieht. Es stimmt, dass die Natur durch Selektion bessere Arten hervorbringt und sich so selbst verbessert. Den Menschen wurde die Verantwortung auferlegt, Mitschöpfer Gottes zu sein, aber jene, die heute herrschen, versuchen wieder einmal die Schöpfung aus Geld- und Machtgier zu manipulieren, und zwar nicht durch natürliche Auslese, sondern durch Genmanipulation. So hintergehen sie die Menschen. Das hat schon einmal zur Katastrophe geführt: zum Untergang von Atlantis.

Nach meinem Verständnis werden bei vielen gentechnisch veränderten Nahrungsmitteln genmanipulierte Viren oder Bakterien, die chemische Pflanzenschutzmittel enthalten, in die betreffenden Samen eingepflanzt. Wenn diese zu Pflanzen heranwachsen, sind die chemisch veränderten Bakterien Teil ihrer DNS geworden. Es entsteht ein Teufelskreis, weil diese Pflanzen mehr giftigen Kunstdünger benötigen und zu einer Art Superunkraut heranwachsen, das wiederum mehr Pflanzenschutzmittel benötigt. In Nordamerika und in Teilen Europas essen die Menschen diese giftige Nahrung, ohne überhaupt etwas davon zu wissen.

Warum leiden heute so viele Menschen unter Diabetes?
In der westlichen Welt hungern die Menschen nach Liebe und Sinn. Sie greifen nach Süßigkeiten und minderwertigen Fertiggerichten, um das Loch in ihrem Innern zu stopfen. Auf emotionaler Ebene hilft ein Zuckerschub, wenn man sich machtlos und unbefriedigt fühlt, aber auf spiritueller Ebene senkt es die Schwingungsfrequenz und verstopft die Aura. Auf mentaler Ebene kurbelt es die Gehirntätigkeit zwar kurzfristig an, langfristig schwächt es aber die Fähigkeit, einen klaren Gedanken zu fassen. Auf körperlicher Ebene bringt es das gesamte System so sehr aus dem Gleichgewicht, dass die Bauchspeicheldrüse nicht mehr richtig funktioniert und Diabetes entsteht.

Nach unserem Gespräch schickte mir Cathie Welchman eine E-Mail mit den folgenden Erkenntnissen über den Zusammenhang zwischen Zucker und Krebs.
Wenn man zu viel Zucker isst, produziert die Bauchspeicheldrüse das Enzym Insulin, um den überschüssigen Zucker zu neutralisieren. Der Körper muss sich schnell von der durch den in den Blutkreislauf gelangten Zucker hervorgerufenen Übersäuerung befreien, da in einer sauren Umgebung Sauerstoff nicht optimal aufgenommen und zu den Zellen transportiert werden kann.
Wenn die überforderte Bauchspeicheldrüse nicht genug Insulin produziert oder ein Enzym fehlt, speichert der Körper den

Zucker in Speicherorganen wie der Brust oder in Ausscheidungsorganen wie Leber, Blase und Dickdarm. Die zelluläre Umgebung kann dann zu sauer sein, um noch Sauerstoff aufnehmen zu können, sodass die Zellen entweder absterben oder zu Krebszellen degenerieren.

Weil das Herz niemals sauerstoffarmes Blut erhält, entwickelt es auch nie Krebs. Der Grund, warum Rauchen gesundheitsschädlich ist, ist der, dass Nikotin den Körper übersäuert, sodass die Lungen anfälliger für alle möglichen Krankheiten werden.

Wie würde eine ausgeglichene Ernährung aussehen?

Wenn Sie achtzig Prozent basische und zwanzig Prozent säurebildende Nahrung zu sich nehmen, kann sich kein Keim oder Virus in Ihrem Körper breitmachen. Zu den basischen Nahrungsmitteln gehören die meisten Gemüsesorten, aber auch Früchte, Kräuter, Samen, Nüsse und einige Pflanzenöle. Zu den säurebildenden Nahrungsmitteln gehören Fleisch, Milchprodukte, Süßigkeiten und Schokolade, Brot und einige Öle.

Die Ehe

Was ist der spirituelle Zweck der Ehe?
Ursprünglich war die Ehe als spirituelle Verbindung zwischen Mann und Frau gedacht. Ihr Zweck bestand darin, zusammenzuleben und ein liebevolles Heim zu bereiten, in dem Kinder unter dem ausgeglichenen Einfluss männlicher und weiblicher Energien aufwachsen konnten. Die Ehe war ein spiritueller Kontrakt, der nur eingegangen wurde, wenn das betreffende Paar spirituell und emotional zusammenpasste.

Kann man in den Augen der geistigen Welt auch ohne Trauschein verheiratet sein?
Ja, das kann man. Viele Paare, die nicht standesamtlich geheiratet haben, sind in den Augen der geistigen Welt verheiratet. Es gibt aber auch viele, die zwar seit vielen Jahren offiziell Mann und Frau sind, aber dennoch keine spirituellen Partner sind. Die Engel sehen nur die Tiefe und Intensität der Liebe zwischen zwei Menschen.

Worin besteht der Sinn der Trauungszeremonie?
Alle Zeremonien sind geheiligte Anlässe, bei denen höhere Mächte angerufen werden, um ein Paar zu seg-

nen. Dabei wird ein Engel erwählt, der über das Paar und ihre Beziehung wacht.

Bitte seien Sie sich darüber im Klaren, dass die Engel niemanden zwingen können, auf ihren Rat zu hören!

Bekommt auch eine standesamtliche Ehe den Segen der Engel?
Alle Ehen werden von der geistigen Welt gesegnet und über allen Ehen wacht ein Engel.

Werden auch heidnische oder andere nicht staatlichen Zeremonien wie Handfasting von den Engeln gesegnet?
Ja, die Liebe, Absicht und Kraft der Gebete und Rituale bringen Engel herbei, die das Paar segnen.

Handfasting ist eine keltische Zeremonie, bei der die Hände des Paares zusammengebunden werden, um so ihre Treueschwüre für ein Jahr und einen Tag zu besiegeln. Danach können diese Schwüre erneuert werden. Derartige Zeremonien werden zwar immer populärer, vom Staat aber nicht anerkannt.

Segnen die Engel alle Paare, unabhängig von ihrer Religionszugehörigkeit?
Alle Ehen sind potenzielle Wege zu Gott. Alle Religionen sind gleichwertig und heilig, sie bieten nur unterschiedliche Lektionen an. Farbe, Rasse oder Glaubensbekenntnis spielen für die Engel keine Rolle.

Segnen die Engel auch Ehen zwischen verschiedenen Rassen oder Religionen?
Das tun sie ganz gewiss.

Und was ist, wenn eine Ehe nur einen gesellschaftlichen Zweck erfüllt?
In vielen Fällen ist die Ehe im Lauf der Jahrhunderte zu einer rein geschäftlichen Verbindung zwischen Familien oder Dynastien geworden. In diesen Fällen werden die Ehepartner den Geldinteressen, dem Status oder der Bindung von Familien oder Ländern geopfert. Wenn das Herz eines Menschen nicht glücklich ist, weinen die Engel um ihn.

Vor Jahren hatte ich eine Klientin, deren Eltern ihre Ehe arrangiert hatten. Aber ihr Mann war eigentlich schwul und lebte mit einem Mann und sie hatte ebenfalls eine Beziehung. Einmal in der Woche wurden die wahren Beziehungen versteckt, wenn sie und ihr »Ehemann« beide Elternpaare zu einem gemeinsamen Mittagessen einluden. Diese Komödie wurde jahrelang aufrechterhalten, um die Eltern zufriedenzustellen. Aber eines Tages wollte sie mit ihrem wahren Partner eine Familie gründen. Nun mussten die beiden lernen, sich selbst treu zu sein und dem Druck ihrer Familien zu widerstehen.

Spielt die Ehe heute überhaupt noch eine Rolle?
Durch den Zusammenbruch vieler gesellschaftlicher Strukturen haben sich viele Paare das Recht genommen, auch außerhalb des Rahmens einer traditionellen Ehe zusammenzuleben. Die Engel interessieren sich nur für die

Qualität der Liebe. Es sollte aber angemerkt werden, dass eine formale Eheschließung die gegenseitige Bindung verstärken kann und dadurch eine stabilere Umgebung für mögliche Kinder schafft.

Was ist, wenn ein Paar nur heiratet, weil die Frau schwanger ist?
Wenn sich das Paar liebt, ist dies eine gesegnete Beziehung, unabhängig davon, ob die Frau schwanger ist oder nicht. Wenn sie heiraten, ohne sich zu lieben, und nur dem gesellschaftlichen Druck nachgeben, liegt die Situation allerdings anders. Wenn die Eltern sich nicht lieben und nichts füreinander empfinden, können sie dem Kind nur ein sehr problematisches Umfeld bieten. Und sie häufen eine karmische Schuld an, wenn sie nicht im besten Interesse des Kindes handeln.

Ist es das gottgegebene Recht eines jedes Menschen, Kinder zu haben?
Nein, denn es kann sein, dass es nicht sein Karma oder seine vorgeburtliche Entscheidung ist. Seine Seele mag sich für einen anderen Weg entschieden haben.

Macht es überhaupt Sinn zu heiraten, wenn das Paar weiß, dass es keine Kinder haben kann oder will?
Ja, denn jede Ehe bietet die Möglichkeit sich zu lieben, sich gegenseitig zu unterstützen und sich zusammen spirituell zu entwickeln. Außerdem kann man in einer Ehe unzählige Lektionen lernen.

Warum scheitern so viele Ehen?

Früher schrieb die Gesellschaft vor, dass es nur eine Ehe geben könne, die bis zum Tode dauerte. Damals gab es keinen Weg einer Ehe zu entkommen, ganz gleich, wie unglücklich man darin auch war. Das zwang das Paar, Kompromisse einzugehen und sich einander anzupassen. Seitdem sind aber zwei Dinge geschehen: Zum einen hat sich das Bewusstseinsniveau erhöht und zweitens haben sich die westlichen Frauen ihre Macht zurückgenommen. Daher ist es heute spirituell gesehen nicht mehr akzeptabel, seine Herzenssehnsucht auf diese Weise einzuschränken.

Die meisten Ehen scheitern allerdings, weil sich die Partner ihrer unbewussten Motive nicht gewahr sind. Sie heiraten aus verschiedenen Gründen, darunter aus Bedürftigkeit, Angst vor dem Alleinsein, dem Wunsch nach Sicherheit, aus reiner Lust oder um eine Wunde aus ihrer Kindheit zu heilen. Derartige unbewusste Motive sind aber eine unsichere Basis für eine lebenslange Bindung. Wenn ein Mensch sich selbst nicht kennt, werden seine Erwartungen an den Partner oder die Kinder unrealistisch sein und er wird nicht in der Lage sein, sich gegenüber seiner Familie verantwortungsvoll und mitfühlend zu verhalten.

Und drittens wird es heute weithin akzeptiert, dass man in einem Leben mehrere Partner haben kann, sodass in einer einzigen Inkarnation mehr Beziehungskarma aufgearbeitet werden kann.

Was halten die Engel von gescheiterten Ehen?
Spirituell gesehen gilt die Auflösung einer Ehe nicht als Scheitern. Es ist einfach, was es ist. Und außerdem ist es eine Gelegenheit, einer neuen Erfahrung die Tür zu öffnen.

Aber was ist mit den Kindern aus einer gescheiterten Ehe?
Die Engel weinen Tränen des Mitgefühls für die jungen Seelen, die während einer Scheidung unter der Selbstsucht ihrer Eltern zu leiden haben. Aber auf der spirituellen Ebene hat sich die Seele des Kindes entschieden, diese furchtbare Erfahrung zu machen, obwohl sie weiß, dass das Herz des Kindes dabei gebrochen werden wird. Das alles ist Teil seines Schicksals und bietet eine wichtige Erfahrung, an der es wachsen kann. Natürlich tragen die Eltern eine karmische Schuld, wenn die Scheidung durchgezogen wird, ohne das beste Interesse des Kindes im Auge zu haben.

Stimmt es, dass Paare, die gemeinsam beten, auch zusammenbleiben?
Eine spirituelle Praxis kann Paaren in ihrer Beziehung immer helfen.

Meine Freundin wurde geschieden. Sie ist so ein guter Mensch und ihr gemeiner Mann ist an allem Schuld. Warum ist ihr das passiert?
Alle Beziehungen beruhen auf Gegenseitigkeit, daher kann man niemals nur einem der Partner die Alleinschuld geben. Es gibt nur Muster, die die Menschen unbe-

wusst ausleben, bis sie endlich etwas dazulernen. Ihre Freundin hat sich schwach und machtlos gefühlt und fühlte sich von ihrem Mann angezogen, weil Opfer und Täter sich immer voneinander angezogen fühlen, um etwas voneinander zu lernen. Als Ihre Freundin anfing sich zur Wehr zu setzen, konnte die Ehe nicht mehr aufrechterhalten werden. Sie hat etwas aus dieser Erfahrung gelernt und wird sich nicht noch einmal zu einem solchen Grobian hingezogen fühlen. Aber ihr Mann hat seine Lektion nicht gelernt und wird derartige Beziehungen weiterhin anziehen, bis er bereit ist sich zu ändern.

Umweltverschmutzung

Warum werfen manche Menschen ihren Müll einfach auf die Straße?
Das achtlose Wegwerfen von Abfall lässt sich mit der Beschmutzung des eigenen Nests vergleichen. Es weist darauf hin, dass sich die Menschen nicht mehr für ihre Umgebung verantwortlich fühlen, dass sie ihnen egal ist. Das ist ein großes gesellschaftliches Problem, weil es darauf hindeutet, dass den Betreffenden jeglicher Gemeinsinn und jedes Zugehörigkeitsgefühl fehlt. Auf der inneren Ebene bedeutet das achtlose Wegwerfen von Abfall, dass der Betreffende keine Integrität und kein Selbstwertgefühl besitzt.
Abfall zieht Ungeziefer an, wodurch Krankheiten verbreitet werden. Das steht in einem direkten Zusammenhang mit dem Verschließen des Herzzentrums, denn wenn das Herz-Chakra gesund und offen ist, erzeugt es ein gesundes Immunsystem, dem Krankheitskeime nichts anhaben können. Wenn sich das Herz aber verschließt, wird man anfällig für Krankheiten. Was für das Individuum gilt, gilt auch für die Gesellschaft als Ganzes.
Wenn Sie Müll auf der Straße liegen sehen, urteilen Sie nicht über die Person, die ihn weggeworfen hat, sondern

senden Sie ihr Ihre Liebe und segnen Sie sie. Wenn Sie den Müll eines anderen aufheben, sollten Sie dies mit einem reinen Herzen ohne Hintergedanken tun. Wenn mehr Menschen ihr Herz öffnen und Verantwortung für ihr Leben übernehmen, wird der gemeinschaftliche Stolz auf eine saubere Umgebung zurückkehren, und Sie werden dies in einer sauberen Welt widergespiegelt sehen.

Eine Freundin kam an einen Aussichtspunkt, der voller Abfall war. Als sie abwertend an die Leute dachte, die ihn verunreinigt hatten, hörte sie die Stimme eines Engels sagen: »Und was ist mit der psychischen Verschmutzung durch deine abwertenden Gedanken?«

Was man gegen Umweltverschmutzung tun kann

Wenn Sie an einem Ort leben, der stark verschmutzt ist, oder wenn Sie einen solchen Ort im Fernsehen sehen, rufen Sie die Engel an und stellen Sie sich vor, dass Sie den Ort energetisieren, während die Bewohner den Müll aufsammeln. Stellen Sie sich vor, dass alles wieder völlig sauber ist.

Gebet zur Regeneration eines verschmutzten Ortes

Engel des Lichts, ich danke euch, dass ihr an diesen Ort gekommen seid und euer Licht und eure Liebe über all jene ausgießt, die hier leben. Hüllt sie in eure Liebe und helft ihnen, sich als wertvoll und kostbar zu empfinden. Bitte erfüllt diesen Ort mit Frieden. Es ist vollbracht.

Wie wird die Luftverschmutzung aus höherer Sicht beurteilt?

Überall auf der Erde fahren Autos, fliegen Flugzeuge und stoßen Fabriken giftige Dämpfe aus. Die Menschheit tötet Bäume, Flüsse, Tiere und Menschen und hat eine Kettenreaktion in Gang gesetzt, die sich über die Erde hinaus auf das ganze Universum auswirkt. Es ist von größter Bedeutung, dass die Menschen damit aufhören.

Der menschliche Körper ist eine von Gott geschaffene chemische Fabrik, aber er wird heute durch die Umweltbedingungen geschädigt, die die Menschen geschaffen haben und die sich langsam auf die Zellstrukturen auswirken. Viele Menschen wissen nicht mehr, wie es ist, reine, klare Luft zu atmen. Die Triebkraft hinter der Luftverschmutzung ist Gier und Unachtsamkeit. Aber materielle Besitztümer können niemandem Frieden bringen, kein Karrieredenken kann die Sehnsucht nach Gott befriedigen. Die Menschen sollten ihr Leben vereinfachen, um Herz und Geist zu läutern.

Visualisierungsübung für eine saubere Umwelt

- Finden Sie während des Gehens oder Sitzens Ihre Mitte, indem Sie sich auf den Atem konzentrieren.
- Stellen Sie sich vor, dass der ganze Planet sauber ist.
- Stellen Sie sich vor, dass die Flüsse und Meere mit sauberem Wasser gefüllt sind und von gesunden Fischen bevölkert werden.
- Stellen Sie sich vor, dass die ganze Erde von einem Mantel aus grünen Blättern und farbigen Blüten bedeckt ist.
- Stellen Sie sich vor, dass alle Menschen zusammenarbeiten, miteinander lachen, glücklich sind und ein einfaches Leben führen.
- Stellen Sie sich vor, dass die natürlichen Energien – Wind, Wasser, Sonne und Biomasse – sorgsam zum Wohle aller genutzt werden.
- Bitten Sie die Engelfürsten, diese Vision wahr werden zu lassen.

Was ist mit den vielen Tankerunglücken?

Wasser ist eine kosmische Energie, die auf ganz tiefer Ebene reinigt und läutert. Das Wasser in den Ozeanen ist ein Reservoir des Geistes. Die Fische haben sich aus vieler-

lei Gründen inkarniert, zum Beispiel um die Meere rein und sauber zu halten. Religionen, die ein esoterisches Verständnis dieser Tatsache haben, benutzen den Fisch als Symbol, um die Energie bedingungsloser kosmischer Liebe darzustellen.
Die vielen Öltankerkatastrophen, die es in letzter Zeit gegeben hat, zeigen ganz direkt an, dass der Geist verschmutzt ist und erstickt wird. Gebete und praktische Aktionen sind notwendig, um die Meere zu säubern.

Warum ist Plastikfolie so schlecht?
Polyäthylen gibt ständig geringe Mengen giftiger Chemikalien ab, die Sie einatmen. Wenn Nahrung darin eingewickelt wird – besonders wenn es sich um fetthaltige Nahrung handelt –, werden die Giftstoffe absorbiert und von Ihnen mitgegessen. Zudem töten Plastiktüten unzählige Tiere und Fische, darunter Schildkröten, die sie für Nahrung halten und fressen, wodurch sich ihre Gedärme verstopfen.
Es ist ermutigend zu sehen, dass bestimmte Länder begonnen haben, den Gebrauch von Polyäthylen zu verbieten. Wenn Sie dem Planeten helfen wollen, können Sie einen kleinen Schritt machen und zum Einkaufen Ihre eigene Einkaufstüte benutzen und so viel wie möglich unverpackte Lebensmittel kaufen.

Sind Atomreaktoren sicher?
Da das Bewusstsein der Betreiber der Atomreaktoren gegenwärtig so niedrig ist, stellt die Atomenergie eine der größten Gefahren für den Planeten dar. Die Menschheit

ist noch nicht fähig, die Macht des Atoms weise zu nutzen. Zudem gibt es zurzeit keine Möglichkeit, die Nuklearabfälle sicher zu lagern, sodass für künftige Generationen große Probleme entstehen werden.

Was ist besser? Kohle, Gas oder Strom?
Alle fossilen Brennstoffe, die gewonnen werden, indem man Löcher in die Erde bohrt, schädigen den Planeten. Die Quelle des Seins hat dafür gesorgt, dass alle Bedürfnisse des Menschen erfüllt werden. Suchen Sie daher nach anderen Energiequellen.

Welches ist die beste Energiequelle?
Wind-, Sonnen- und Wasserenergie sind frei verfügbar, um von den Menschen genutzt zu werden, ohne die Erde zu schädigen. Wäre jedes Gebäude mit Solarzellen und einem kleinen Windrad ausgestattet, würde der Verbrauch von fossilen Brennstoffen erheblich sinken. Es gibt bereits Fahrzeuge, die mit natürlichen Brennstoffen fahren, und es ist höchste Zeit, dass neue Technologien zum Vorteil aller entwickelt werden.
In spirituellen Zeiten verstanden es die Menschen mit Hilfe von Kristallen Wärme, Licht und Energie zu erzeugen. Die Menschheit hat bereits begonnen, Silikonchips in ihren Computern einzusetzen, und schon bald werden die Menschen lernen, sich deren Kräfte noch stärker nutzbar zu machen. Bevor das aber geschehen kann, müssen alle ihr Bewusstsein erweitern und verantwortungsvoll und integer handeln.

Wie kann ich dem Planeten praktisch und spirituell am besten helfen?

Alles, was Sie tun, um den Verbrauch von Wasser und fossilen Brennstoffen zu reduzieren, hilft Mutter Erde. Wenn dies genügend Menschen tun, wird es einen Unterschied machen. Es wird zudem automatisch Ihr spirituelles Licht verstärken und Sie als einen Hüter der Erde kennzeichnen.

Gehen Sie oder fahren Sie mit dem Rad anstatt das Auto zu nehmen. Das dient zudem Ihrer Gesundheit. Schließen Sie den Wasserhahn, wenn Sie kein Wasser benutzen. Sammeln Sie Regenwasser in einer Regentonne.

Bauen Sie selbst Gemüse und Obst an oder kaufen Sie Lebensmittel, die biologisch produziert werden und aus der Region stammen. Legen Sie einen Bio-Garten an. Vermeiden Sie gentechnisch veränderte Nahrungsmittel.

Reinigen Sie Ihr Haus mit einem Minimum an Chemie. Führen Sie so viel wie möglich der Wiederverwertung zu und geben Sie Dinge, die Sie nicht mehr brauchen, an andere weiter.

Da Gaia Ihre Energie aufnimmt, sollten Sie viel lächeln, positiv denken, ehrlich handeln und anderen gegenüber warmherzig sein. Seien Sie gut zu Tieren und Vögeln. Respektieren Sie alle Formen des Lebens. Vergeben Sie allen – sich selbst eingeschlossen. Suchen Sie immer nach dem Besten in anderen. Meditieren und beten Sie, bitten Sie die Engel um Hilfe. Stellen Sie sich vor, die Erde wäre bereits der Himmel, und handeln Sie dementsprechend.

Kann der Planet mit der Umweltverschmutzung noch fertig werden?
Gaia ist ein sich selbst heilender Organismus. Die Frage ist nicht, ob die Erde mit der Umweltverschmutzung fertig wird, sondern auf welche Weise. Überschwemmungen, Feuersbrünste, Wirbelstürme und Erdbeben sind Mittel der Erde, um sich von der materiellen und geistigen Verschmutzung zu befreien. Aber wenn Sie als Individuum und wenn alle Länder, gleich ob groß oder klein, ihren Teil beitragen, kann die Erde der Zukunft gelassen entgegensehen.

Welche Auswirkungen haben Konservierungsmittel in der Nahrung?
Sie verunreinigen den Körper, unterdrücken das Immunsystem und verursachen langfristig gesundheitliche Schäden.

Welche Auswirkungen haben Pflanzenschutzmittel?
Sie vergiften den Körper und führen zu ständigen gesundheitlichen Problemen. Sie hinterlassen Ihren Kindern, Enkelkindern und Großenkeln ein armseliges Erbe. Je mehr biologisch angebaute Nahrung Sie essen und je weniger Sie sich selbst und Ihr Haus mit chemischen Mitteln reinigen, desto stärker werden Ihre Organe sein.

Beziehungen

Meine Freundin und ihr Mann sind wunderbare Menschen, aber mir ist aufgefallen, dass sie ihn ganz subtil niedermacht. Er hatte vor Kurzem eine Affäre, kam aber zu ihr zurück. Ich fürchte nur, dass er wieder gehen wird. Sollte ich etwas sagen?
Ihre Freundin ist nicht bereit, von außen etwas über ihren Schatten zu erfahren. Ihre Seele ist durch den Betrug ihres Mannes tief verletzt worden und ihr Selbstwertgefühl ist enorm beeinträchtigt. Zeigen Sie ihr einfach die Schönheit, die Sie in ihr sehen, reden Sie über ihre guten Eigenschaften und erinnern Sie sie bei jeder Gelegenheit daran, was für ein kostbarer Mensch sie ist. Auf diese Weise kann das Licht in ihr heller werden und ihre Ängste auflösen. Gleichzeitig sollten Sie sich um Ihre eigene Beziehung kümmern und diese so liebevoll, glücklich und unterstützend gestalten, dass sie als positives Modell für die Beziehung Ihrer Freundin dienen kann.

Ein guter Freund von mir trinkt zu viel und ist depressiv geworden, seit er seine Stelle verloren hat. Wie kann ich ihm helfen?

Dieser Mann ist sehr empfindsam und hoch entwickelt. Er hat einige sehr hohe Geistführer, Engel und tote Angehörige, mit denen er während des Schlafes kommuniziert. Da dies seine wahre spirituelle Familie ist, hat er häufig ein Gefühl großen Verlustes, wenn er erwacht. Aber sie gab ihm die Kraft, sein Leben auf der Erde zu leben. Als er seine Stelle verlor, erhielt sein Selbstwertgefühl einen schweren Schlag und er fing an zu trinken, um das Gefühl der Minderwertigkeit zu ertränken. Der Alkohol senkte aber seine Schwingung, sodass er sich im Traum nicht mehr mit seinen geistigen Helfern treffen konnte. Damit war ihm der Zugang zu dieser nächtlichen Kraftquelle verschlossen. Darin liegt der wahre Grund für seine Depression.

Da er sich seines Traumlebens nicht bewusst ist, können Sie ihm am meisten helfen, wenn Sie in seine innere Welt gehen und ihn von dort aus unterstützen. Wenn Sie meditieren, schicken Sie ihm Licht und stellen Sie sich so bildhaft wie möglich vor, dass er eine goldene Treppe hinaufsteigt, um sich wieder mit seinen spirituellen Freunden zu treffen. Ihre Energie, Ihr Fokus und Ihre Intention können ihm helfen, diese höheren Ebenen wieder zu erreichen.

Ich komme mit den meisten Menschen gut aus, aber mein Schwager macht mich rasend. Warum ist das so?

Weil er »Ihre Knöpfe drückt«. Die meisten Menschen spiegeln Ihnen das wider, was Ihnen an sich selbst gefällt.

Aber Ihr Schwager erinnert Sie an einen Aspekt von sich, den Sie nicht mögen. In der geistigen Welt ist er einer Ihrer besten Freunde. Denken Sie daran, dass die Menschen, mit denen Sie auf Erden am wenigsten zurechtkommen, auf der Seelenebene häufig Ihre größten Verbündeten sind. Sie haben sich freiwillig erboten, Ihnen bei bestimmten Lektionen zu helfen.

Ein Beispiel: Wenn Sie sich für einen großzügigen Menschen halten, Ihr Schwager aber andeutet, dass Sie geizig oder böse sind, werden Sie wütend. Je wütender, verletzter oder ängstlicher Sie sind, desto größer ist der »Knopf«, also das Thema, das Sie sich anschauen müssen. Ihre Aufgabe besteht darin, die Quelle Ihrer Wut zu finden. Dann erst können Sie die ihr zugrunde liegende Angst heilen.
Je mehr solcher Knöpfe Sie haben, desto schwerer wird Ihr Leben auf emotionaler Ebene.

Frederick war es wichtig, beliebt zu sein. Er gab großzügige Geschenke und war immer der Erste, der sich anbot, für andere zu zahlen, aber auch er hatte ganz klar seine Grenzen. Er hasste es, Geld an Dinge zu verschwenden, die er für überflüssigen Luxus hielt. Einer seiner Freunde drängte ihn oft, teure Weine zu kaufen oder in exklusiven Restaurants zu essen. Wenn Frederick ablehnte, nannte er ihn einen gemeinen Geizkragen. Das drückte zwei von Fredericks Knöpfen: Einerseits hatte er Angst, nicht gut genug zu sein, andererseits hatte er Angst, ausgenutzt zu werden. Erst als er durchschaute, was in ihm vorging, konnte er sich selbst bestätigen, dass es durchaus vernünftig war, umsichtig mit seinen Finanzen umzugehen. Danach konnte er einfach darüber lachen,

wenn sein Freund ihn wieder einmal dazu verführen wollte, teure Weine zu bestellen. Er konnte ihm ganz ruhig sagen, dass er sein Geld lieber für Dinge ausgeben wollte, an denen ihm etwas lag. Erst da erkannte der Freund, dass er bisher ein Schnorrer gewesen war, über seine Verhältnisse gelebt hatte und sich häufig in finanziellen Schwierigkeiten befand. Seither konnte er Frederick mit seinen überzogenen Forderungen nie wieder aus der Ruhe bringen.
Wenn jemand Ihre Knöpfe drückt und Sie daraufhin wütend werden, sich schuldig fühlen, verletzt sind oder den anderen verabscheuen, sollten Sie sich an einen ruhigen Ort zurückziehen. Schließen Sie dort die Augen und versuchen Sie das Gefühl wieder zu beleben. Überlegen Sie dann, wie alt Sie wohl waren, als Sie sich zum ersten Mal so gefühlt haben. Damals konnten Sie noch nicht für Ihre Interessen einstehen, Sie wollten nur geliebt, geschätzt und beschützt werden. Wenn Sie das Gefühl hatten, von einem Erwachsenen nicht geliebt oder nicht beschützt zu werden, weil Sie nicht gut genug waren, dann hat sich Ihnen dieses Gefühl tief eingeprägt. Von Zeit zu Zeit werden andere Menschen Sie daran erinnern. Die verdrängten Gefühle werden solange Ihre Reaktionen auf Menschen und Situationen bestimmen – ohne dass Sie etwas davon ahnen –, bis Sie sie anerkennen und loslassen.

Visualisierungsübung, um das innere Kind zu heilen

- Stellen Sie sich vor, dass Sie das kleine Kind, das Sie einmal waren, in dem Moment im Arm halten, in dem es das Gefühl zum ersten Mal hatte.
- Versichern Sie dem inneren Kind, dass Sie es lieben und dass Sie immer für es sorgen werden. Sagen Sie ihm, dass es Ihnen sehr am Herzen liegt und dass Sie stolz auf es sind. Geben Sie ihm, was immer es braucht.
- Spüren Sie, wie Sie Ihr winziges Selbst fest umarmen.
- Nehmen Sie sich vor, jeden Tag Kontakt zu dem verletzlichen kleinen Kind in sich aufzunehmen, bis es Ihnen vertraut und Ihnen glaubt.

Sie werden wissen, dass dies gelungen ist, wenn Sie glücklicher sind und auf die gleiche Situation anders reagieren.

Ich versuche wirklich, eine gute Mutter zu sein, aber von meiner Schwiegermutter höre ich immer nur, was für eine wunderbare Mutter ihre Tochter ist. Mich lobt sie nie. Was soll ich daraus lernen?
Sie sind eine großartige Mutter! Sie versuchen immer Ihr Bestes zu geben, aber Sie glauben nicht hundertprozentig

an sich. Das ist nicht verwunderlich, denn natürlich ist es nicht möglich, eine perfekte Mutter zu sein. Ihre Schwiegermutter hat diesen Schwachpunkt in Ihrem Selbstwertgefühl entdeckt und erinnert Sie daran.
Bedenken Sie bitte: Je mehr Sie an sich selbst glauben, desto weniger macht Ihnen die Meinung anderer Leute aus. Ihre erste Aufgabe besteht darin, sich zu entspannen und anzuerkennen, dass Sie auch nur ein Mensch sind. Eigentlich will Ihre Schwiegermutter ausdrücken, dass sie sich selbst für eine schlechte Mutter hält. Genau aus diesem Grund lobt sie ständig ihre eigene Tochter. Wenn Sie Lob von Ihrer Schwiegermutter wollen, zeigen Sie Ihre Schwächen ganz offen.
Drittens sollten Sie sowohl Ihre Schwiegermutter als auch deren Tochter loben – und zwar aufrichtig.

Von Vikki hörte ich folgende Geschichte: »Ich arbeitete in einem Großraumbüro und eine der anderen Frauen namens Philippa war immer sehr unhöflich und aggressiv. Obwohl ich mich eigentlich für einen umgänglichen Menschen halte, entdeckte ich, dass ich mich ihr gegenüber sarkastisch verhielt und abfällige Bemerkungen über sie machte. Als ich dies eines Tages gegenüber meinem Psychologen erwähnte, sagte der: »Finden Sie etwas, für das Sie Philippa loben können.«
Eigentlich machte Philippa ihre Arbeit sehr gut, deshalb sagte ich es ihr immer, wenn sie etwas besonders gut gemacht hatte. Nach überraschend kurzer Zeit reagierte sie darauf, indem sie mir gegenüber viel freundlicher wurde. Ihre ganze Aggressivität war plötzlich verschwunden. Sie brauchte es, geschätzt und anerkannt zu werden, und als ich das tat, verschwanden die Mauern, die sie

um sich errichtet hatte. Schließlich wurden wir sogar richtig gute Freundinnen.

Eine Übung, um das Herz für einen anderen Menschen zu öffnen

- Ziehen Sie sich an einen stillen Ort zurück und schließen Sie die Augen.
- Stellen Sie sich die Person vor, mit der Sie Probleme haben.
- Ihre Handlungen oder Worte entstammen ihrer Angst, nicht ihrem Hass. Stellen Sie sich vor, wie sie wohl als kleines Kind gewesen sein muss, als sie sich so verletzlich fühlte, dass sie andere von sich fernhalten musste.
- Stellen Sie sich vor, wie Sie Ihr Herz diesem verängstigten kleinen Kind öffnen und ihm helfen, sich geliebt und sicher zu fühlen.
- Vermutlich werden Sie diese Übung mehrmals wiederholen müssen, aber die Energie zwischen Ihnen und der anderen Person wird anfangen, sich zu verändern.

Wenn ich jemandem vergebe, der sich daneben benommen hat, denkt er dann nicht, er kann alles mit mir machen? Wird dann alles nicht noch schlimmer werden?
Wenn Sie einem anderen aufrichtig vergeben, was er Ihnen angetan hat, wird der Eindruck in Ihrem Bewusstsein gelöscht. Er hat einfach keine Energie mehr. Deshalb wer-

den Sie die gleiche Situation auch nicht noch einmal anziehen.
Wenn Sie aber nur mit Worten vergeben, behält der Eindruck seine energetische Ladung. Dann geschehen zwei Dinge: Erstens braucht die Unterdrückung der Wut, Angst oder Verletztheit Energie, sodass Sie sich erschöpft fühlen werden, und zweitens werden Sie die gleiche Situation wieder und wieder anziehen.
Tun Sie deshalb Dinge, die Sie nähren und die Sie so glücklich und zufrieden machen, dass für Wut überhaupt kein Platz bleibt.

Was Sie tun können, um Wut loszulassen

Fragen Sie sich, wie lange Sie diese Wut noch festhalten wollen, die Ihre Gesundheit und Ihr Glück zerstört. Ein Jahr? Ein Leben lang? Zehn Leben? Bedenken Sie bitte, dass Sie irgendwann vergeben müssen. Warum also nicht jetzt?

Seit mich mein Mann verlassen hat, habe ich Probleme mit dem Herzen. Ich möchte ihm vergeben, auch damit ich mich besser fühle, aber ich bin immer noch wütend. Was soll ich daraus lernen und wie kann ich ihm vergeben?
Sie sind so tief verletzt und fühlen sich so betrogen, dass Ihre Gefühle Ihr Herz zerquetschen. Vergebung kann nicht erzwungen werden, denn wenn sie nicht echt ist, ist

Ihr Ehemann immer noch an Sie gebunden und hält Sie fest.
Die Wut, die Sie spüren, entspringt einem verschlossenen Herzen. Wenn ein Herz ganz offen ist, fließt es vor Liebe über, sodass nichts anderes darin Platz hat. Und dann werden Sie weder Schmerz noch Betrug anziehen, denn Liebe zieht nur Liebe an.
Ihre Lektion besteht darin, sich zu öffnen und zu lieben – und davor haben Sie am meisten Angst. Bitten Sie die Engel, Ihnen zu helfen, Ihr Herz zu öffnen.

Im Folgenden habe ich einige Übungen und Affirmationen aufgeführt, die dabei helfen können.

Affirmationen, um sich der Liebe zu öffnen

- Es ist ungefährlich zu lieben.
- Ich bin überall von Liebe umgeben.
- Es ist leicht zu lieben.
- Andere Menschen reagieren auf meine Liebe.

Visualisierungsübung, um sich von jemandem zu lösen

- Entspannen Sie sich.
- Bitten Sie den Erzengel Michael, den Engel des Mutes und der Kraft, Ihnen zu helfen.
- Stellen Sie sich vor, dass die Person, von der Sie sich lösen möchten, vor Ihnen sitzt. Wenn Ihnen das unmöglich erscheint, bitten Sie den Erzengel Michael um Schutz.
- Sagen Sie der betreffenden Person, dass Sie alle Bindungen durchtrennen möchten, damit Sie beide frei sein können.
- Spüren Sie oder schauen Sie sich an, aus was die Schnüre, die Sie verbinden, gemacht sind. So kann es beispielsweise sein, dass ein dickes Seil um Ihren Hals geschlungen ist oder sich eine Kette zwischen Ihrem Solarplexus und dem der anderen Person spannt.
- Durchtrennen Sie die Schnur oder bitten Sie den Erzengel Michael, sie mit seinem Schwert zu durchtrennen.
- Ziehen Sie die Wurzeln der Schnüre aus sich heraus und verbrennen Sie sie in Ihrer Vorstellung.
- Danken Sie der anderen Person dafür, dass sie in Ihr Leben getreten ist und Ihnen diese Lektion ermöglicht hat. Wenn dies zu schwierig sein sollte,

denken Sie daran, dass Ihre Seele die andere gebeten hat, Sie zu prüfen, Sie etwas zu lehren und Sie stärker zu machen.

- Sehen Sie zu, wie die andere Person davongeht und hinter dem Horizont verschwindet.

Visualisierungsübung, um das Herz zu heilen

- Entspannen Sie sich.
- Bitten Sie den Erzengel Camael, den Engel der Liebe, Ihnen zu helfen.
- Stellen Sie sich vor, dass Ihr Herz vor Ihnen liegt.
- Wie sieht es aus? Ist es vernarbt, eitrig, von Stacheldraht zerfetzt, zerquetscht oder in irgendeiner anderen Art und Weise verletzt?
- Stellen Sie sich vor, wie Sie es heilen. Reiben Sie es mit heilender Salbe ein, ziehen Sie die Stacheln heraus, vernähen Sie offene Wunden. Tun Sie, was nötig zu sein scheint.
- Öffnen Sie die Tür zu Ihrem Herzen und schauen Sie nach, wie es drinnen aussieht. Sie werden möglicherweise überrascht oder schockiert sein. Räumen Sie alles Dunkle und Schmerzhafte aus und füllen Sie Ihr Herz mit Liebe.

- Öffnen Sie Türen und Fenster des Herzens weit, damit die Sonne hinein scheinen und Liebe heraus scheinen kann.
- Je öfter und je intensiver Sie diese Visualisierungsübung machen, desto schneller wird Ihre Psyche geheilt werden.

Atemübung: Liebe atmen

- Ziehen Sie sich an einen stillen Ort zurück.
- Beim Einatmen stellen Sie sich vor, dass Liebe in Ihre Lungen strömt.
- Beim Ausatmen spüren Sie den Frieden, der Sie umgibt.

Atemübung: Einem anderen Menschen Liebe schicken

- Ziehen Sie sich an einen stillen Ort zurück.
- Beim Einatmen spüren Sie, wie Liebe in Sie einströmt.
- Beim Ausatmen schicken Sie diese Liebe dem anderen Menschen.

Gebet zur Heilung des Herzens

Ich danke für all die Liebe, die mir je geschenkt worden ist. Ich bitte nun um Hilfe, um allen Schmerz loszulassen, damit ich mein Herz ganz öffnen kann. So sei es. Es ist vollbracht.

Adel und Königtum

Worin liegt die spirituelle Bedeutung von Königsfamilien?
Früher inkarnierten sich bestimmte hoch entwickelte Seelen in Machtpositionen, damit sie als Vorbilder dienen und ihr Volk mit Weisheit regieren konnten. Sie hatten Titel wie König, Königin, Prinz, Prinzessin, Herzog, Herzogin, Graf, Gräfin, die die spirituelle Entwicklungsstufe bezeichneten, die sie erreicht hatten. Sie wurden verehrt und bewundert, denn sie widmeten ihrem Volk ihr Leben und führten es mit Weisheit.
Mit der Zeit nahm das Bewusstsein aber ab und hochfrequente Seelen inkarnierten sich immer seltener in solchen Positionen. Ihr Platz wurde von Seelen eingenommen, die ein weitaus geringeres Verständnis hatten und die Gelegenheit ergriffen, das glamouröse Leben des Adels zu erleben. Natürlich wollten viele auch Erfahrungen mit Macht, Geld, Prestige, Einfluss und Luxus, aber auch mit harter Arbeit machen.

Elisabeth II. ist doch sicherlich ein Mensch, der sich seiner Aufgabe mit Leib und Seele widmet, oder?

Ja, sie hat ihre selbst gewählte Rolle sehr gut erfüllt, besonders angesichts der Tatsache, dass ihre Seele nur über wenig Erfahrung auf der Erde verfügt. Sie hat Disziplin und Hingabe demonstriert und war allen ein Vorbild. Es ist höchst ungewöhnlich, dass einer Seele mit so wenigen Inkarnationen erlaubt wird, eine solche Position einzunehmen.

Wurde Prinzessin Diana ermordet?

Von einer spirituellen Perspektive aus gesehen, wurde Prinzessin Diana von vielen Menschen ermordet. Alle, die ihr negative Gedanken geschickt haben, sind für ihren Tod verantwortlich. Einige sehr finstere Gedanken wurden von Personen auf sie abgeschossen, die ein Interesse daran hatten, sie aus dem Weg zu schaffen. Diese Energie bündelte sich in jener unheilvollen Nacht und verursachte den Autounfall. Man sollte niemals die Macht von Gedanken unterschätzen, die auf ein einziges Ziel gerichtet werden. Alle, die Diana gegenüber dunkle Gedanken und Gefühle gehegt haben, tragen einen Teil der karmischen Schuld, die sie in diesem oder einem anderen Leben werden abtragen müssen.

Warum verhinderte Dianas Engel nicht, dass sie so jung starb?

Ihre Zeit war gekommen, denn ihr Tod war vorherbestimmt. Ihre Seele wusste, dass sie mehr durch ihren frühen Tod und die dramatischen Todesumstände erreichen würde als wenn sie in ihrem Körper geblieben wäre.

Tatsächlich erzeugte ihr Tod ein großes Licht. Ihre Arbeit war getan, sie hatte ihre Mission erfüllt.

Was war die Bestimmung von Prinzessin Diana?

Prinzessin Diana und Sarah Ferguson übernahmen gemeinsam die spirituelle Aufgabe, die königliche Familie wachzurütteln, da diese ihre Bestimmung überlebt hatte. Die beiden wollten die Aufmerksamkeit der Welt auf die Geheimnisse des Königshauses lenken. Tatsächlich traten sie auf der Weltbühne in einer königlichen Seifenoper auf. Diana hatte eine sehr komplexe Persönlichkeit, in der Fäden aus vielen Leben zusammenliefen, daher war ihre Bestimmung nicht einfach. Sie wurde Königin der Herzen genannt und es war ihre zweite Bestimmung, die Herzen von Millionen Menschen zu berühren. Ihre Seele wählte dafür Umstände, in denen ihre Unschuld auf zynische Weise von Menschen mit versteinerten Herzen manipuliert wurde. Dann besann sie sich aber auf ihre Macht und wurde zu einer wahren Märtyrerin. Deshalb identifizierten sich Menschen überall auf der Welt mit ihr. Sie berührte die Herzen der Kranken, der Obdachlosen, der Einsamen und Sterbenden, der Aids-Kranken, der unglücklichen, ungeliebten Kinder, der Machtlosen und der Menschen mit Essstörungen. Als sie die Aufmerksamkeit der ganzen Welt gewonnen hatte, nutzte sie ihre Macht, um auf solche Übel wie Landminen aufmerksam zu machen.

Welchen Sinn hatte Prinzessin Dianas Tod?

Sie hatte die Herzen so vieler Menschen berührt, dass es bei ihrem Tod gewaltige Trauerbekundungen gab. Viele

Menschen wurden so in die Lage versetzt, ihre eigene verdrängte Trauer, ihren Schmerz, ihre Verlustängste und andere Gefühle auszudrücken, sodass durch die Gebete und Fürbitten unzähliger Menschen eine riesige Wolke aus dunkler Energie aus der Astralebene entfernt wurde.

Was ist die Bestimmung von Prinz Charles?

Prinz Charles ist eine hoch entwickelte Seele aus einem anderen Sternensystem, wo er einen Initiationsritus nicht bestand. Die Konsequenzen, die es hat, wenn man eine Initiation anstrebt und sie nicht besteht, sind gewaltig. In diesem Fall musste er sich auf der Erde, einem Planeten mit niedriger Schwingungsfrequenz, inkarnieren. Er wurde mit einem hohen Bewusstsein geboren, aber seine Macht wurde beschränkt, sodass er nicht in der Lage war, andere so zu beeinflussen, wie er es gerne tun würde. Außerdem hat seine Seele noch nie zuvor auf einer Daseinsebene gelebt, auf der Gefühle und Sexualität existieren. Daher muss er seine Lektionen unter sehr schwierigen Familienumständen lernen und Erfahrungen machen, die ihm völlig fremd sind.

Seine Bestimmung war es, als empfindsamer Geist auf die Erde zu kommen und in einer Situation zu leben, in der man ihn nicht verstehen würde, und trotzdem seine Integrität zu bewahren. Camilla, eine Seele, die mit dem Leben auf der Erde besser vertraut ist, beschloss, sich gemeinsam mit ihm zu inkarnieren, um ihm während dieses sehr anstrengenden Lebens beizustehen.

Sind Prinz Charles und Camilla Zwillingsseelen?
Nein, sie sind nicht die zwei Hälften eines ursprünglichen göttlichen Funkens, aber sie sind Seelenpartner. Das bedeutet, dass sie dieselbe Schwingung haben und einander unterstützen können.

Ist es spirituell gesehen richtig, dass Prinz Charles und Camilla geheiratet haben?
In den Augen des Geistes waren sie schon lange verheiratet, bevor die Trauungszeremonie vollzogen wurde. Die Engel erkennen an der Liebesbindung zwischen einem Paar, ob es verheirat ist oder nicht.

Aber eine hoch entwickelte Seele würde doch sicher nicht Füchse jagen oder auf Vögel schießen?
Sie haben völlig recht, aber eine Seele, die machtlos ist, nach ihrer Wahrheit zu leben, würde das schon tun.

Wird Prinz Charles jemals König werden?
Das ist noch nicht entschieden.

Sexualität

Warum haben sowohl Menschen als auch Tiere unterschiedliche Geschlechter?
Die Lemurianer, also die Rasse, die den Atlantern vorausging, waren androgyn, das heißt, sie waren sowohl männlich als auch weiblich. Sie baten die Quelle darum, ihre Körperlichkeit vollumfänglich erfahren zu dürfen. Als dies erlaubt wurde, mussten sie sich in zwei Wesen trennen, von denen eines männlich und eines weiblich war. Dies ist der Ursprung der Suche nach der anderen Hälfte, nach der Zwillingsseele.

Hat es schon immer Homosexuelle gegeben?
Als sich die Menschen in zwei Geschlechter trennten, gab es zwar nur wenige, die hinsichtlich ihrer sexuellen Identität verwirrt waren, aber es gab sie zu allen Zeiten. Die Zahl nahm zu, je mehr Inkarnationen eine Seele hinter sich hatte.

Wurden Homosexuelle in der Vergangenheit akzeptiert?
In Zeiten höheren Bewusstseins wurden Homosexuelle geliebt und genau so akzeptiert, wie sie waren. Während

der dunklen Zeit des menschlichen Bewusstseins wurden sie verfolgt, sodass damals die meisten ihre sexuelle Orientierung verheimlichten.

Was war mit Sodom und Gomorrha?
Diese Städte wurden nicht zerstört, weil in ihnen die gleichgeschlechtliche Liebe praktiziert wurde, sondern weil dort Gier, Wollust und Hedonismus herrschten.

Warum ist Homosexualität heute so weit verbreitet?
Dafür gibt es eine Reihe von Gründen. Erstens: Als gewisse Seelen sich öfter inkarnierten, kam es vor, dass sie sich mehrmals hintereinander in einem weiblichen oder einem männlichen Körper inkarnierten. Wenn sie dann schließlich doch einmal den Körper des anderen Geschlechts annahmen, verspürten sie ein Gefühl der Fremdheit und eine Sehnsucht nach dem vertrauten Geschlecht. Manchmal waren diese Gefühle so stark, dass sie ihre Sexualität auf eine Weise ausdrücken wollten, die ihnen vertraut war.
Als die Homosexualität unterdrückt wurde, wurden solche Gefühle verdrängt, denn nur eine sehr mutige Seele hätte es damals gewagt, seine Neigungen zu offenbaren. All jene, die ihre sexuelle Orientierung verborgen hatten oder ihretwegen verfolgt wurden, kehrten mit ungelösten Problemen in die geistige Welt zurück. Natürlich wurden sie wieder auf die Erde geschickt, um die betreffenden Lektionen zu lernen.
Es ist wohl nicht weiter verwunderlich, dass die meisten dieser Wesen nicht noch einmal in den dunklen Zeiten

der Homosexuellenverfolgung geboren werden wollten. Sie warteten ab, bis gleichgeschlechtliche Beziehungen gesellschaftlich akzeptiert sein würden. Auf der Erde herrscht heute in gewissen Ländern ein Klima der Akzeptanz. Daher inkarnieren sich heute so viele Seelen, die Homosexualität ausleben möchten, in diesen Ländern.
Zweitens: Noch wichtiger ist, dass der Planet seit Jahrhunderten vom männlichen Prinzip regiert worden ist, das die linke Hirnhälfte betont. Männer haben seit Langem die Religionen, die Regierungen, die Finanzinstitutionen und die Familien kontrolliert und beherrscht. Die Ablehnung der weiblichen Weisheit hat die Menschen unglücklich gemacht, weil sie dadurch ihre Verbindung zum Göttlichen verloren haben. Allgemein gesagt benutzen homosexuelle Männer eher die rechte Hirnhälfte als heterosexuelle. Daher sind viele von ihnen kreativer, spiritueller, sanftmütiger, fürsorglicher und sie stehen nicht so stark unter dem Einfluss des Testosterons. Sie inkarnieren sich heute, um die männlichen und weiblichen Energien auf der Erde ins Gleichgewicht zu bringen.
Da Lesbierinnen oft männlichere Eigenschaften als durchschnittliche heterosexuelle Frauen besitzen, können sie bei der Durchsetzung der Frauenrechte helfen. Es inkarnieren sich heute aber auch viele heterosexuelle Kriegerinnen, die für die Gleichberechtigung der Frau kämpfen.
Drittens finden heute manche Menschen endlich ihre andere Hälfte, ihre Zwillingsflamme. Wenn diese demselben Geschlecht angehört, siegt die Liebe meistens über die gesellschaftlichen Konventionen.

Was ist der spirituelle Sinn der Sexualität?

Ursprünglich bestand der Sinn des Geschlechtsverkehrs darin, einem Paar eine transzendente Erfahrung zu ermöglichen, die sein Leben bereichern und seine Liebe festigen sollte, damit sie zusammenbleiben und Kinder aufziehen würden. Als aber die Heiligkeit des Weiblichen geleugnet wurde, wurde Sex auf eine Weise ausgeübt, die von der geistigen Hierarchie so nicht vorhergesehen werden konnte. Aus Sex wurde Manipulation, ein Liebesersatz, Macht und Kontrolle, Begierde und sinnliche Befriedigung.

Die Kirchen bläuten den Menschen Schuldgefühle ein, indem sie die Sexualität als etwas Schlechtes bezeichneten. Schon unschuldige Babys wurden als sündig und daher verdammt betrachtet, nur weil sie aus der sexuellen Vereinigung hervorgingen. Vom Standpunkt der Engel aus gesehen, ist Sex mit Liebe Ausdruck der Göttlichkeit.

Sind gleichgeschlechtliche Ehen spirituell gesehen erlaubt?

Die Frage der Legalität einer Ehe wurde von den Menschen ins Spiel gebracht, nicht von Gott. Die Engel sehen, dass eine Reihe gleichgeschlechtlicher Paare aus Liebe heiraten und eine ebenso tiefe Bindung an ihren Partner haben wie heterosexuelle Paare. Die geistige Welt wird Liebe in welcher Form auch immer niemals verurteilen.

Andere homosexuelle Paare haben egoistischere Gründe, aus denen sie eine legale Urkunde wollen. Diese Gründe haben nichts mit bedingungsloser Liebe zu tun. Dennoch bietet die Ehe auch ihnen die Möglichkeit, tiefe Bindung und gegenseitige Verantwortung zu erleben. In unsicheren Zeiten fühlen sich zwei Menschen sicherer, wenn sie legale und finanzielle Abmachungen treffen können. Über jede Ehe wacht ein Engel, der sie segnet und seine Liebe über ihr ausschüttet. Die geistige Welt urteilt nicht, ob es sich dabei um zwei Menschen unterschiedlichen oder gleichen Geschlechts handelt. Die Engel wollen allen Paaren helfen, aus ihrer gemeinsamen Zeit das Beste zu machen.

Ist das Zölibat spirituell gesehen wichtig?

Gewissen spirituell hoch entwickelten Menschen – Männern wie Frauen – ist es gelungen, ihre sexuelle Energie zu sublimieren und sie in den Dienst des Göttlichen zu stellen. Dies ist aber eine ziemlich seltene Fähigkeit. Menschen, die wahrhaft zölibatär leben, sind vor ihrer Inkarnation in der geistigen Dimension besonders darauf vorbereitet worden. Dennoch brauchen sie während ihres Lebens noch weitere Ausbildungen. Für die meisten Männer ist dies eine so gewaltige Aufgabe, dass nur jene, die sich wirklich dazu berufen fühlen, dieses Streben erfüllen können.

Wer es versucht und versagt, der wird nicht beurteilt. Er wird sich wahrscheinlich nach seinem Tod in der inneren Dimension besser vorbereiten und es in seiner nächsten Inkarnation noch einmal versuchen.

Was geschieht, wenn unter dem Deckmantel des Zölibats Missbrauch betrieben wird?

Wenn ein solches Gelöbnis missbraucht wird, wie es in bestimmten Religionen häufig der Fall ist, wenn schwache und manchmal sogar böse Männer ihre Macht missbrauchen, hat das furchtbare karmische Konsequenzen. Viele sexuelle Missbräuche, die in der Vergangenheit begangen wurden, kommen heute ans Licht der Öffentlichkeit. Sie dringen ans Licht, damit sie geheilt, vergeben und losgelassen werden können.

Warum missbrauchen manche Menschen ihre Opfer auf sexuelle Weise?

Wie bei jedem anderen Übergriff so ist auch der sexuelle Missbrauch eine Form der Egobefriedigung. Ihm liegt ein grundsätzlicher Mangel an Selbstwertgefühl zugrunde, der den Wunsch erzeugt, Macht über einen anderen Menschen auszuüben. Beim sexuellen Missbrauch von Kindern kommt ein solcher Selbsthass dazu, dass der Täter versucht, seiner dunklen Seele die Reinheit des Kindes einzuverleiben.

Aus spiritueller Sicht geht es bei der Heilung von Opfer und Täter um Läuterung, Vergebung und Selbstvergebung. Die Engel weinen, wenn diese furchtbaren Dinge geschehen, und warten voller Mitgefühl darauf, dass die Beteiligten anfangen, die Vergangenheit loszulassen.

Was ist, wenn jemand eine Geschlechtsumwandlung vornehmen lassen möchte?

Vor der Empfängnis berät sich die Seele mit den Engeln und seinen Geistführern, welches Geschlecht seinem spirituellen Wachstum am besten dient. Daher gibt es keine Zu- oder Unfälle. Das Geschlecht eines Menschen wird auf der Seelenebene bestimmt. Befindet sich

die Persönlichkeit aber einmal in einem Körper, mag sie mit der getroffenen Entscheidung nicht glücklich sein.
Nehmen wir an, ein Mann habe sich mehrmals hintereinander in einem weiblichen Körper inkarniert. Obwohl seine Seele wusste, dass es schwierig werden würde, hat sie entschieden, dass er dieses Mal das Leben in einem männlichen Körper erfahren sollte. Wenn er dann als Junge geboren wird, findet er es unangenehm, ja sogar traumatisch, in einer ihm fremden Gestalt und mit einem anderen Geschlecht zu leben.
Erst seit es gewisse »Fortschritte« in der Medizin gibt, existiert ein Ausweg aus dieser Situation. Heute finden manche Menschen die Entscheidung ihrer Seele falsch und sie sind bereit, Schmerzen und Operationen zu ertragen, um den Körper zu bekommen, den ihre Persönlichkeit für richtig hält. Dann wird dies zu einer spirituellen Entscheidung. Die Herausforderungen, denen sie sich nun stellen müssen, tragen während dieses Lebens zum Wachstum ihrer Seelen bei.
Die Engel schauen zu und legen Zeugnis ab, aber sie urteilen nicht. Sie haben Mitgefühl und hüllen alle Wesen in ihre Liebe.

Wenn sich ein Mädchen provokativ kleidet und dann vergewaltigt wird, ist es dann seine eigene Schuld?

Eine Vergewaltigung ist immer eine furchtbare Tat und dies ungeachtet der Umstände. Jeder Mensch zieht seine Erfahrungen an. Dies hat aber nichts mit Schuld zu tun, sondern mit Verantwortlichkeit. Welche Energie strahlt das provokativ gekleidete Mädchen aus? Welche Botschaften hat sie bewusst und unbewusst ausgesendet? Diese ziehen nämlich die Umstände an.

Was ist mit der alten Frau, die vergewaltigt wurde, als sie schlafend im Bett lag?
Auch hier geht es um Energie. Nur besonders tief sitzende unbewusste Ängste können solche furchtbaren Ereignisse auslösen. Der Wunsch einer Seele, eine karmische Schuld zu begleichen, kann ein anderer Grund sein.
Letztlich gibt es nur einen Weg, vollkommen sicher zu sein: Man muss alle Ängste loslassen und allem und allen vergeben, damit die eigene Aura rein ist.
Hier ist ein Vergebungssatz, der Ihnen helfen kann, Ängste aufzulösen.

Vergebungssatz, um Ängste aufzulösen

Sagen Sie zwei Mal täglich:

- Ich vergebe allen, die mich je verletzt haben, sei es absichtlich oder unabsichtlich, in diesem Leben oder einem anderen, in diesem Universum oder einem anderen, auf dieser Daseinsebene oder einer anderen. Ich gewähre ihnen Gnade.
- Ich bitte um Vergebung für alle Verletzungen, die ich anderen je zugefügt habe, sei es absichtlich

oder unabsichtlich, in diesem Leben oder einem anderen, in diesem Universum oder einem anderen, auf dieser Daseinsebene oder einer anderen. Ich bitte sie um Gnade.

- Ich vergebe mir selbst für alle Verletzungen, die ich anderen je zugefügt habe, sei es absichtlich oder unabsichtlich, in diesem Leben oder einem anderen, in diesem Universum oder einem anderen, auf dieser Daseinsebene oder einer anderen. Ich nehme Gnade an.
- Ich bin frei. Alle Ketten und Einschränkungen fallen von mir ab. Ich erhebe mich zu meiner vollen Größe als Meister.

Wenn jemand unter Alkohol- oder Drogeneinfluss ein Verbrechen begeht, ist er auch dann voll dafür verantwortlich und unterliegt auch er dem Gesetz der Anziehung?

Auf beide Fragen lautet die Antwort: Ja. Jeder Mensch ist karmisch gesehen voll verantwortlich für alle seine Handlungen, seien diese bewusst oder unbewusst, und für alles, was er in seine Aura zieht.

Warum gibt es Pornographie?

Wenn jemand emotional und sexuell gesund ist, wird er sich nicht für Pornographie interessieren. Seine Energiezentren, die Chakras, werden mit Licht und Energie gefüllt sein. Das Ziel besteht darin, das Bewusstsein vom

Wurzel-Chakra, durch das Sakral- oder Sexual-Chakra, das Solarplexus-, Herz-, Kehlkopf- und Stirn-Chakra zum Kronen-Chakra aufsteigen zu lassen.

Wenn aber die Gedanken eines Menschen zu sehr um ein Zentrum kreisen, verstopft sich das betreffende Chakra oder wird überaktiv, sodass das ganze System aus dem Gleichgewicht gerät. Heute konzentrieren sich die Massenmedien sehr stark auf alles Sexuelle, daher sind die Sexual-Chakras vieler Menschen verstopft. Sie versuchen unbewusst, dieses Zentrum mit Hilfe der Pornographie zu stimulieren. Andere haben überaktive Sexual-Chakras, sodass sie sich immer mehr auf dieses Zentrum konzentrieren und so immer mehr aus dem Gleichgewicht geraten.

Da sich zurzeit die Schwingung des Planeten erhöht, ist es an der Zeit, das Licht der Reinheit und Unschuld des Geistes auf alles Sexuelle zu richten, damit diese herrliche Liebes- und Schöpfungsenergie angemessen ausgelebt werden kann.

Was halten die Engel von Masturbation?

Engel denken nicht daran, denn Sex ist eine menschliche Aktivität. Der Körper wurde geschaffen, um Freude und Vergnügen zu erleben. Sex war ursprünglich dazu gedacht, zwei Menschen auf eine Weise zusammenzubringen, die ihre Schwingungsfrequenz erhöht. Als der Planet insgesamt noch eine höhere Frequenz hatte, drückten Menschen ohne Partner ihre Sexualität durch schöpferische Tätigkeiten und die Verehrung des Göttlichen aus. Niemand hätte je an etwas anderes gedacht. Aber in der

gegenwärtigen Welt versteht man sich nicht auf einen solchen Gebrauch von Energie.
Bei den meisten Menschen wirkt sich die gelegentliche Selbstbefriedigung nur sehr kurzfristig auf die Schwingung des Sakral-Chakras aus. Aber die durchaus machtvollen Gedanken, die ein Mensch dabei auf einen anderen richtet, können die Aura des Betreffenden durchdringen. Das ist allerdings sehr schädlich, denn es kann sein Energiefeld beschädigen und ihm Energie entziehen. Das aber zieht unweigerlich Karma an.
Wird Masturbation im Übermaß betrieben, kann das Sakral-Chakra verstopfen, sodass es träge wird, was dazu führt, dass man sexuell noch aktiver wird, um es wieder zu energetisieren. Bei anderen Menschen kann exzessive Masturbation dazu führen, dass sich das Sakral-Chakra zu schnell dreht, wodurch das gesamte Energiesystem aus dem Gleichgewicht gerät.

Wie kann man sein Sexual-Chakra ins Gleichgewicht bringen?

Begierde, Angst, Wut auf das andere Geschlecht, tief sitzende Minderwertigkeitsgefühle, der Wunsch nach Macht und Kontrolle gehören zu den Emotionen, die zu einem sexuellen Ungleichgewicht führen. Liebe, Gelassenheit, Akzeptanz und ein gesundes Selbstwertgefühl bringen dieses Chakra wieder ins Gleichgewicht.

Visualisierungsübung, um das Sexual-Chakra zu reinigen

- Schließen Sie die Augen und atmen Sie langsam und tief bis in den Bauch, bis Sie sich entspannt fühlen.
- Bitten Sie Ihren Engel, Ihnen zu helfen, das Sexual-Chakra zu reinigen.
- Stellen Sie sich vor, Sie stünden vor einer Kellertreppe. Gehen Sie zwanzig Stufen mit Ihrem Schutzengel hinunter. Sie fühlen sich in seiner Gegenwart völlig sicher.
- Nun stehen Sie im Keller.
- Machen Sie das Licht an und schauen Sie sich um.
- Lassen Sie sich Zeit und untersuchen Sie alle Gegenstände im Keller. Wenn er überflutet ist, trocknen Sie ihn aus. Ist etwas zugedeckt, entfernen Sie die Decken, um zu sehen, was darunter verborgen ist. Wenn irgendetwas gewaschen werden muss, säubern Sie es unter fließendem Wasser im Waschbecken.
- Möglicherweise begegnen Sie im Keller auch Menschen, mit denen Sie sich unterhalten müssen.
- Wenn Sie jeden Winkel untersucht haben, nehmen Sie einen Besen und fegen Sie den Keller gründlich aus.

- Streichen Sie dann die Wände in der Farbe, die Ihnen passend erscheint.
- Machen Sie aus dem düsteren Keller einen hellen, freundlichen Ort. Stellen Sie Gegenstände auf, die Liebe, menschliche Wärme, Nähe und Fürsorglichkeit repräsentieren. Tun Sie, was nötig ist, damit Sie sich hier wohlfühlen, denn Sie haben die Macht, alles zu erschaffen, was Sie wollen.
- Gehen Sie die Treppenstufen hinauf und verlassen Sie den Keller.
- Danken Sie Ihrem Schutzengel.

Warum fühlen sich Pädophile zu Kindern hingezogen?
Weil der Pädophile normalerweise ein dunkles, verstopftes Sexualzentrum hat und sich zu dem reinen Licht des Kindes hingezogen fühlt, um seine Krankheit zu heilen. Aber wer etwas Unschuldiges und Reines missbraucht und dadurch verunreinigt, häuft eine große karmische Schuld an. Die geistige Welt sieht mit Entsetzen auf das, was zurzeit auf der Erde geschieht.

Gesellschaft

Warum brechen heutzutage so viele gesellschaftliche Strukturen auseinander?

Hier sind nur drei Gründe von vielen: Zum Ersten besitzen die gegenwärtigen Führer keine Integrität. Sie werden von ihren Egos beherrscht und vertreten ihre eigenen Interessen, statt im besten Interesse ihrer Bürger zu handeln. Das hat zu einem massiven Vertrauensverlust geführt, sodass auch die Bürger nur noch an ihre eigenen Interessen denken.

Zweitens haben die Menschen ihr Zusammengehörigkeitsgefühl verloren. Sie fühlen sich hilflos und sehen sich als anonyme Nummern in einer unpersönlichen und unfreundlichen Welt.

Drittens werden zurzeit die männlichen und weiblichen Energien wieder ins Gleichgewicht gebracht. Aber viele Männer wollen die alten Strukturen aufrechterhalten, weil sie Angst haben, ihre Kontrolle und Macht zu verlieren. Außerdem sind sie verwirrt und sich ihrer Rolle nicht mehr sicher. Die Frauen versuchen zu beweisen, dass sie fähig sind, Beziehung, Kinder, Haushalt und Beruf unter einen Hut zu bringen. Sie arbeiten, weil sie müssen oder weil sie den Wunsch haben, weitere materielle Besitztü-

mer anzuhäufen. Als Folge davon sind viele Frauen überlastet und zu gestresst, um eine fürsorgliche Umgebung zu schaffen, in der die Bedürfnisse ihrer Kinder erfüllt werden.
Sowohl Männer als auch Frauen kämpfen darum, den sich verändernden Erwartungen der Gesellschaft gerecht zu werden, obwohl sie das Gefühl haben, dass ihnen der Boden unter den Füßen weggezogen wird. Aber wenn die Menschen sich bemühen, die Yin- und Yang-Energien in sich ins Gleichgewicht zu bringen, wird auch ein neues gesellschaftliches Gleichgewicht gefunden werden. Dann wird wieder Harmonie herrschen und je mehr sich die Geschlechter gegenseitig respektieren, desto schneller wird sich das kollektive Bewusstsein erweitern.

Was Sie tun können, um der Gesellschaft zu helfen

Fragen Sie sich, was Sie tun können, um der Gesellschaft zu helfen. Kleine Akte der Nächstenliebe – wie jemandem beim Einkaufen oder bei der Gartenarbeit zu helfen, jemandem mit dem Auto mit ins Büro zu nehmen – machen schon einen großen Unterschied. Positive Akte – wie ehrenamtliche Funktionen übernehmen oder sich in ein öffentliches Amt wählen lassen – sorgen dafür, dass der Zusammenhalt der Gesellschaft auf lokaler Ebene gefördert wird.

Arbeiten Sie daran, ein Gleichgewicht der männlichen und weiblichen Energien in sich selbst herzustellen. Denken Sie daran, dass Ihr Glück in einem direkten Zusammenhang zu Ihrer Integrität steht. Handeln Sie nur aus aufrichtigen Motiven.

Warum gibt es heute so viele aggressive Frauen?
Manche Frauen versuchen zu beweisen, dass sie genauso gut sind wie Männer. Sie setzen männliche Energie ein, weil sie glauben, nur so erfolgreich sein zu können. Das männlich-weibliche Pendel sucht immer nach seinem Ruhepol, nach dem Punkt, an dem es im Gleichgewicht ist, aber in vielen Fällen ist es zu weit nach außen geschwungen. Aus diesem Grund gibt es zum Beispiel in der Geschäftswelt so viele aggressive Frauen.

Wie bringen wir die Gesellschaft am besten voran?
Sie müssen dafür sorgen, dass die Menschen wieder Vertrauen haben. Das höchste Ziel muss es sein, eine Gesellschaft von Gleichberechtigten zu erschaffen, in der alle alles miteinander teilen, in der alle zusammenarbeiten und einander helfen. In einer solchen Gesellschaft werden alle geschätzt und respektiert und niemand ist hilflos oder arm. Dann werden sich auch Wissenschaft und Technologie auf spirituelle Weise entwickeln, denn Spiritualität und Wissenschaft sind durchaus kompatibel.
Damit das geschehen kann, müssen sich die Kommunikationsformen ändern, aber zuerst muss das Vertrauen wiederhergestellt werden. Da Bewusstheit ansteckend ist,

ist es Ihre vornehmste Aufgabe, sich selbst zu ändern. Öffnen Sie Ihr Herz und denken, sprechen und handeln Sie mit Integrität, Güte und auf vertrauenerweckende Weise. Benutzen Sie Ihre Intuition, nicht nur Ihre linke Hirnhälfte. Hören Sie auf nach immer mehr zu streben und entspannen Sie sich öfter. Treffen Sie Ihre Entscheidungen aus Güte. Wenn genug Menschen so leben, wird die ganze Welt ein neues Bewusstsein entwickeln.

Wie man seine persönliche Integrität verbessern kann

Zünden Sie jeden Morgen eine Kerze an und bitten Sie die Engel, Ihnen dabei zu helfen, den Tag über mit Integrität und Güte im höchsten Interesse aller zu denken, zu sprechen und zu handeln.

Sind Kulturen, in denen Initiationsriten praktiziert werden, besser dran?

Die Initiation der Jungen ist ein Ritus, der ihnen den Übergang zum Erwachsenwerden erleichtern soll. Dabei geht es nicht nur um Mutproben, auch wenn dieser Aspekt wichtig ist. Indem den Jungen die Mythen, die Geschichte und die Legenden ihres Volkes nahegebracht werden, entsteht bei ihnen ein Gefühl des Stolzes und der Verbundenheit. Man bringt den Jungen auch bei, die Weisheit der Frauen zu schätzen. Wenn der Einzuweihende ausreichend vorbereitet ist, werden ihm die esoterischen Geheimnisse seiner Kultur enthüllt. Danach übernimmt er seine Rolle als Erwachsener, dessen Aufgabe es ist, Frauen, Kindern und die Schwachen durch seine Stärke und Weisheit zu beschützen. Kulturen, die ihre jungen Männer derart auf ihre zukünftige Rolle vorbereiten, sind im Allgemeinen friedlicher als Kulturen, die diese Initiationsriten nicht kennen. Die Menschen solcher Gesellschaften fühlen sich sicherer, sind glücklicher, haben mehr Vertrauen und ein besseres Selbstwertgefühl. Frauen brauchen derartige Riten nicht, denn ihre Initiation findet innerlich statt. Die drei Stufen des Frauseins sind durch die erste Monatsblutung, die erste Geburt und das Einsetzen der Wechseljahre gekennzeichnet. In Stammeskulturen werden diese Übergänge gefeiert, wodurch den Frauen ein Gefühl des Stolzes und der Freude an ihrem Frausein gegeben wird. Derartige Frauen konkurrieren nicht mit Männern, da sie sich als vollständig empfinden.

Aus der Sicht der Engel werden in Kulturen, die Initiationsriten praktizieren, Selbstwertgefühl, Zusammengehörigkeitsgefühl, Weisheit, Friedfertigkeit und Fürsorglichkeit entwickelt, also alles Eigenschaften des Göttlichen.

Warum sind heute alle Gebäude wie Krankenhäuser, Regierungsgebäude oder Supermärkte dermaßen groß?

Weil sie alle nur der Glorifizierung der Egos der Mächtigen dienen und nichts mit den Bedürfnissen der Menschen zu tun haben.

Wodurch werden soziale Veränderungen hervorgerufen?

Die geistige Hierarchie beobachtet die Energie von Menschen und Orten. Sobald sie sieht, dass ein Individuum ein bestimmtes Licht ausstrahlt, werden Engel geschickt, die ihm helfen, seine Vision zu entwickeln. Wenn sein Ziel darin besteht, die Welt zu verändern, um den Menschen zu helfen, unterstützen die Einhörner seine Integrität, die Reinheit seiner Absichten und seine Entschlusskraft. So konnte zum Beispiel Gandhi seine großartige Vision der Gewaltlosigkeit auch im Angesicht von Gewalt und Unterdrückung aufrechterhalten. Die Menschheit weiß gar nicht, dass die erleuchteten Wesen ihr zusehen und nur darauf warten, Menschen mit großen Visionen zu helfen. Wenn die Engel sehen, dass innerhalb einer Gemeinschaft, eines Landes, einer Religion oder den Finanzinstitutionen eine Energiewelle zum Besseren entsteht, unterstützen sie diese. Immer wenn ein Funke Licht im Geist der Menschheit entzündet wird, um das Leben der Menschen oder Tiere zu verbessern, um Frieden, Gleichheit oder Gerechtigkeit zu bringen, sind die Wesen des Lichtes zur Stelle.

Warum sind Männer so zornig?

Jahrhundertelang konnten Frauen nur indirekt Macht ausüben, indem sie ihre Söhne benutzten. Sie lernten die Jungen auf vielerlei Art und Weise zu manipulieren, manchmal sehr subtil, manchmal ganz offen. Auf diese Weise konnten die Mütter die folgenden Generationen beeinflussen und kontrollieren. Die Mütter sorgten dafür, dass sie unersetzlich waren. Aber wer manipuliert wird, wird zornig, weil er sich schlecht fühlt. Die Männer wissen nicht genau, wohin mit diesem Zorn, aber es ist der Zorn, der sie unbewusst antreibt.

Heute schwingt das Pendel zur anderen Seite aus und Frauen bestehen auf ihrem Recht, unabhängig und frei zu sein. Dadurch wissen die Männer aber nicht mehr, wo sie eigentlich stehen. Sie haben das Gefühl, irgendwie fehl am Platze zu sein, und sind deshalb verwirrt.

Natürlich wird diese Verwirrung verschwinden, wenn die Männer Verantwortung für ihre früheren Taten und Gefühle übernehmen und ihr Leben in die Hand nehmen. Wenn sie sich selbst vergeben und die Vergangenheit loslassen, werden sie ein besseres Verhältnis zu sich selbst finden und sich ihre Macht wieder aneignen. Dann wird sich ihr Zorn auflösen, weil sie ihre Männlichkeit mit Integrität akzeptieren.

Ich habe Angst, aus dem Haus zu gehen, weil ich in der Zeitung so viel über Gewalt lese.

Alles, was Sie lesen oder sich im Fernsehen anschauen, wird Teil Ihres Energiefeldes und zieht mehr vom Gleichen an. Deshalb sollten Sie darauf achten, was Sie lesen und sich anschauen. Die einzige Möglichkeit, vollkommen sicher zu sein, besteht darin, keinen einzigen gewalttätigen Gedanken zu haben. Beobachten Sie Ihre Gedanken und sorgen Sie dafür, dass sie friedvoll und liebevoll sind und alle anderen Menschen mit einschließen. Dann wird Ihr Energiefeld automatisch jede Gefahr abwehren, die auf Sie zukommt. Sie sollten wissen, dass ein Mensch mit einer reinen Aura für eine Person mit bösen Absichten unsichtbar ist.

Visualisierungsübung, um sich zu schützen

- Atmen Sie Frieden in Ihre Aura ein.
- Bitten Sie den Erzengel Michael, er möge Sie in seinen dunkelblauen Schutzmantel hüllen. Spüren Sie, wie er ihn um Ihre Schultern legt, wie die Kapuze über Ihren Kopf gezogen wird und die Stirn bis zum dritten Auge bedeckt. Stellen Sie sich vor, dass der Mantel einen Reißverschluss hat, der von den Zehen bis zum Kinn zugezogen wird. Tun Sie dies jeden Morgen und jeden Abend und bitten Sie darum, dass Sie ständig in diesen Schutzmantel eingehüllt sein mögen.
- Machen Sie dieselbe Visualisierungsübung für Ihre Kinder und Lieben.
- Bitten Sie die Schutzengel, Ihnen stets zur Seite zu stehen. Seien Sie sich sicher, dass sie da sind.

Was Sie tun können, um sich zu schützen

Wohin Sie heute auch gehen mögen, stellen Sie sich vor, dass Sie eine goldene Aura haben und von reinem Licht umgeben sind.

Was kann ich für die Sicherheit meiner Kinder tun?
Auf der materiellen Ebene sollten Sie einfach Ihren gesunden Menschenverstand gebrauchen. Auf spiritueller Ebene sollten Sie bedenken, dass Unheil durch Angst angezogen wird. Wenn Sie sich Sorgen um Ihre Kinder machen, durchtränken Sie ihre Auras mit Ihren Ängsten, was möglicherweise dazu führt, dass genau das eintritt, wovor Sie sich fürchten. Wenn Sie die geistige Hierarchie bitten, auf Ihre Kinder aufzupassen, aber sich immer noch Sorgen machen, machen Sie Ihre Bitte zunichte. Sie sollten sich einfach vorstellen, dass die Menschen, die Ihnen nahestehen, gesund, glücklich und in Sicherheit sind. Bitten Sie die Engel, jedes Mitglied Ihrer Familie zu beschützen. Danken Sie ihnen dafür, dass sie über sie wachen. Vertrauen Sie darauf, dass die Engel genau das tun.

Eine Visualisierungsübung für Frieden

- Bitten Sie die Engel, Ihnen zu helfen, in allem und allen nur das Beste zu sehen.
- Atmen Sie das wunderbare Gefühl des Friedens in Ihre Aura ein.
- Stellen Sie sich vor, dass Ihre Lieben von goldenen Lichtbällen umgeben sind, und füllen Sie diese mit Liebe und Frieden.

Affirmationen, um sich sicherer zu fühlen

- Ich bin vollkommen sicher.
- Meine Engel beschützen mich immer und überall.
- Ich bin vom Christus-Licht umgeben.
- Ich strahle nur Liebe und Frieden aus.

Wenn ein gewaltloser Mensch so sicher ist, wieso wurde dann Gandhi ermordet?
Seine Seele opferte seinen Körper, um Frieden zwischen Moslems und Hindus herzustellen. Er hatte sein Leben der Gewaltlosigkeit verschrieben, aber erst als er auf so gewalttätige Weise ums Leben kam, erkannten viele Menschen die Weisheit seiner Lehren.

Warum kommt es heute so häufig zu Identitätsdiebstählen?
Das Universum hat eine unvergleichliche Art, Menschen daran zu erinnern, welche Lektionen sie lernen sollen. Viele Menschen haben vergessen, warum sie überhaupt auf Erden sind. Sie sind verwirrt und wissen nicht mehr, wer sie sind. Metaphorisch gesehen haben sie ihre Identität verloren. Um sie auf dieses Problem hinzuweisen, werden ihnen zum Beispiel ihre Ausweispapiere und ihre Kreditkarten, also ihre Identität, gestohlen.
Auf der materiellen Ebene ist dies natürlich ein klarer Missbrauch der neuen Technologien und im Lauf dieses

oder eines anderen Lebens werden jene, die solche Verbrechen begehen, dafür bezahlen.

Warum gibt es so häufig Streit unter Nachbarn?
Gegenwärtig inkarnieren sich mehr Seelen auf der Erde als jemals zuvor. Deshalb ist die Erde übervölkert und die Menschen haben keine Freiräume mehr. Die Natur absorbiert negative Energien und löst sie auf, aber die meisten Menschen leben heute in Betonwüsten, wo Mutter Erde ihre Heiltätigkeit nicht vollbringen kann.
Zudem haben die Menschen das Zusammengehörigkeitsgefühl verloren, sodass Nachbarn häufig Fremde sind, mit denen sie nicht kommunizieren. Wenn Nachbarn einander kennen und miteinander reden, kommt es viel seltener zu Konflikten.

Was Sie tun können, um in Ihrer Nachbarschaft Harmonie herzustellen

- Gehen Sie so oft wie möglich in der freien Natur oder einem Park spazieren, damit Mutter Erde die negative Energie aus Ihnen herausziehen und sie durch ein Gefühl des Friedens ersetzen kann.
- Zünden Sie eine Kerze an und bitten Sie die Engel, Ihnen zu helfen, gut mit allen Nachbarn auszukommen.
- Beten Sie dafür, dass Menschen überall auf der Welt ihre Herzen öffnen und sich miteinander anfreunden.

- Stellen Sie sich vor, dass Sie und Ihre Nachbarn von einem rosafarbenen Lichtball umgeben sind. Wenn Sie in einer Großstadt leben, stellen Sie sich vor, dass der rosafarbene Lichtball den ganzen Block umgibt.
- Am wichtigsten: Lächeln Sie Ihre Nachbarn an. Stellen Sie Augenkontakt her. Unterhalten Sie sich mit ihnen, auch wenn es Ihnen noch so banal erscheinen mag.

Im Haus neben Pete und Sally lebte ein mürrischer alter Mann. Niemand aus der Nachbarschaft mochte ihn, weil er so unangenehm war. Pete und Sally beschlossen, ihn durch Freundlichkeit zu ändern. Immer wenn sie ihm begegneten, grüßten sie ihn freundlich, als ob er ihr bester Freund wäre. Sie lächelten ihn an und fragten ihn, wie es ihm ginge. Dann hörten sie höflich zu, was er zu sagen hatte. Es dauerte nicht lange und er behandelte sie ebenfalls wie gute Freunde. Gegenüber allen anderen war er immer noch verschlossen und mürrisch, aber wenn er sie sah, hellte sich seine finstere Miene auf.

Warum ziehen nette Menschen schreckliche Nachbarn an?

Nach den geistigen Gesetzen, zieht Gleiches Gleiches an. Wenn Sie also warmherzig, gütig und liebevoll sind und einen schwierigen Nachbarn haben, sollten Sie überprüfen, ob er Sie nicht an eine negative Eigenschaft erinnert, die Sie verdrängt haben. Verdrängte Wut zieht zornige Menschen an. Wenn Sie glauben, sowieso immer betrogen zu werden, werden Sie einen Nachbarn bekommen, dem Sie nicht trauen können. Schauen Sie sich an, welche Knöpfe

Ihr Nachbar bei Ihnen drückt, dann trösten Sie Ihr verletztes inneres Kind und stärken Sie es.
Wenn bei dieser Selbsterforschung nichts herauskommt oder wenn Sie ehrlich das Gefühl haben, Sie hätten die betreffende Lektion gelernt, dann will Ihnen das Universum möglicherweise mitteilen, dass es an der Zeit ist, wegzuziehen.

Roy und Janice waren das netteste, gütigste Paar mit zwei wunderbaren, fröhlichen Kindern und einem wohlerzogenen Hund. Sie hatten schon eine ganze Weile im selben Quartier gewohnt und kamen mit allen Nachbarn gut aus, bis eines Tages eine Familie mit drei Jungen ins Nachbarhaus einzog. Diese Jungen warfen ihnen Beleidigungen an den Kopf, wenn sie das Haus verließen, schossen Bälle gegen Roys Auto und gegen die Haustür. Sie warfen Abfall über den Zaun und der Vater parkte sein Auto direkt vor der Ausfahrt, sodass sie nicht wegfahren konnten. Als sie sich beschwerten, wurden sie sowohl von den Eltern als auch von den Kindern lauthals beschimpft. Obwohl Roy und Janice meditierten, um die Situation zu verstehen und sie zu beruhigen, geriet die Lage immer mehr außer Kontrolle. Ihre Kinder und der Hund hatten Angst, überhaupt noch in den Garten zu gehen.
Als sie mit mir über die Situation sprachen, erwähnten sie so nebenbei, dass sie eigentlich lieber auf dem Land leben und Tiere halten würden, dass sie es sich aber nicht leisten könnten. Nun schien ihr Traum noch attraktiver zu sein. Sie beschlossen, mit ihren Familien darüber zu reden. Ein Elternpaar sagte sofort zu, das nötige Geld aufzubringen, um ein großes Haus auf dem Land kaufen zu können. Kaum war die Entscheidung gefallen, wurde sie vom Universum unterstützt. Ihr altes Haus wurde sehr schnell

verkauft und sie fanden ein perfektes neues Haus mit einem Stück Land.
Heute leben sie das friedliche und harmonische Leben, das sie sich immer gewünscht hatten. Aber es waren schreckliche Nachbarn nötig, um sie aus ihrem gemütlichen alten Heim zu vertreiben und etwas noch Besseres zu finden. Bedenken Sie, dass auch die Dunkelheit immer Ihrem Wachstum dient.

Warum lässt Gott zu, dass sich Menschen so furchtbare Dinge antun?
Nachdem Gott den Menschen den freien Willen gegeben hatte, bestand seine göttliche Rolle darin, einen Schritt zurückzutreten und zu beobachten, was sie damit anfangen würden. Würden sie ihr spirituelles Verständnis behalten oder würde sie ihr Ego dazu verführen, sich von der Quelle und voneinander getrennt zu fühlen? Würden sie zum gegenseitigen Nutzen zusammenarbeiten oder würden sie versuchen, einander zu dominieren? Würden sie ihre Freiheit dazu benützen, den Reichtum der Erde zu teilen oder würden sie der Gier anheimfallen und materielle Besitztümer anhäufen, um ihr Ego zu befriedigen und sich über andere erhaben zu fühlen? Die Entscheidungen, die die Menschen getroffen haben, sind die Ursache der gegenwärtigen Misere auf Erden. Gott ist dafür nicht verantwortlich.
Aber heute wachsen mehr und mehr Menschen über sich hinaus und erkennen, dass sie füreinander sorgen müssen und voneinander abhängig sind. Jedes Mal, wenn Sie etwas teilen, wenn Sie jemandem helfen, der schwächer ist als Sie, jedes Mal, wenn Sie für ein Ziel arbeiten, das über

Ihre persönlichen Interessen hinausgeht, tragen Sie dazu bei, dass das Pendel in die Richtung des Guten ausschlägt.

Warum werden die alten Menschen in vielen Kulturen so schlecht behandelt?
Das geistige Gesetz der Spiegelung sorgt dafür, dass Ihnen Ihre Glaubenssätze widergespiegelt werden. In Zeiten großer technologischer Neuerungen und des immer schneller werdenden Tempos glauben viele alte Menschen selbst daran, dass sie nutzlos sind. Als Konsequenz benehmen sich viele von ihnen ungeschickt oder dumm, meckern an allem herum, werden mürrisch oder haben an allem etwas auszusetzen. Das wird ihnen dann widergespiegelt, indem sie ohne Respekt und ohne echtes menschliches Interesse behandelt werden.
In den Kulturen, in denen die Technologie und materielle Besitztümer zu Göttern geworden sind, werden die Alten als lebendige Fossilien behandelt. Sie werden als dumm und lästig betrachtet und als eine Belastung der Gesellschaft gesehen. Das spiegelt aber nur das wider, was die Alten selbst fühlen. Die Jungen verschließen ihre Herzen vor den Bedürfnissen und der Weisheit der Alten, weil diese ihre eigenen Erfahrungen gering schätzen und glauben, keine aktive Rolle mehr spielen zu können. Deshalb flüchten sich so viele alte Menschen in die Senilität.
Die Engel sehen deutlich, dass die alten Menschen eine Quelle des Wissens und der Weisheit sind. Sie bewahren das Wissen der Vorfahren für die junge Generation. In Kulturen, in denen dies erkannt und respektiert wird, haben die weisen Alten einen festen Platz in der Gesellschaft

und sind glücklich, weil sie das Gefühl haben, nützlich zu sein. Es ist höchste Zeit, dass die Senioren diesen Platz wieder einnehmen, indem sie sich weise, würdig und vernünftig verhalten, sodass die jungen Menschen anfangen, sie wertzuschätzen.

Wie man alten Menschen helfen kann

Jedes Mal, wenn Sie alte Menschen sehen oder an sie denken, stellen Sie sich vor, dass sie von einer goldenen Flamme umgeben sind. Segnen Sie diese Personen und bekräftigen Sie in Gedanken oder Worten, dass sie geliebt, geehrt und respektiert werden. Ihre Energie wird auf die älteren Menschen übergehen und eine Veränderung zum Besseren bewirken.

Kann ich irgendetwas tun, um mein Altersdasein zu beeinflussen?

Ja, Sie können sich entscheiden, wie Ihr Leben im Alter aussehen soll. Möchten Sie von Kindern und Enkeln umgeben sein? Möchten Sie unabhängig sein und in Ihrem eigenen Zuhause leben? Möchten Sie in einer Gemeinschaft Gleichgesinnter leben? Möchten Sie bis ans Ende Ihrer Tage die Welt bereisen? Treffen Sie Ihre Entscheidung heute und stellen Sie sich Ihr Alter so bildhaft wie möglich vor.

Eine Übung, um das Altersdasein lichtvoller zu gestalten

- Konzentrieren Sie sich auf das, was Sie wirklich wollen. Sprechen Sie mit anderen darüber, aber lassen Sie nicht zu, dass sich jemand darüber lustig macht oder es als unrealistisch bezeichnet.
- Stellen Sie sich genau vor, was Sie sich erschaffen möchten, und lassen Sie nicht zu, dass sich negative Gedanken einschleichen, die Ihre Vision trüben.
- Sagen Sie täglich eine Affirmation auf, zum Beispiel:
  Ich bin im Alter von Liebe umgeben.
  Ich bin bis zum Moment meines Todes gesund, stark und unabhängig.
  Ich werde von Gleichaltrigen und Jüngeren gleichermaßen geschätzt und respektiert.

Evelyn war in ihrer Jugend eine schöne, charmante Frau, um die sich alle rissen. Sie heiratete einen reichen Mann, mit dem sie sehr glücklich war, auch wenn sie keine Kinder hatten. Sie hatte aber Nichten und Neffen, denen sie sich sehr nahe fühlte. Als ihr Mann starb, brach ihre ganze Welt zusammen. Sie wollte nur noch, dass man sich um sie kümmerte. Mit ihrem Geld heuerte sie eine Haushaltshilfe, eine Köchin, einen Gärtner und andere Hilfen an. »Ich will, dass sich immer jemand um mich kümmert«, wurde ihr Motto. Mit zunehmendem Alter wurde sie immer schwächer, bis sie schließlich völlig senil geworden war und in ein teures Pflegeheim gebracht wurde, wo man sich Tag und Nacht um sie kümmerte. Das war genau das, was sie sich gewünscht hatte. Sie selbst hatte sich diese Umstände erschaffen.

Robert war Yoga-Lehrer und starb, als er beinahe neunzig war. Er fuhr mit dem Fahrrad und seinem Auto und unterrichtete bis zum Tag seines Todes Yoga. Er war immer von Menschen umgeben, die hören wollten, was er zu sagen hatte, weil sie seine Weisheit schätzten. Er bekräftigte immer wieder, dass er bis zum Schluss aktiv sein wollte. Und so kam es auch.

Warum gibt es so viele Unruhen auf der Welt?

Die weit verbreiteten Unruhen sind die Folge der göttlichen Unzufriedenheit. Die Menschen fordern kollektiv mehr Gerechtigkeit und wehren sich gegen ungerechte Gesetze.

Die Seelenalter

Was bedeutet der Begriff »Seelenalter«?
Jedes Mal, wenn sich eine Seele wieder auf Erden inkarniert, wird sie etwas vertrauter mit der Körperlichkeit, der Sexualität und den Verhältnissen auf Erden. Während der ersten Leben gleichen Sie einem Baby, um das man sich kümmern muss. Je öfter Sie den Planet aber besuchen, das heißt je älter Sie werden, desto erfahrener und weltgewandter werden Sie. Wenn Sie auf anderen Planeten hoch entwickelt waren, werden Sie der Gesellschaft dienen können und große Weisheit zeigen, aber die Verhältnisse auf der Erde werden Ihnen immer Unbehagen bereiten und Sie werden sich in mancherlei Hinsicht wie ein Kind benehmen.

Was sind junge Seelen?
Die Seele inkarniert sich, um bestimmte Erfahrungen zu machen. Als jung werden jene Seelen bezeichnet, die auf anderen Planeten nicht besonders weit entwickelt waren und die sich erst wenige Male auf der Erde inkarniert haben. Sie müssen lernen, mit ihren Gefühlen umzugehen, und sich überhaupt an ein Leben in einem Körper gewöhnen. Wie bei Babys muss man sich um sie kümmern und

für sie sorgen. Sie werden nie infrage stellen, was ihnen die Autoritäten sagen, denn Sicherheit steht für sie an erster Stelle. Daher leben solche Seelen oft in Diktaturen. Sie sammeln sich in bestimmten Regionen und in einfacheren Kulturen, weil sie sich dort sicher fühlen. Diese Seelen empfinden das Leben in wirtschaftlich oder technologisch fortgeschrittenen Gesellschaften als sehr schwierig. Allgemein kann man sagen, dass sich junge Seelen immer seltener auf der Erde inkarnieren, weil sich der Planet zu schnell ändert.

Gibt es Seelen, die auf anderen Planeten hoch entwickelt, aber auf der Erde noch unerfahren sind?
Ja, solche Seelen finden sich oft in verantwortungsvollen Positionen, da sie ein fortgeschrittenes Verständnis der Natur und der Einheit besitzen. Allerdings stolpern sie oft über ihre Sexualität oder ihre Gefühle.

Was sind »Kleinkind-Seelen«?
Diese Seelen sorgen durch viel Geschrei dafür, dass sie gehört werden. Sie können sehr zerstörerisch sein und die Gefühle anderer Menschen auf grausame Weise missachten. Sie brauchen klare Grenzen und finden sich zuhauf in den fundamentalistischen Religionen. Sie hassen jede Veränderung, zeichnen sich durch rigide Denkstrukturen aus und versuchen, jeden Fortschritt zu verhindern. Sie sind gegen Abtreibung und Schwule, für die Familie, Kirche, Gefängnisse, Todesstrafe und ironischerweise andererseits dafür, Leben um jeden Preis zu erhalten. Sie häufen viel Karma an.

Was versteht man unter jugendlichen Seelen?
Diese Seelen sind schon ein paar Mal auf der Erde gewesen. Viele von ihnen werden energiegeladene Pioniere und Unternehmer, die Geld um jeden Preis machen wollen. Sie sind oft sehr selbstbezogen und haben kein Mitgefühl mit jenen, denen es schlechter geht als ihnen. Sie treiben den technischen Fortschritt ohne Rücksicht auf die ökologischen oder ökonomischen Konsequenzen voran. Sie spekulieren an der Börse oder leiten Konzerne, die ohne Rücksicht auf ihre Angestellten expandieren. Sie sind Soldaten, die das Gefühl über Leben und Tod genießen, das ihnen ihre Waffen geben. Gleichzeitig betonen sie die Heiligkeit des Lebens, ganz gleich, wie unerträglich es für die Betroffenen auch sein mag. Es ist klar, dass auch sie viel Karma anhäufen.

Was sind die Kennzeichen erwachsener oder reifer Seelen?
Diese Seelen haben schon viel über die Umstände auf Erden gelernt. Sie haben sich weiterentwickelt und können das Leben nun von einer größeren Perspektive aus betrachten. Sie kümmern sich um die Benachteiligten oder kämpfen gegen Hunger und Armut. Sie bieten friedvolle Alternativen zu Krieg und Gewalt an und setzen sich für wirtschaftliche und soziale Reformen ein, von denen alle profitieren. Sie sind liberal und demokratisch gesinnt. Sie sind kreativ, künstlerisch veranlagt und bemühen sich um die Erhaltung der Natur. Sie besitzen ein globales Bewusstsein. Weil viele von ihnen karmische Schulden abtragen, die sie in vergangenen Leben angehäuft haben,

scheinen viele von ihnen schwere Leben zu haben. In vielen europäischen Ländern inkarnieren sich vor allem reife Seelen, die auch andere Menschen in ihre Überlegungen einschließen und ihre Länder auch für jene öffnen, die weniger vom Schicksal begünstigt sind.

Was sind weise alte Seelen?

Dies sind weise, philosophisch veranlagte Menschen, die eher introvertiert sind und sich bemühen, Gutes zu tun. Oft sind sie des Treibens der Welt müde und möchten ein ruhiges Leben führen, aber sie haben einen positiven Einfluss auf andere Menschen, weil diese sich von ihnen angezogen fühlen. Sie sind die Stimme der Hoffnung und der Vernunft. Sie streben weder nach Reichtum noch nach Ruhm, sondern wollen das Beste für alle.

Viele von ihnen leben im Himalaja und an anderen Orten, an denen das Licht des Geistes hell erstrahlt. Manche sind die weisen Führer indigener Völker, die die Heilkraft der Natur kennen und die Verantwortung des Menschen gegenüber der Natur betonen. Aber man findet sie auch verteilt über alle Kontinente, wo sie als Lehrer, Heiler, Schamanen und als Hüter der alten Traditionen wirken.

Gibt es besondere Seelen?

Heute verkörpern sich auf der Erde viele Seelen, die an den Universitäten des Lichts in anderen Sternensystemen, Galaxien oder Universen ausgebildet worden sind. Oft haben sie noch nie oder nur sehr selten auf der Erde gelebt, aber sie sind spirituell weit fortgeschritten und nehmen heute führende Positionen ein, um den Planeten voranzubringen. Diese erleuchteten Seelen haben sich auf dem Planeten inkarniert, um das Verständnis der Einheit zu fördern.

Was ist mit den verschiedenen Ländern und Kontinenten?

Afrika

Die jungen und Kleinkindseelen Afrikas haben den jugendlichen Seelen Europas erlaubt, ihre Länder jahrhundertelang auszuplündern. Obwohl der Kontinent überwiegend von sehr verletzlichen jungen Seelen bevölkert ist, inkarnieren sich heute dort auch jugendliche Seelen. Unglücklicherweise nutzen sie ihre feurige Energie hauptsächlich, um Bürgerkriege anzuzetteln und noch mehr Leid zu verursachen. Aber da der Rest der Welt immer mehr reife Seelen hervorbringt, wird deren Verantwortungsgefühl dafür sorgen, dass man den Ländern Zentralafrikas hilft. Südafrika, wo die Apartheid, die jugendliche weiße Seelen den reifen, verantwortungsvollen und friedliebenden Schwarzen aufgezwungen hatten, abgeschafft wurde, ist ein leuchtendes Beispiel dafür, was möglich ist.

Vereinigte Staaten

Im Mittleren Westen, dem Bibelgürtel der Vereinigten Staaten leben vor allem Kleinkindseelen. Aber da sich dort zurzeit auch mehr jugendliche Seelen inkarnieren, beginnt der christliche Fundamentalismus dort langsam zu schwächeln. Die jugendlichen Seelen sind aufstrebende Geschäftsleute, die sich seit Langem weigern, die ökologisch notwendigen Veränderungen einzuleiten. Heute inkarnieren sich dort sogar immer mehr reife Seelen, die den Gedanken der sozialen und globalen Verantwortlichkeit propagieren.

Arabien
Die rigiden Glaubenssysteme der Kleinkindseelen weichen auf, wenn sie zu jugendlichen Seelen heranwachsen, die gegen die von bestimmten Familien und dem Westen unterstützten autoritären Systeme rebellieren. Rebellion ist immer das Kennzeichen jugendlicher Seelen, die nicht an Geld oder Erfolg interessiert sind.

Australien
Viele von denen, die ursprünglich nach Australien verbannt wurden, sind heute jugendliche Seelen und bringen das Land nach vorne. Viele von ihnen sind nun zu reifen Seelen herangewachsen und haben ein soziales Verantwortungsgefühl entwickelt.

China
China war voller junger und Kleinkindseelen, die von jugendlichen Seelen regiert und dominiert wurden. Heute macht das ganze Land eine Art Pubertät durch und die heranwachsenden jugendlichen Seelen streben nach mehr Freiheit, um endlich Geld zu verdienen. Sie reißen die alten Grenzen nieder und führen China technisch und wirtschaftlich ins 21. Jahrhundert.

Europa
In den letzten Jahrhunderten haben die jugendlichen Seelen Europas versucht, andere Teile der Welt zu kolonisieren und zu dominieren, die dort heimischen Völker auszuplündern und ihnen ihr Land und ihre Reichtümer zu stehlen. Das ist eben genau, was undisziplinierte Jugendliche tun. Die Engländer, Spanier, Franzosen und Portugiesen wurden auf Kosten anderer reich. Deutschlands Jugendjahre, die in der Judenvernichtung gipfelten, fanden erst vor Kurzem statt. Aber all das kann heute nicht mehr geschehen, denn diese Länder haben sich weiterentwickelt und reifere Seelen inkarnieren sich hier. Überall in Europa sorgen große Gruppen erwachsener und alter Seelen dafür, dass sich die Sozialsysteme weiterentwickeln.

Indien
Der Grund, warum sich die hungernden Massen Indiens so lange haben unterdrücken lassen, besteht darin, dass es sich bei ihnen überwiegend um ganz junge Seelen handelte, die nicht in der Lage waren, ihre eigenen Interessen zu vertreten. Dieses Karma hat nun aber ein Ende gefunden. In den letzten zwanzig Jahren sind in Indien vermehrt jugendliche Seelen geboren worden, die sich nicht mehr mit der Armut abfinden wollen und ihre Energie in Technik und Wirtschaft stecken. Dadurch tritt Indien in eine neue Phase ein. Andere Länder werden es zunehmend schwierig finden, dieses Land auszubeuten. Im Himalaja und überall in Indien finden sich weise alte Seelen, die ihr Bestes geben, um diesen Übergang sanft vonstatten gehen zu lassen und spirituelle Vorbilder für die Bevölkerung zu sein.

Israel
Auch Israel ist ein Land voller jugendlicher Seelen, die bereit sind, ungeachtet der Konsequenzen für ihre Rechte zu kämpfen. In dieser Haltung sind sie von den Vereinigten Staaten massiv unterstützt worden. Aber Israel befindet sich im Übergang zu einer reiferen Phase, in der hoffentlich die Stimmen der Vernunft, des Verständnisses, des Mitgefühls und des Kompromisses Gehör finden werden.

Japan
Japan ist ein Land voller jugendlicher Seelen, die Geld verdienen wollen und dabei ihre Umwelt hemmungslos verschmutzen. Aber auch hier beginnt sich der Einfluss weiser alter Seelen zu zeigen.

Russland
Weil sich hier so viele erwachsene und alte Seelen inkarniert haben, ist der Übergang in Russland für ein Land von solcher Größe relativ glatt vonstatten gegangen. Russland fehlt aber die Energie und die Begeisterung jugendlicher Seelen, um das Land voranzubringen. Außerdem wird die Unwilligkeit, bestimmte Regionen in die Unabhängigkeit zu entlassen, für weitere Probleme sorgen.

Südamerika
Dieser Kontinent wird von jungen und Kleinkindseelen bevölkert, aber auch hier zeichnet sich eine Veränderung ab, weil sich mehr und mehr jugendliche Seelen inkarnieren, die sich weigern, die alten Verhältnisse zu akzeptieren.

Regierungen

Gibt es eine soziale, wirtschaftliche und politische Staatsform, die für alle Völker und Kulturen geeignet ist?

Es existiert ein perfektes, globales System, das sich gegenwärtig in den Archiven der Sphinx befindet und freigegeben werden wird, wenn die Zeit reif ist. Gegenwärtig verfolgen noch zu viele Länder eigennützige Interessen. Wenn das globale Bewusstsein reif ist für eine spirituelle Weltregierung, wird es wieder den Himmel auf Erden geben.

VISUALISIERUNGSÜBUNG, UM DIE WELT ZU HEILEN

- Stellen Sie sich vor, dass der ganze Planet von weißem Licht umgeben ist, und dass sich alle Menschen auf der Welt die Hand reichen.
- Stellen Sie sich vor, dass alle Menschen frei, glücklich und ausreichend ernährt sind, dass sie

eine gute Schuldbildung haben und im Interesse des Gemeinwohls zusammenarbeiten.
- Bitten Sie die Engel, Ihrer Vision ihre eigene Energie hinzuzufügen.

Wie wird der Kapitalismus von einer spirituellen Perspektive aus gesehen?

Der Kapitalismus fördert Selbstsucht und Gier, weshalb sich die Kluft zwischen Arm und Reich immer mehr vergrößert. Dieses System wird von jugendlichen Seelen bevorzugt, weil sie alles tun können, um ihr Ego zu befriedigen und Geld anzuhäufen. Zurzeit inkarnieren sich Wesen vom Sirius in den kapitalistischen Ländern, um die Menschen von diesem wirtschaftlichen System abzubringen. Viele Rebellen stammen vom Sirius.

Wie ist der Sozialismus aus spiritueller Sicht zu beurteilen?

Der Sozialismus funktioniert in Ländern, in denen es viele reife Seelen gibt, die bereit sind, sich um die Alten, Kranken und Benachteiligten zu kümmern. Sie führen idealistische Erziehungs- und Gesundheitssysteme ein und bieten allen Chancengleichheit. Dies ist ein Schritt in die richtige Richtung, aber der Nachteil besteht darin, dass die Hilfsbedürftigen aufgrund ihres gegenwärtigen Bewusstseinszustandes entmündigt werden. Sie lassen zu, dass sie etwas bekommen, ohne etwas dafür zu geben. Solange nicht jeder danach strebt, sein Bestes zu geben, fördert der Sozialismus nur die Durchschnittlichkeit. Das System wird zusammenbrechen, wenn sich genügend ungeduldige jugendliche Seelen dort inkarnieren.

Und der Kommunismus?

Kommunistische Gesellschaften, in denen sich genügend alte Seelen um die jungen kümmern, funktionieren gut. Alle profitieren, solange alle an einem Strang ziehen und das Gemeinwohl im Auge haben. Aber normalerweise werden die jungen Seelen irgendwann ausgebeutet. Der Kommunismus versagt immer dann, wenn sich Kleinkindseelen inkarnieren, die das System überbeanspruchen, oder jugendliche Seelen, die auf eigene Rechnung arbeiten wollen. Das alles ist Teil der Entwicklung von Staat und Gesellschaft.

Was ist für die Engel eine spirituelle Regierung?

Eine Regierung voller Integrität, die ein politisches und wirtschaftliches System fördert, das dem Allgemeinwohl dient. Eine solche Regierung würde anerkennen, dass alle Seelen gleichwertig sind, unabhängig davon, ob sie reich oder arm, alt oder jung, gesund oder krank sind. Sie würde auf die gegenseitige Abhängigkeit hinweisen und Selbstverantwortlichkeit und Vertrauen fördern. Eine spirituelle Regierung würde Demokratie und Freiheit zulassen und niemanden diskriminieren.

Wie kann der Welt am besten geholfen werden?

Die Welt braucht heute reife, alte Seelen mit einer sozialen und globalen Vision an den Schalthebeln der Macht.

Sie sollten die weniger entwickelten Seelen inspirieren, zum Wohl aller zusammenzuarbeiten. Die Menschen müssen sich Führer wählen, die Integrität besitzen, ökologische Ideale haben und wissen, dass der Planet nur überleben kann, wenn alle zusammenarbeiten.

Was halten die Engel von Personalausweisen?
Beim gegenwärtigen Stand der Bewusstseinsentwicklung werden sie missbraucht werden.

Was halten die Engel von den gegenwärtig so hohen Steuern?
Wenn die Steuern hoch sind und die Menschen keinen Respekt vor dem Staat haben, bringen sie viel zu viel Zeit und Energie dafür auf, das System zu betrügen. Alle gesetzlichen Bestimmungen nehmen dann einen strafenden Charakter an. Die Moral der Bevölkerung leidet darunter und jeglicher guter Wille geht verloren. Der Graben zwischen dem Volk und seinen Führern wird immer breiter.

Was ist spirituell gesehen der richtige Steuersatz?
Zehn Prozent. Aber dies würde bei der Selbstsucht, die gegenwärtig auf der Erde herrscht, nicht funktionieren. Ein solcher Steuersatz ist nur möglich, wenn Liebe, Fürsorge, Mitgefühl und Altruismus herrschen und wenn die gesamte Weltgemeinschaft zum Wohl aller zusammenarbeitet.

Was halten die Engel von Grund- und Hausbesitz?
Die Menschen können das Land genauso wenig besitzen wie einen Baum oder eine Blume. Die Menschen sind Hü-

ter des Landes und Verwalter ihrer Häuser – ganz gleich, wie das ökonomische System des Landes auch aufgebaut sein mag. Das Ideal besteht darin, die Gärten und Gebäude, die Ihnen anvertraut sind, nach bestem Wissen und Gewissen zu bewirtschaften, bis Sie bereit sind, sie in die Obhut eines anderen zu übergeben.

Ist es wichtig, dass sich alle Länder technologisch entwickeln?

Die technologische Entwicklung bewirkt eine Erweiterung des menschlichen Bewusstseins. Wichtig ist, wie man mit dem umgeht, was man entwickelt. Regierungen, die mit Integrität und Weisheit regieren und technische Fortschritte zum Wohle aller und zur Verbesserung der Lebensqualität nutzen, handeln gemäß dem göttlichen Willen.

Wie kann man technische Fortschritte verantwortungsvoll nutzen?

Die Entwicklung von neuen Technologien geschieht meistens aufgrund einer Dominanz der linken Hirnhälfte, was bedeutet, dass das Herz dabei keine Rolle spielt. Wenn die Menschen lernen, auch ihre rechte Hirnhälfte zu nutzen, und wenn die kommenden Generationen diesen Teil ihres Bewusstseins besser einsetzen, wird eine visionäre Technologie entstehen, die mächtiger sein wird, als alles, was man sich heute vorstellen kann. Diese visionäre Technologie wird von den Menschen weise und zum Wohle aller genutzt werden.

Welche Folgen hat es, dass wir von kopflastigen Führern regiert werden, die sich nur auf Erfolge und Wachstum konzentrieren?

Führer, die vor allem ihre linke Hirnhälfte einsetzen, interessieren sich nur für kurzfristige Ziele, wodurch die Unterschiede zwischen verschiedenen Kulturen und Völkern noch verstärkt werden. Weil alle Entscheidungen vom Kopf her und ohne Beteiligung des Herzens getroffen werden, entwickeln sich weder Harmonie noch Vertrauen. Derartige Gesellschaften setzen rigide auf die Durchsetzung von Recht und Ordnung, ohne Feingefühl und ohne Gefühl für den gesunden Menschenverstand. Daher liegt die Betonung auf immer neuen Gesetzen, Erlassen und einer immer stärker wuchernden Bürokratie. Da viele Entscheidungen herzlos sind, streben die Menschen nach größerem materiellen Besitz als Ersatz für Sicherheit. Wirtschaftliche Überlegungen stehen dann oft im Mittelpunkt. In diesen Gesellschaften entwickeln sich neue Technologien und die Wissenschaft blüht. Es entstehen Religionen, die klare Grenzen setzen und Andersdenkende ausgrenzen, statt eine wahrhaft spirituelle Perspektive zu entwickeln. Als Folge davon herrscht eine große Leere in den Herzen der Menschen. Viele fühlen sich verloren, sind voller Angst und rebellieren bei jeder Gelegenheit.

Was würde geschehen, wenn unsere politischen Führer mehr ihre rechte Hirnhälfte einsetzen würden?

Derartige Gesellschaften würdigen Originalität und Kreativität, das Vorstellungsvermögen und jeden künstlerischen Ausdruck. Die Künste und Musik werden gefördert. Weil in der rechten Hirnhälfte weibliche Qualitäten wie teilen, vertrauen, nähren, offenherzig sein und andere mit einbeziehen ansässig sind, zeichnen sich diese Gesellschaften durch ein hohes Maß an Zusammenarbeit aus und haben friedliche, glückliche Bürger. Der Schwerpunkt liegt auf Spiritualität und Mystizismus. Aber das wirtschaftliche Wachstum, die wissenschaftlichen Neuerungen, der allgemeine Elan der Bevölkerung und der Einfluss in der Welt werden bescheiden sein.

Die australischen Aborigines sind ein typisches Beispiel für eine Kultur, in der die rechte Hirnhälfte dominiert.

Und was würde passieren, wenn die linke und die rechte Hirnhälfte gleichberechtigt wären?

Wenn ein Volk und seine Führung die Logik und Ordnung der linken Hirnhälfte mit der Weisheit und Liebe der rechten zusammenbringen, entwickelt sich ein Land auf sehr harmonische Weise. Die männliche Energie der linken Hirnhälfte sorgt dafür, dass eine leistungsfähige Wirtschaft und Fortschritte bei der Entwicklung neuer Technologien entstehen. Die weibliche Energie der rechten Hirnhälfte sorgt dafür, dass die Natur geehrt wird, dass Gesetze und Vorschriften mit Weisheit und im Interesse der Bedürfnisse der Bevölkerung erlassen werden. Dann wird das Volk freudig für das Gemeinwohl zusammenarbeiten und sein Bestes geben, weil es sich gewürdigt und frei fühlt. Kinder werden lernen, ihren Verstand zu gebrauchen, aber auch ihre Kreativität auszudrücken. Weil derartige Menschen ein erweitertes Bewusstsein besitzen, sind sie den Wundern der Schöpfung und der Führung durch die geistige Welt gegenüber aufgeschlossen.

Wie viel Freiheit haben wir in den westlichen Demokratien eigentlich wirklich?

Schauen Sie sich die letzten zehn Jahre an, dann sehen Sie, wie sehr Ihre Freiheit eingeschränkt wurde. Aus der Sicht der Engel sieht es so aus, dass sich die sogenannten demokratischen Nationen fast unmerklich Schritt für Schritt in Richtung Polizeistaat bewegen. Kämpfen Sie für Ihr Recht auf Meinungs- und Glaubensfreiheit, denn dies sind göttlich verbriefte Rechte.

Kaum hatte ich das geschrieben, als mich zwei Freundinnen besuchten. Während unserer Unterhaltung gebrauchten sie den Ausdruck »einen Frosch kochen«. Wenn ein Frosch ins Wasser gelegt wird und die Temperatur sehr langsam erhöht wird, merkt er nicht, dass er gekocht wird und rührt sich nicht, bis es zu spät ist. Der Begriff »einen Frosch kochen« wird von westlichen Politikern gebraucht, die damit beschreiben, wie sie sehr langsam eine Freiheit nach der anderen einschränken, ohne dass die Menschen es merken.

Visualisierungsübung, um sich die Freiheit zu bewahren

Weil die politischen Führer selbst Gefangene sind, versuchen sie, die Bürger- und Menschenrechte einzuschränken.

- Atmen Sie ruhig, bis Sie sich ganz entspannt fühlen.
- Sehen Sie vor Ihrem geistigen Auge die Fesseln der Weltführer.
- Bitten Sie die Engel, diese Fesseln zu durchtrennen. Sehen Sie, wie sie abfallen.
- Stellen Sie sich vor, dass sich die Führer ehrlich und aufrichtig die Hände schütteln.
- Jetzt befreien sie alle Menschen.
- Stellen Sie sich vor, wie alle auf ihre Befreiung voller Freude reagieren und zum Wohle aller zusammenarbeiten.
- Stellen Sie sich glückliche Familien vor.
- Stellen Sie sich vor, dass die Kinder fröhlich auf den Straßen spielen.
- Stellen Sie sich vor, dass alle Länder in Harmonie leben.
- Spüren Sie den guten Willen aller Menschen.

Krieg, Gewalt und Terrorismus

Was wollen die Terroristen?
Ihr Ziel ist es, Angst zu verbreiten. Wenn die Gesellschaft erschüttert wird, können sie die von ihnen angestrebten Veränderungen leichter durchsetzen. Angst kann aber nur entstehen, wenn man seinem göttlichen Kern entfremdet ist.

Warum werden Menschen überhaupt zu Terroristen?
Jeder unmenschlichen Handlung liegen Wut über lang andauernde Ungerechtigkeiten verbunden mit einem Gefühl der Machtlosigkeit zugrunde.

Ist Gewalt jemals gerechtfertigt?
Es ist spirituell gesehen niemals gerechtfertigt, irgendeinen Teil von Gottes Schöpfung zu schädigen, zu verletzen oder zu töten – das schließt auch das eigene Leben ein.

Rechtfertigt das Ziel, einen Tyrannen zu stürzen oder die Freiheit zu erlangen, Krieg oder Terrorismus?
Kämpfen und Töten sind spirituell gesehen niemals gerechtfertigt. Viele Terroristen bringen lediglich ihre Wut aus vergangenen Leben zum Ausdruck und haben keine

spirituellen Ziele. Es gibt aber einen anderen Weg: Innerer Friede ist die größte Macht, die ein Mensch haben kann, denn er wirkt sich tief greifend auf die Menschen in seiner Umgebung aus und beruhigt auch die Ängste der Unterdrücker.

Wenn es Ungerechtigkeiten gibt, wie sollen die Menschen dann ohne Terrorismus ihre Ziele erreichen?
Es gibt friedliche Methoden, um eine Gesellschaft wieder ins Gleichgewicht zu bringen. Wenn ein Mensch ein starkes Selbstwertgefühl hat und dies selbstbewusst zum Ausdruck bringt, reagieren die Menschen in seiner Umgebung darauf automatisch mit Respekt. Das ist das unvermeidliche Resultat der Anwendung geistiger Gesetze. Wenn Menschen sich geschätzt fühlen, verschwindet ihre Wut und sie handeln verantwortungsbewusst. Das gilt für alle Gruppen, Rassen und Religionen. Erforschen Sie Ihr Bewusstsein, Sie werden sehen, dass dies wahr ist.

Wie kann man den Terrorismus am besten bekämpfen?
Auf der weltlichen Ebene müssen zunächst alle Ungerechtigkeiten beseitigt und die Menschen besser informiert und ausgebildet werden. Man muss sicherstellen, dass alle Grundbedürfnisse erfüllt werden. Am wichtigsten ist aber, dass jeder Mensch geschätzt werden und als das respektiert werden möchte, was er ist.
Terrorismus ist eine Form der Manipulation, der Ego-getriebene Versuch, Menschen zu einem anderen Verhalten zu zwingen. Dem Wunsch, andere Menschen zu mani-

pulieren, liegen aber immer Angst oder Wut zugrunde. Wenn man Sie bedroht, seien Sie sich darüber im Klaren, wie weit Sie bereit sind zu gehen. Egal, wie sehr man Sie auch provozieren mag, bleiben Sie ruhig und geerdet, handeln Sie ehrenhaft und friedlich und im Interesse des Guten.

Ein Kleinkind bekommt einen Wutanfall, wenn es keine Süßigkeiten bekommt. Weise Eltern werden ihm liebevoll erklären, dass Süßigkeiten nicht gut sind, und sich durch kein Geschrei von ihrer Entscheidung abbringen lassen. So werden klare Grenzen gesetzt und die Erwachsenen bleiben ruhig und geerdet. Aber wenn ein Kleinkind einen Wutanfall bekommt, weil es müde und hungrig ist, erkennen weise Eltern, dass sie eher auf die Bedürfnisse des Kindes hätten reagieren müssen und geben dem Kind Liebe, Trost, Ruhe und natürlich Nahrung.

Was geschieht mit Selbstmordattentätern nach ihrem Tod?

Zuerst kommen sie in eine Dimension, die ganz ihren Erwartungen entspricht. Dann zeigt man ihnen die Konsequenzen ihrer Handlungen. Sie spüren das Leid der Menschen, die sie getötet oder verletzt haben, sozusagen am eigenen Leib. Sie erleben die fürchterlichen Langzeitfolgen, die sich ergeben, wenn ein Kind ohne Eltern aufwachsen muss oder eine Mutter ihr Baby verliert. Dann werden sie geheilt und erörtern mit ihren Engeln und Geistführern, wie der nächste Teil ihrer Reise aussehen wird. Manche inkarnieren sich sofort, um den Schaden wiedergutzumachen, andere bleiben in der inneren Dimension, um sich dort einer spirituellen Erziehung zu unterziehen, bevor sie auf die Erde zurückkehren.

Existiert spirituell gesehen ein Unterschied zwischen Krieg und Terrorismus?
Nein, durch beide Methoden sollen andere Menschen beherrscht oder ihr Verhalten geändert werden.

Ist es gerechtfertigt, Kriegsgefangene schlecht zu behandeln?
Nein, es ist niemals gerechtfertigt, irgendjemanden schlecht zu behandeln.

Warum benehmen sich die Menschen so unmenschlich?
In den herrlichen Zeiten des goldenen Atlantis, zu einer Zeit, als das Bewusstsein des Planeten seinen Höhepunkt erreicht hatte, wurden alle Geschöpfe Gottes als gleichwertig angesehen. Die Menschen liebten, ehrten und respektierten einander und Pflanzen und Tiere. Da ihre Herzzentren vollkommen offen waren, empfanden sie Mitgefühl mit allen anderen Lebewesen. Sie fühlten und verstanden den Schmerz eines anderen wie ihren eigenen und deshalb waren sie nicht in der Lage, irgendjemand oder irgendetwas Schaden zuzufügen.
Aber als das Bewusstsein abnahm, gewannen Gier und Machtlust die Oberhand. Die Herzen der Menschen verschlossen sich, sodass sie den Schmerz der anderen nicht mehr fühlen konnten. Sie hörten auf, das zu ehren, was sie nicht verstanden oder als minderwertig erachteten.

Manche Menschen dachten damals, sie seien besser als Tiere oder ihre Mitmenschen und es sei ihr Recht, sie zu besitzen oder zu missbrauchen. In diesem Moment begann die Unmenschlichkeit, die dem Ego und einem verschlossenen Herzen entspringt. In vielen »zivilisierten« Kulturen gilt es als angemessen, ein Kind zu schlagen, wodurch es von klein auf an lernt, dass Gewalt eine akzeptierte Möglichkeit ist, einen anderen Menschen dazu zu bringen, sein Verhalten zu ändern. Die einzige spirituell korrekte Möglichkeit besteht aber darin, durch das eigene Beispiel zu lehren.

Eine Übung zu Beginn des Tages

- Zünden Sie jeden Morgen eine Kerze an und bitten Sie die Engel Ihnen zu helfen, in jedem Menschen, dem Sie begegnen, das Beste zu sehen.
- Öffnen Sie Ihre Arme und stellen Sie sich vor, dass sich auch Ihr Herz weit öffnet.
- Nehmen Sie sich vor, anderen ein leuchtendes Beispiel zu sein.

Worin bestehen die spirituellen Folgen von Gewalt?
Sowohl Opfer als auch Täter sind spirituell geschwächt. Wut, Schuldgefühle, Hilflosigkeit und Angst binden sie Leben um Leben aneinander, bis das Karma abgetragen wurde.

Meine Eltern haben mich geschlagen und es hat mir nicht geschadet. Wieso sollte man ein Kind eigentlich nicht züchtigen?
Weil es dem Kind zeigt, dass Gewalt ein akzeptiertes Mittel ist, um das zu bekommen, was man will, oder um jemanden zu kontrollieren, der schwächer ist als man selbst. Weil das Kind daraus schließt, dass Gewalt Macht bedeutet, wird aus ihm vermutlich ein Erwachsener, der Gewalt zur Durchsetzung seiner Interessen einsetzt. Dies setzt einen karmischen Kreislauf in Gang, der so lange andauert, bis die Eltern und das geschädigte Kind gelernt haben, einander und sich selbst zu respektieren und zu vergeben.

Warum tun kleine Kinder anderen Kindern oder Tieren weh?
Nur ein Kind, dessen Herz so verschlossen ist, dass es den Schmerz eines anderen Lebewesens nicht mehr spüren kann, tut so etwas. Vielleicht haben die Eltern seine Hilferufe ignoriert und ihm dadurch gezeigt, dass es ganz in Ordnung ist, die Schmerzen eines anderen zu ignorieren. Vielleicht ist sein Herz aber auch aufgrund der Erfahrungen aus anderen Leben verschlossen. Es ist selbstverständlich die spirituelle Verantwortung der Eltern, ihren Kindern zu zeigen, dass sie sie lieben, aber auch viele Eltern haben sich von ihren Gefühlen abgeschnitten. Dies mag Folgen für ihre Kinder haben, die sich über viele Leben erstrecken. Aber jetzt ist die Zeit für Veränderungen gekommen. Wenn Sie sich selbst heilen, wirkt sich das auch auf vergangene und künftige Generationen aus.

Megans Tochter litt unter einem schlimmen Hautausschlag. Schon als Baby kratzte sie sich so heftig, dass sie am ganzen Körper von eiternden Wunden bedeckt war. Megan war eine warmherzige, liebevolle und fürsorgliche Mutter, die überall versuchte, Heilung für ihre Tochter zu finden. Ein Hellseher sagte ihr, dass ihre Tochter mehrere Leben voller Vernachlässigung hinter sich hatte und dass sie auf der Seelenebene so wütend, frustriert und verletzt war, dass sie sich den Hautausschlag erschaffen hatte. Für dieses Leben hatte sie sich eine liebevolle Mutter ausgesucht und der Hautausschlag würde irgendwann von selbst verschwinden. Und genau das geschah. Allmählich ließ der Ausschlag nach. Megans Tochter hat heute selbst eine Tochter und keiner von beiden hat auch nur das geringste Hautproblem.

Woher kommt die Veranlagung zur Gewalttätigkeit?
Unterdrückte Wut, die in einem vergangenen Leben nicht aufgelöst wurde, wird für die nächste Inkarnation genetisch gespeichert. Jeder Mensch hat karmisch bedingte Veranlagungen, jedoch bestimmen der Einfluss der Eltern und noch mehr die eigene Einstellung, wie man mit ihnen umgeht und wie man sich verhält.

Warum sind manche Menschen immer so ruhig und gelassen?
Gelassenheit weist auf eine hoch entwickelte Seele hin, die im Laufe vieler Leben gelernt hat, ihr inneres Gleichgewicht zu finden. Jeder kann sich aber ganz bewusst dafür entscheiden, auf Stress mit Gelassenheit zu reagieren. Bitten Sie die Engel, Ihnen zu helfen, inneren Frieden zu finden. Wenn Sie dies intensiv genug wollen und sich

diesem Ziel ganz widmen, werden auch Sie schon bald Ruhe und Gelassenheit ausstrahlen.

Eine Übung, um Ruhe und Gelassenheit zu finden

- Setzen Sie sich still hin und atmen Sie Liebe ein.
- Denken Sie an Frieden, wenn Sie ausatmen.
- Nach ein paar Atemzügen geben Sie dem ausströmenden Atem einen goldenen Ton, bis Sie das Gefühl haben, in einem Ei der Gelassenheit und Ruhe zu sitzen.
- Mit dieser Geisteshaltung sollten Sie von nun an alle Ihre Entscheidungen treffen.

Warum sind manche Muslime so aggressiv?
Weil sie sich entehrt fühlen, versuchen sie andere Menschen dazu zu bringen, sie zu ehren. Gleichzeitig erwarten sie vom Rest der Welt, dass man sich ihnen und ihrem Glauben anpasst, sind aber nicht bereit, anderen dieselben Rechte zuzugestehen. Das kann natürlich nicht funktionieren, denn Respekt wird nur durch das eigene Verhalten verdient. Was sie lernen müssen, ist, unterschiedliche Verhaltensweisen anzuerkennen und sie zu akzeptieren.

Wie lange sollten Nationen die Erinnerung an vergangene Kriege und Streitigkeiten wachhalten?
Man sollte die Toten ehren und ihrer Tapferkeit gedenken. Man sollte aber die Ursachen und den Schrecken des

Krieges so schnell wie möglich vergessen und den damaligen Feinden vergeben.
Je länger man individuell oder kollektiv an schrecklichen Erinnerungen, an Betrug, Untaten, Schmerz und Leid festhält, desto länger hält man diese in seiner Psyche am Leben. Alles, was sich in Ihrem Bewusstsein abspielt, zieht immer wieder die gleichen Situationen und Umstände an. Die schnellste Art, einen Krieg oder Meinungsverschiedenheiten zu beenden, besteht darin, den Gedanken daran loszulassen.
Ehren Sie das Gute einer Nation, statt ihr für vergangenes Unrecht die Schuld zu geben. Dann werden sich die Bewohner Ihnen gegenüber offenherzig zeigen. Das ist die Grundlage des Friedens zwischen den Staaten.

Kann es einen dauerhaften Frieden zwischen Israel und Palästina geben und kann der Rest der Welt etwas dazu beitragen?
Die Menschen, die in diesen beiden Ländern geboren wurden, tragen die Samen der Hoffnungslosigkeit und der Verzweiflung in sich, die sich als Zorn ausdrücken. Sie haben sich seit Generationen in dieser Gegend inkarniert, oft in jedem Leben in einem anderen Lager, um ihre Ängste wieder und wieder zu durchleben, bis ihre Herzen ihnen endlich sagen, dass sie anders leben müssen. Wie alle Menschen so tragen sie natürlich auch Samen der Liebe und des Friedens in sich.
Der Rest der Welt sollte es ihnen überlassen, ihr Dilemma zu lösen, ohne eine Seite zu unterstützen. Das würde sie zwingen, sich anzuschauen, was tief in ihnen verborgen

ist. Kein Vermittler kann die notwendigen Veränderungen oder den Frieden erzwingen. Diese müssen von innen kommen, wenn sie von Dauer sein sollen.
Es gibt eine spirituelle Lösung: Wenn jeder Palästinenser, der bereit ist, Frieden zu schließen, täglich die Israelis in seine Gebete einschließen würde, und wenn jeder Israeli, der zum Frieden bereit ist, das Gleiche für die Palästinenser tun würde, würde aus diesen Segenswünschen echter Friede werden. Wenn gleichzeitig der Rest der Welt aufhören würde, Partei zu ergreifen und stattdessen ständig beide Seiten segnen würde, entstünde eine höhere Lösung im besten Interesse aller Beteiligten.

Warum hat Gott zugelassen, dass über Hiroshima die Atombombe abgeworfen wurde?
Gott beobachtet lediglich und mischt sich nur ein, wenn die Engel ihn aufgrund der Gebete der Menschen darum bitten. Die Energie auf der Erde war damals auf ein sehr tiefes Niveau gesunken und die Dunkelheit hatte sich so sehr ausgebreitet, dass die Menschen einfach eine Lektion lernen mussten. Als die Bombe explodierte, sah die Welt ihre eigene Finsternis widergespiegelt und war gezwungen, sich angesichts der schockierenden Ereignisse zu ändern. Aber der Preis dafür war gewaltig, denn nicht nur die physischen Körper der Bewohner der betroffenen Städte wurden zerrissen, sondern auch ihre ätherischen, emotionalen, mentalen und spirituellen Körper. Dies war ein entsetzliches Unglück. Nichts Vergleichbares war je auf dem Planeten Erde geschehen und es hatte unvorstellbare Konsequenzen.

Allgemeine Fragen

Wohlstand

Warum lässt Gott zu, dass einige Länder so reich sind, während in anderen die Menschen verhungern?
Gott hat jedem Menschen auf Erden den freien Willen geschenkt und schaut sich nun an, wie die Menschheit mit diesem Geschenk umgeht. Seit Jahrhunderten haben sich die Menschen von ihrer Gier beherrschen lassen. Als Folge davon haben die Starken die Schwachen unterdrückt und ausgebeutet. So sind einige Länder auf Kosten anderer, in denen die Menschen hungern, reich geworden. Diese Situation wurde durch die Gefühllosigkeit der Menschen hervorgerufen, nicht durch den göttlichen Willen. Für Gott sind alle Menschen gleichwertig und alle haben es verdient, am Wohlstand teilzuhaben. So ist es und so war es seit Anbeginn der Zeit. Es ist an der Zeit, dass die Menschen ihre Macht und ihren Einfluss einsetzen, um Bedingungen zu schaffen, in denen die Gleichheit aller wiederhergestellt wird.

Warum werden manche Menschen reich geboren und andere arm?
Jede Seele wählt ihre Familie und die Umstände ihres Lebens vor der Geburt aus, um das zu erfahren, was sie

braucht, um zu wachsen. Manche müssen Armut und die damit verbundenen Herausforderungen kennenlernen, während andere erfahren müssen, was es heißt, reich zu sein. Überfluss und Mangel sind nur äußere Manifestationen spiritueller Entscheidungen. Sie stellen nur Lektionen dar, denn der göttliche Kern in jedem Menschen lebt immer im Überfluss.

Welche Lektionen sind in der Armut verborgen?
Wenn man arm ist, muss man lernen, sich selbst zu schätzen und anzuerkennen, dass man ungeachtet der äußeren Umstände ein kostbarer Mensch ist. Ihre Aufgabe mag darin bestehen, sich dem Reichtumsbewusstsein zu öffnen, indem Sie Ihre Denk-, Glaubens- und Verhaltensmuster ändern. Wenn Sie sich als Opfer fühlen, nur weil Sie arm sind, besteht Ihre Aufgabe darin, die geistigen Gesetze zu meistern und Ihre innere Einstellung zu ändern. Die Engel frohlocken, wenn ein Mensch sich seinen Herausforderungen stellt und sich selbst befreit.

Welche Lektionen sind im Reichtum verborgen?
Materieller Besitz bringt Verantwortung mit sich, denn mit Geld kann man entweder weise oder verschwenderisch umgehen. Man kann Geld für das Allgemeinwohl einsetzen, es für Luxusartikel verschwenden oder es benutzen, um persönlichen Einfluss zu gewinnen. Wer viel Geld hat, fragt sich häufig, ob er wirklich um seiner selbst willen geliebt wird oder nur wegen seines Geldes. Wie bei der Armut so kann man auch durch Reichtum lernen, ein stabiles Selbstwertgefühl zu entwickeln. Geld legt ei-

nem viele Versuchungen in den Weg, denn ein Reicher mag sich anderen für überlegen halten, was natürlich im Gegensatz zum geistigen Gesetz der Einheit steht. Die schwierigste Prüfung, die Reichtum mit sich bringt, besteht darin, sich ein reines Herz zu bewahren.

Materielle Besitztümer sind Fallgruben auf dem Weg, denn sie binden Menschen an ihren Besitz und verhindern, dass sie nach spirituellen Wahrheiten suchen.

Warum würde sich meine Seele dafür entscheiden, arm zu sein? Das ergibt doch einfach keinen Sinn.
Eine solche Entscheidung mag für Ihre Persönlichkeit unsinnig erscheinen, aber Ihr höheres Selbst überlegt sich immer sehr genau, was Sie für Ihr Wachstum brauchen, und zieht die gesamte Reise Ihrer Seele durch verschiedene Leben auf der Erde in Betracht, bevor es eine solche Entscheidung trifft.
Hier sind einige Gründe, aus denen sich Ihre Überseele für Armut entschieden haben mag:
Möglicherweise haben Sie in einem anderen Leben Ihren Reichtum missbraucht und müssen nun das Gegenteil erleben. Ihre Seele mag glauben, dass Geld der Weg zur Verdammnis ist, und entscheidet sich für den Mangel. Vielleicht haben Sie in früheren Leben gelernt, dass Reichtum nur Probleme mit sich bringt. Möglicherweise haben Sie sich in einem anderen Leben immer gefragt, ob die Menschen wirklich Sie oder nur Ihren Reichtum lieben.
Sie haben vielleicht das Gefühl, dass Besitz zu viel Verantwortung mit sich bringt, und daher beschlossen, ein Le-

ben ohne materielle Besitztümer zu führen. Ihre Seele schätzt Liebe höher ein als materielle Besitztümer. Es gibt viele Gründe für eine solche Entscheidung, darunter auch einen ganz einfachen: Wie kann ich arm sein und dennoch die Verbindung zum Göttlichen aufrechterhalten?

Warum würde sich die Seele eines Babys dafür entscheiden, innerhalb weniger Tage nach der Geburt zu verhungern?

In diesen traurigen Fällen will die Seele nur einen kurzen Aufenthalt auf der Erde erleben, um möglicherweise nur die Umarmung der Mutter zu spüren oder kurz Kontakt mit einem lieben Verwandten aufzunehmen. Manchmal handelt es sich dabei um neue Seelen, die noch nie eine körperliche Existenz hatten und nur wenige Tage in dieser Dimension ertragen. Umgekehrt kann es aber auch sein, dass sich weise alte Seelen nur kurz inkarnieren, um den leidenden Massen Hoffnung zu bringen, weil ihre Auras wie Lichter in dunkler Nacht hell erstrahlen.

Stimmt es, dass ein Reicher nicht so leicht in den Himmel kommt?

Wer verantwortungsbewusst mit seinen Reichtümern umgeht, wer Menschlichkeit, Gerechtigkeit und Fürsorglichkeit praktiziert, dem stehen die Tore des Himmels weit offen. Wer aber seine privilegierte Stellung ausnützt, um andere zu dominieren oder auszubeuten, wer sich der Genusssucht hingibt, Verschwendung und Prunksucht betreibt, wird nach seinem Tod auf eine tiefere Ebene sinken, wo er sich die Konsequenzen seiner Handlungen anschauen kann. Dort wird er auch erkennen, welche Lektionen er nicht gelernt hat und eine neue Inkarnation wählen, die ihn weniger in Versuchung führt oder ihn noch einmal vor dieselben Herausforderungen stellt.

Wieso werden dann reiche Menschen arm und arme Menschen reich?

Weil sie ihr Glaubenssystem geändert haben. Sie können erschaffen, an was immer Sie glauben, denn in jedem Augenblick schreiben Sie das Drehbuch Ihres Lebens. Daher sollten Sie sich in Gedanken, Worten und Taten immer auf das konzentrieren, was Sie wollen.

Weil sie diesen Grundsatz beherzigen, werden arme Menschen reich, obwohl sie sich vielleicht nicht einmal bewusst sind, was sie tun. Aber sie aktivieren das geistige Gesetz des Reichtums, indem sie sich reich fühlen. Was sie glauben, wird zu ihrer Realität.

Die große Mehrheit der armen Menschen bleibt aber in ihrem Armutsbewusstsein stecken, weil sie ihre Lage ständig bekräftigt, indem sie sich an der Überzeugung festhält, dass es keinen Ausweg gibt. Und dann gibt es wirklich keinen. Viele arme Menschen denken nur an den Mangel und fühlen sich als Opfer.

Die, die einmal reich waren und ihre Besitztümer verloren haben, hatten eine tief sitzende Angst vor Verlust oder glaubten an ihre eigene Wertlosigkeit. Unbewusst haben sie die Umstände so manipuliert, dass sich ihr Glaube erfüllte.

Es ist so ungerecht. Ich arbeite schwer und habe kein Geld und meine Schwester tut überhaupt nichts und ist reich. Warum lässt Gott so etwas zu?
Gott lässt es nicht zu, Sie tun es. Das Bewusstsein erschafft Karma und Ihre Schwester glaubt daran, dass sie es verdient hat, reich zu sein. Sie müssen Ihr Glaubenssystem, Ihre Gedanken und Worte ändern. Denken Sie großzügig und seien Sie freigebig. Verhalten Sie sich, als ob Sie reich wären. Segnen Sie Ihre reiche Schwester und Sie werden erleben, dass Ihr Leben aufblüht.

Was ist Reichtumsbewusstsein?
Reichtumsbewusstsein ist der Glaube, es verdient zu haben, dass einem ununterbrochen Gutes zuströmt. Natürlich müssen Sie es auch annehmen können. Reichtumsbewusstsein heißt, zu wissen, dass Sie vom Überfluss umgeben sind, und ihm zu erlauben, zu Ihnen zu kommen.

Und was ist Armutsbewusstsein?
Armutsbewusstsein ist der Glaube an den Mangel, der Glaube daran, dass es nicht genug Liebe, Geld, Erfolg, Arbeit oder Glück für alle gibt und dass Sie es sowieso nicht verdient haben. Diese Illusion hält viel zu viele Menschen zurück. Die Wahrheit ist die: Sie sind vom Überfluss umgeben. Sie müssen ihn nur in Ihr Leben einladen.

Mir wurde gesagt, dass ich in einem vergangenen Leben reich war. Heißt das, dass ich in diesem nun immer knapp bei Kasse sein muss?
Nicht zwangsläufig. Am Ende jenes reichen Lebens hat Ihre Seele bewertet, wie Sie mit Ihrem Reichtum umge-

gangen sind. Wenn Sie karmische Schulden angehäuft haben, müssen Sie diese in einem anderen Leben begleichen – vielleicht ja in diesem.
Ihr Karma ist in Ihrer DNS enthalten und Sie arbeiten es im Laufe dieses Lebens ab. Sie verfügen aber über die Macht, all das zu ändern, indem Sie ein gutes Leben führen, sich entspannen, sich auf das Positive konzentrieren und denken und handeln, als ob Sie reich wären. Vergeben Sie sich selbst, nehmen Sie sich vor, mit Ihrem inneren Reichtum verantwortungsvoll umzugehen und betreten Sie den goldenen Pfad, der sich vor Ihnen ausbreitet.

Wie kann ich reich werden?
Sie müssen sich ganz auf Ihre Vision konzentrieren, ohne von ihr abzuweichen oder an ihr zu zweifeln. Ihre Gedanken, Worte und Taten sollten auf Reichtum gerichtet sein. Glauben Sie daran, dass Sie bereits reich sind, dann wird es so sein.

Ich will mich nicht abplagen müssen, um meinen Lebensunterhalt zu verdienen. Was kann ich tun?
Hören Sie auf, sich auf die Plackerei zu konzentrieren. Das, dem Sie Energie geben, wird fortbestehen. Weil Sie ständig an Plackerei und Mühe denken, haben Sie sich genau das erschaffen. Erinnern Sie sich an die Zeiten in Ihrem Leben, als die Dinge glattliefen, und segnen Sie diese Momente. Tun Sie das, was Ihr Herz zum Singen bringt, und stellen Sie sich vor, dass Sie ein Leben in Wohlstand anziehen, indem Sie das tun, was Ihnen am meisten Freude macht. Ihre herrliche Zukunft existiert bereits im

Geist Gottes. Ihre Aufgabe besteht nur darin, das Tor zu öffnen, hindurchzugehen und sie zu Ihrer zu machen.

Wie wählt Gott die Lottogewinner aus?
Nicht die Quelle trifft solche Entscheidungen, sondern Ihr eigenes Gott-Selbst. Normalerweise ist ein Lottogewinn das Resultat guten Karmas aus anderen Leben. Ihre Seele ist jetzt einfach bereit, den Bonus in Empfang zu nehmen. Es kann aber auch einfach sein, dass Ihr höheres Selbst in diesem Leben plötzlichen Reichtum erfahren möchte.

Ich kannte einen sehr spirituellen Handleser, der mir sagte, dass ein großer Gewinn karmische Ursachen hat und an den Linien der Hand abgelesen werden kann. Er fügte hinzu, dass ich diese Linien nicht hatte, weshalb ich auch noch nie einen Lottoschein ausgefüllt habe. Aber Reichtum kann aus vielerlei Quellen zu uns strömen, er ist wie ein Reservoir, das nur darauf wartet, angezapft zu werden.

Da die Banken so korrupt sind, ist es doch sicherlich spirituell richtig, sie zu betrügen, oder?
Nein. Das Karma der Banken gehört den Banken und Ihres gehört Ihnen.

Wenn jemand sagt, Geld ist nur Energie, was meint er damit?
Jedes Objekt beginnt mit einem Gedanken. Sie konzentrieren diese Gedankenkraft, fügen Leidenschaft, Kommunikation, Glaube und die entsprechenden Handlungen

hinzu, um es zu manifestieren. Münzen, Banknoten und Kontoauszüge sind die sichtbaren Resultate dieses Prozesses, bei dem Sie Ihre Lebenskraft, Ihr Prana, einsetzen. Daher ist Geld das Produkt richtig eingesetzter Energie.

Ich bin immer arm gewesen. Meine Familie auch. Wir arbeiten schwer, haben keine Freizeit, all unsere Kleider sind aus zweiter Hand. Das Leben ist nichts als Mühsal. Was sagen die Engel dazu?
Das Armutsbewusstsein hält Sie und alle anderen auf diesem Planeten zurück. Es ist höchste Zeit, dass Sie aufhören, sich auf das zu konzentrieren, was Sie nicht mögen, und anfangen, den Überfluss zu akzeptieren, der auf Sie wartet.

Tiere

Haben Tiere eine Seele?
Ja. Tiere inkarnieren sich genauso wie Menschen, um zu lernen und zu lehren. Manche Tierarten gehören einer Gruppenseele an, dann ist jedes Einzeltier Teil einer größeren energetischen Einheit. Vögel- oder Fischschwärme sind Beispiele für solche Kollektivwesen.

Haben Tiere auch Engel?
Jedem irdischen Geschöpf wird ein Wesen aus den Engelreichen zugewiesen, das sich um es kümmert.

Stimmt es, dass weiße Tiere etwas Besonderes sind?
Reinweiße Tiere inkarnieren sich, um das Christusbewusstsein zu verkörpern. Das gilt aber nicht für Albinos. Heute existieren weiße Büffel, Löwen, Tiger, Pfauen und andere Tiere, die Ihnen den Weg zur Erleuchtung weisen sollen.

Warum würde ein Mensch einem Tier etwas antun?
Weil sein Herz verschlossen ist. Schließen Sie sowohl den Täter als auch das leidende Tier in Ihre Gebete ein. Sehen Sie beide als geheilt.

Ein Gebet für die Tiere

Ihr Engel, helft mir, mein Herz ganz zu öffnen. Möge ich durch Gedanken, Worte und Taten ein leuchtendes Beispiel der Liebe für andere sein. Segnet die Tiere, die unter der menschlichen Grausamkeit leiden und öffnet die Herzen derjenigen, die solche Untaten begehen.

Eine Visualisierungsübung, um Tieren zu helfen

- Stellen Sie sich eine Gruppe von Tierquälern vor, deren Herzen mit Ketten und einem Vorhängeschloss verschlossen sind.
- Stellen Sie sich die Tiere vor, die diese Menschen gequält haben, und sehen Sie die Finsternis der Angst, die sie umgibt.
- Stellen Sie sich vor, dass Engel mit goldenen Schlüsseln herabschweben und jeden dieser Menschen von seinen Ketten befreien.
- Sehen Sie, wie sich ihre Herzen öffnen und das rosafarbene Licht der Liebe herausscheint.
- Sehen Sie, wie diese Liebe die Finsternis auflöst.
- Nun sind auch die Tiere in rosafarbenes Licht getaucht.

- Stellen Sie sich vor, dass alle Tiere glücklich sind, in Harmonie mit den Menschen leben und von ihnen geliebt, respektiert und geehrt werden.

Wenn es keine Massentierhaltung gäbe, denn hätten wir doch sicher nicht genug Nahrung, oder?
Natürlich hätten Sie das. Wenn die Menschen mit der Natur arbeiten, statt zu versuchen, sie zu kontrollieren, ist genug für alle da. Wenn Hühner zum Beispiel respektiert werden und man ihnen erlaubt, frei herumzulaufen und im Dreck zu kratzen, legen sie nährstoffreichere Eier, die voller Liebesenergie sind, sodass die Konsumenten in vielerlei Hinsicht genährt werden. Dann brauchen die Menschen weniger Eier in ihrer Ernährung.

Sind Freilandhühner wirklich glücklicher?
Die Menschen haben eine merkwürdige Vorstellung von Freilandhaltung. Oft bedeutet das lediglich, dass die Hühner in einem Käfig gehalten werden, aber nach draußen können. Tatsächlich sieht es so aus, dass die schwächeren Hühner überhaupt nicht zur Öffnung und damit niemals an die frische Luft kommen. In ihrer Verzweiflung verletzten sie sich selbst oder andere Hühner, sodass viele dieser schönen Geschöpfe ihre Schnäbel verlieren. Wären Sie unter solchen Umständen glücklich?
Bedenken Sie bitte, dass Angst und Verzweiflung in den Eiern und im Fleisch gespeichert werden und dass Sie das essen.

Warum sollte man Fleisch oder Fleischprodukte segnen?
Wenn Sie Ihre Nahrung segnen und dankbar dafür sind, erhöht sich ihre Schwingung, was dazu führt, dass sie einen höheren Nährwert hat. Ihre Dankbarkeit erreicht die Seele des toten Tieres, sodass seine spirituelle Reise beschleunigt wird.
Das folgende Gebet ruft das Christusbewusstsein der bedingungslosen Liebe an, Ihre Nahrung zu segnen. Natürlich können Sie auch einen Segensspruch im Namen irgendeines Heiligen irgendeiner Religion benutzen.

Ein Gebet, um die Nahrung zu segnen

In Christi Namen bitte ich darum, dass diese Nahrung gesegnet sein möge, damit die Früchte der Erde meinen physischen Körper nähren und der Segen meinen spirituellen Körper. Amen.

Was halten die Engel von der Fuchsjagd?
Jede Grausamkeit gegenüber Tieren läuft den geistigen Gesetzen zuwider. Versetzen Sie sich in einen Fuchs hinein. Möchten Sie gejagt und zerfetzt werden? In den Augen Gottes sind alle Geschöpfe verschieden, aber gleichwertig.

Bestraft Gott jene, die Tiere quälen?
Liebe bestraft niemals. Aber nach dem geistigen Gesetz des Karma wird Ihre Seele das erleben wollen, was sie an-

deren angetan hat, um so ihre Schuld zu begleichen. Je nach Ihrem spirituellen Entwicklungsstand wird das in diesem oder einem anderen Leben geschehen. Eine hoch entwickelte Seele gleicht ihr Karma sofort aus. Für die weniger Bewussten mag es mehrere Leben dauern, bis sie bereit sind, die Schuld zu begleichen, die sie gegenüber Tieren angehäuft haben.

Bedenken Sie bitte: Wer jagt, wird gejagt werden. Das kann auf der emotionalen, mentalen, körperlichen oder spirituellen Ebene geschehen und muss nicht unbedingt von dem Wesen ausgehen, an dem das Unrecht begangen wurde. Wer Fallen stellt, wird irgendwie irgendwann in eine Falle gehen. Wer Tiere aufstachelt, gegen einander zu kämpfen, wird selbst in einen Kampf verwickelt werden. Wer Tiere nicht artgemäß füttert, wird selbst vergiftet werden. Das kann von Darmgrippe bis hin zu einer Lebensmittelvergiftung reichen. Wer Tiere einsperrt, wird selbst eingesperrt werden.

Mensch und Tier sind Teile Gottes, Teile des Einen. Man kann kein anderes Geschöpf verletzen, ohne sich selbst wehzutun. Wenn Sie irgendein Geschöpf Gottes lieben und respektieren, es pflegen oder heilen, wird diese Energie hundertfach zu Ihnen zurückkommen.

Was Sie tun können, um Tieren zu helfen

Wenn Sie ein Tier in Natur oder im Fernsehen sehen, segnen Sie es und denken Sie liebevoll und respektvoll an es.

Häuft man eine karmische Schuld an, wenn man ein Tier einschläfern lässt?
Das hängt ganz von der Absicht der betreffenden Person ab. Wenn man ein Tier einschläfern lässt, weil man kein Interesse mehr an ihm hat oder weil es einem zu teuer ist, hat man dem Tier gegenüber eine karmische Schuld. Liebe erzeugt aber niemals Karma. Wenn man diese Entscheidung im Interesse des Tieres getroffen hat, herrscht zwischen den Seelen beider Beteiligten Harmonie. Man wird das Tier dann in der inneren Dimension wiedertreffen oder sich wieder gemeinsam inkarnieren und glücklich und zufrieden miteinander leben.

Ich bin mir sicher, dass ich meine Katze von irgendwoher kenne. Ist das möglich?
Ja, denn wenn Sie in einem früheren Leben eine tiefe Bindung an ein Tier gehabt haben, werden Sie sich wahrscheinlich wieder gemeinsam inkarnieren.

Warum greift ein normalerweise sanftmütiger Hund plötzlich seinen Besitzer an?
Das kann eine Reihe von Gründen haben. Ein Beispiel: Ein Mann war in einer Kneipe, als eine Wesenheit von ihm Besitz ergriff. Der Hund attackierte das Gespenst, weil er seinen Herrn beschützen wollte. Ein anderes: Wenn der Besitzer sein Tier in einem anderen Leben schlecht behandelt hat, mag der Angriff karmisch bedingt sein. Falls der Hund vom vorherigen Besitzer gezüchtet und trainiert wurde, um ein Grundstück zu bewachen und notfalls anzugreifen, mag er plötzlich in sein

anerzogenes Verhalten zurückfallen. Dann sollte man sich die Frage stellen: »Warum würde ein Mensch sich so einen Hund aussuchen?«

Warum infizieren sich heute auch Menschen mit dem Vogelgrippevirus?

Die gefiederten Freunde leben auf der Erde, um den Menschen Freiheit und Freude zu demonstrieren und um zu lernen, ihre Weisheit und Vitalität innerhalb der Grenzen der Schwerkraft und der Körperlichkeit auszuleben. Die Grausamkeiten, die Menschen an ihnen begangen haben, standen nicht auf ihrem Lehrplan. Es ist von enormer Wichtigkeit, dass die Menschen begreifen, was sie den gefiederten Geschöpfen antun. Durch diesen Grippevirus machen die Vögel sowohl auf ihre schreckliche Situation als auch auf ihre wahre Bedeutung aufmerksam.

Sind Tiere auch von der erhöhten Schwingung der Erde betroffen?

O ja. Auch ihr Bewusstseinsniveau erhöht sich. Einige Tiere beginnen bereits, ihren göttlich vorbestimmten Platz auf Erden in Anspruch zu nehmen. Sie wissen, dass in den Augen Gottes letztlich alle eins sind.

Warum behandeln die Menschen die Delphine so schlecht?

Delphine sind erleuchtete Wesen. Sie zeigen uns ein Leben in Freude, Weisheit und Liebe. Indem man an Delphine denkt oder sich in ihrer Nähe aufhält, stimmt man sich auf ihre besonderen Eigenschaften ein und übernimmt

diese. Dadurch wird automatisch die eigene Schwingungsfrequenz erhöht.
Menschen mit einem niedrigen Bewusstseinsstand werden von ihrer Angst beherrscht und zerstören alles, was sie nicht verstehen. Aber niemand kann irgendein Wesen ohne die Zustimmung seines höheren Selbst töten. Diese herrlichen Säugetiere lassen es zu, dass man sie fängt und tötet, um die Aufmerksamkeit der Weltöffentlichkeit auf ihre Situation und die der anderen Meeresbewohner zu lenken. Sie hoffen, dass die Menschen erkennen werden, was sie den Meeren antun, und sich daraufhin ändern.

2005 starb ein Wal in der Themse. Warum schwamm er flussaufwärts?
Er wurde als Botschafter der Wale geschickt, um die Aufmerksamkeit auf das Unterwassersonar zu lenken, das die Menschen benutzen. Das Sonar führt dazu, dass die Meeresbewohner die Orientierung verlieren, wodurch entsetzliches Elend entsteht. Die Tiere des Meeres sind nicht mehr in der Lage, ihre Seelenbestimmung zu erfüllen, weil Menschen die Meere verschmutzen und ihren Orientierungssinn stören.
Menschen in aller Welt nahmen Anteil am Schicksal dieses Wales, der sein Leben opferte, um den Menschen das Herz zu öffnen.

Was geschieht auf der spirituellen Ebene, wenn eine Art ausstirbt?
Wenn sich eine Art von der Erde zurückzieht, hinterlässt sie ein spirituelles Vakuum, das niemals wieder gefüllt

werden kann. Kosmisch gesehen ist dies eine schreckliche Tragödie.

Ich habe gehört, dass die Kühe den Planeten verlassen. Stimmt das und wohin gehen sie?
Kühe stammen von Lakuma, einem aufgestiegenen Planeten in der Nähe des Sirius, der gegenwärtig von den menschlichen Sinnen nicht wahrgenommen werden kann. Dorthin kehren die Seelen zurück, wenn die Kühe sterben.
Kühe haben sich inkarniert, um etwas über Verlässlichkeit, Beständigkeit und Sanftmut zu lernen. Die Bullen sind stark und beschützen die Herde, während die Kühe sanftmütig sind und die Jungen nähren. Ursprünglich dienten sie der Menschheit, indem sie ihr Milch gaben und sich dabei immer großzügig zeigten. Im Gegenzug liebten die Menschen sie und sorgten für sie.
Das hat sich allerdings geändert und diese gutmütigen Wesen werden immer mehr ausgebeutet. In den letzten Jahren haben die Kühe zugelassen, dass sich der Rinderwahn unter ihnen ausbreitet. Dies als Protest gegen die Art und Weise, wie die Menschen sie behandeln. Schließlich ließen sie es sogar zu, dass man sie auf Scheiterhaufen verbrannte, um auf ihr Leid hinzuweisen. Die Flammen halfen auch einen Teil des Leides zu läutern, das die Menschen im Lauf der Jahre den Kühen angetan haben.
Nein, die Kühe wollen sich nicht von der Erde zurückziehen. Sie haben sich verpflichtet, hier zu lernen und sich zu entwickeln und sie haben noch viel zu tun. Allerdings untersucht ihre Überseele gegenwärtig die Möglichkeit, ihre

Erziehung in einem anderen Planetensystem fortzuführen, wo man liebevoller mit ihnen umgeht. Wenn dieser Beschluss tatsächlich gefasst werden sollte, bedeutet dies einen Verlust von unabsehbarer Tragweite für den Planeten Erde.

Ein Gebet für die Kühe

Wir versichern den Kühen, dass wir sie lieben. Wir danken allen Kühen, die sich jemals auf Erden inkarniert haben, für alles, was sie uns gegeben haben, und für die Nachsicht, die sie mit uns haben. Wir bitten die Engel des Lichts Herzen und Köpfe der Menschen zu berühren, die mit Kühen arbeiten oder auf irgendeine Weise Geld mit ihnen verdienen, damit sie die Kühe mit Liebe und Respekt behandeln.

Wohin gehen die Seelen der Tiere, wenn ihre Körper sterben?

Die Seelen der Tiere kehren auf ihren Heimatplaneten zurück, wo sie die Erfahrungen, die sie auf der Erde gemacht haben, benutzen, um ihren Planeten voranzubringen. Vorher verbringen viele aber noch eine gewisse Zeit in der Heilungsdimension, um sich von ihrem Leiden und ihren Krankheiten zu erholen. Sie besuchen jene, die sie geliebt haben, die sich entweder in der geistigen Welt befinden oder noch am Leben sind. Und natürlich betrachtet die Seele eines Tieres ihr Leben und entscheidet sich, wie die nächste Station ihrer Reise aussehen soll.

Wir hatten ein süßes kleines Kätzchen, das überfahren wurde. Dreißig Jahre später schaute ich aus dem Fenster und sah es im Garten mit der Katze meines Schwiegervaters spielen. Sie tollten herum und schienen sich prächtig zu amüsieren. Später erfuhr ich, dass die Katze am Tag vorher gestorben war. Die beiden waren gekommen, um mir zu zeigen, dass es ihnen gut ging.

Woher kommen die Tiere?

Sie stammen wie die Menschen auch von verschiedenen Planeten, aus Sternensystemen und Universen, um Leben in einem physischen Körper zu erfahren. Das Ziel ihres höheren Selbst besteht darin, zu lernen und die gemachten Erfahrungen zurück zu ihrer Heimat zu bringen.

Orion

Orion ist der Planet der Erleuchtung. Die Seelen, die von hier stammen oder hier ihre Ausbildung absolviert haben, sind erleuchtete Wesen. Allein schon in der Nähe eines solchen Menschen oder Tieres zu sein, füllt die Aura mit Licht und erhöht die Schwingungsfrequenz. Folgende Geschöpfe stammen vom Orion:

Bären: Die Bären sind hier, um Kraft zu demonstrieren. Wenn sie gefangen und dressiert werden, zeigen sie auf eindrückliche Weise, dass sie ohne ihre Macht und Würde nur Schatten ihres wahren Selbst sind.

Katzen: Die Katzenfamilie, einschließlich Hauskatzen, Löwen und Tiger, lehrt die Bewohner der Erde Erleuchtung. Außerdem wachen sie über die Bewohner. Selbst in der heutigen Zeit, in der das Bewusstsein so niedrig ist, haben Hauskatzen noch genug Kraft, um über die Familien, bei denen sie leben, zu wachen, und sie vor negativen Wesenheiten zu beschützen. Als die Menschen noch in der fünften Dimension lebten, halfen Katzen bei Heilungen und bewahrten die Energie derjenigen, mit denen sie arbeiteten. Da große Katzen mehr Macht haben als kleinere, inkarnieren sich mehr von ihnen in turbulenten Zeiten, um das Licht auf der Erde zu bewahren.

Ziegen: Diese häufig missverstandenen Geschöpfe bringen höhere Energien in die Welt. Sie demonstrieren Demut, Ökologie und Abfallverwertung, weil sie selbst trockene Zweige und Nahrungsreste fressen. Pan, der Naturgott, wird mit Ziegenhörnern dargestellt, die Erleuchtung repräsentieren. Unglücklicherweise ist aus dem gehörnten Ziegenkopf heute der Kopf des Teufels geworden.

Juliette de Bairacli-Levy, die erleuchtete Kräuterkundige, schrieb einmal, dass sie ihre Tochter nicht stillen konnte. Als auch die Amme keine Milch mehr produzieren konnte, erschien eine Ziege. Zu den Fütterungszeiten tauchte sie einfach auf und ließ das Kind direkt von ihren Zitzen trinken. Was für ein Ausdruck von Liebe!

Kaninchen: Ursprünglich inkarnierten sich die Kaninchen, um Kindern die weiblichen Qualitäten der Weichheit, der Fürsorglichkeit und des Nährens zu lehren. Außerdem lehrten sie sie, Spaß zu haben. Dank ihrer Weisheit und Liebe können sie die Herzen der Kinder heilen. Das höhere Selbst der Kaninchen gestattete es, dass die Kaninchenpest ausbrechen konnte, um die Aufmerksamkeit der Menschheit auf die Sanftmut der Kaninchen zu lenken und ihr Mitgefühl zu erregen.

Eichhörnchen: Eichhörnchen bringen der Menschheit ein wunderbares Gefühl für Freude und Vitalität. Sie verkörpern Freiheit und Glück. Diese erleuchteten Wesen ziehen sich langsam von der Erde zurück, da ihre Lebensumstände immer schwieriger werden und sich Tiere mit einer niedrigeren Schwingung stärker vermehren.
Giraffen: Giraffen verkörpern Sanftmut, Zärtlichkeit, Würde und Anmut. Obwohl sie aufgrund dieser weiblichen Eigenschaften sehr verletzlich erscheinen, lässt sich ihr Tritt, mit dem sie sich selbst oder ihre Jungen verteidigen, mit einer Eisenkugel in einem Samthandschuh vergleichen.

Canis Major

Canis Major wird auch der Große Hund genannt. Sirius ist ein Stern im Sternbild Großer Hund und Lakuma ist ein aufgestiegener Stern in der Nähe des Sirius.

Sirius

Sirius gilt als Planet des Intellekts und der Rationalität. Viele Seelen, die neue Technologien auf die Erde bringen, oder Wissenschaftler, Anwälte und Autoren von Fachbüchern haben sich vor der Inkarnation auf Erden zu Ausbildungszwecken auf Sirius aufgehalten. Die Schwingungen dieses Sterns ermöglichen auch mentale Heilung, was sich günstig auf innere Einstellungen, Denk- und Glaubensmuster und ererbte Miasmen auswirken kann.
Delphine: Delphine, die Hohepriester und -priesterinnen der Meere und die Hüter der Wahrheit, bewahren die heiligen Informationen aus Atlantis für die Menschheit. Sie

sind mit lebenden Computern zu vergleichen. Diese besonderen Geschöpfe haben sich inkarniert, um der Menschheit zu zeigen, dass es eine höhere Daseinsform gibt. Sie erinnern die Menschheit zudem daran, dass sie nicht die am höchsten entwickelte Spezies auf Erden ist und dass es andere gibt, die viel weiser sind. Viele Menschen, die mit Delphinen schwimmen oder sich auf deren Energie einstimmen, werden geheilt und empfangen ein höheres Wissen.
Vögel: Vögel stammen vom Sirius und sollen auf Erden lernen, Freiheit und Freude zu demonstrieren, während sie in einem physischen Körper gefangen sind. Sie zeigen durch ihr Beispiel auch, dass es möglich ist, die Schwerkraft zu überwinden. Sie sind lebende Beispiele für die Fähigkeit, sich in die Lüfte zu erheben.
Albatrosse: Diese machtvollen Vögel verkörpern die Macht der Gelassenheit und des Selbstvertrauens. Sie sparen Energie, indem sie mit den Luftströmungen fliegen, und zeigen den Menschen, wie leicht das Leben sein kann, wenn man im Fluss des Lebens ist.
Adler: Der Adler symbolisiert Kraft und Majestät und die Fähigkeit, Dinge von einer höheren Perspektive aus zu betrachten.
Kolibris: Durch ihre ständige Aktivität demonstrieren diese Vögel Fleiß und eine Arbeitsmoral, die keinen Ehrgeiz kennt. Sie zeigen den Menschen den ausgeglichenen Gebrauch von Energie.
Strauße: Diese riesigen Vögel zeigen der Welt, dass man das sein kann, was man sein will. Sie bewegen sich mit erstaunlicher Geschwindigkeit fort und illustrieren die Macht des Geistes über den Körper.

Rotkehlchen: Rotkehlchen zeigen den Menschen die Schönheit der Natur. Sie zeigen, dass man sein Revier verteidigen, aber dennoch den Menschen freundlich gesinnt sein und mit einem Partner zusammenarbeiten kann. Sie sind hier, um Zusammenarbeit und Freundlichkeit zu lernen und zu lehren.
Schwäne: Diese wunderschönen Geschöpfe zeigen den Menschen Majestät, Würde und Vertrauen.
Spatzen: Spatzen sind zwar klein, aber zäh. Sie wissen, dass sie überall überleben können. Sie lernen und lehren die Menschen Einfachheit und die Macht des Kollektivs.
Geier: Ihre Aufgabe besteht darin, sich um die Müllabfuhr zu kümmern.

Lakuma
Kühe: Die Kühe stammen von Lakuma und dienen den Menschen, indem sie sie mit Milch versorgen. Ursprünglich, als die Kühe noch hochfrequente Wesen waren und das Gras, das sie fraßen, noch eine höhere Schwingung hatte, war ihre Milch die perfekte Nahrung für die Menschen. Heute ist das aber nicht mehr der Fall. Die Kühe beschlossen, sich auf der Erde zu inkarnieren und sich hier spirituell zu entwickeln, weil sie von den fünfdimensionalen Bewohnern von Atlantis geliebt und verehrt wurden.
Pferde: Als die Pferde von Lakuma zur Erde kamen, um am Experiment des goldenen Atlantis teilzunehmen, ritt man sie ohne Sattel und sie empfingen ihre Befehle auf telepathischem Wege. Niemand hätte es vor dem Untergang von Atlantis gewagt, ihren freien Geist mit einem

Sattel oder Zaumzeug einzuschränken. Sie halfen beim Transportieren von Gütern und auf den Feldern, aber niemand erachtete diese Hilfe für selbstverständlich. Pferde sind extrem hochfrequente Geschöpfe, die Liebe lernen und sowohl Liebe als auch Würde, Stolz und ein gesundes Selbstwertgefühl vermitteln.
Hirsche: Die Hirsche bringen Sanftmut auf die Erde. Sie lernen und lehren zu vertrauen.
Kamele und Dromedare: Auch diese Tiere stammen von Lakuma. Sie dienen und lernen und lehren dadurch Ausdauer und den weisen Umgang mit knappen Ressourcen.
Elefanten: Die sanftmütigen Riesen stammen von Lakuma und lernen und lehren Familienleben und -struktur. Sie verkörpern gleichzeitig Majestät als auch Freude, Intuition und männliche Kraft.

Mars
Kängurus: Kängurus sind Energiewunder. Sie sind unberechenbar, haben einen starken Beschützerinstinkt und sind voller Energie. Sie zeigen, wie man weibliche Energien benutzt, bewahrt und explosionsartig anwendet.

Andere Planeten
Affen: Die verschiedenen Affenarten stammen von unterschiedlichen Planeten, aber alle kommen sie wie die Menschen auch auf dem Weg über die Plejaden zur Erde. Sie inkarnieren sich hier, um Spaß zu haben und in Familienverbänden zu leben. Sie sind hier, um das Leben auf der Erde kennenzulernen, aber nicht wie die Menschen durch ihren Intellekt, sondern durch bedingungslose

Liebe, Akzeptanz, Loyalität und Vertrauen, die alle Eigenschaften der rechten Hirnhälfte sind.
Krokodile und andere Reptilien: Alle diese Geschöpfe sind von einem Planeten mit plutonischer Energie außerhalb unserer Galaxis gekommen. Sie verkörpern die menschlichen Schattenseiten, wie Unzuverlässigkeit, Kaltblütigkeit, Verschlagenheit und andere. Sie ermöglichen es den Menschen, sich ihrer tiefsten Ängste bewusst zu werden. Sie tauchen immer dann in Ihrem Leben auf, wenn Sie bereit sind, sich Ihren Schatten anzuschauen. Und Sie werden es tun, ob Sie sich dessen nun bewusst sind oder nicht.

Mitschöpfung

Was bedeutet das Wort »Mitschöpfung«?

Mitschöpfung ist ein Begriff, der den Gebrauch Ihres freien Willens in Zusammenarbeit mit der universellen Energie bezeichnet.

Als Töchter und Söhne Gottes haben die Menschen den freien Willen erhalten und die Macht, durch Gedanken, Worte und Taten zu erschaffen. Wenn Sie sich auf etwas konzentrieren, wird dies von den kosmischen Mächten unterstützt und Realität werden. Es wurde angenommen, dass die Bestrebungen des Menschen im Einklang mit dem göttlichen Willen sein würden, um die Schöpfung zu preisen und sie auf wunderbare Weise weiterzuentwickeln. Wenn die Menschheit bestimmte Fortschritte gemacht hätte, sollte sie das Geschenk der spirituellen Technologie erhalten, um das Leben aller zu verbessern. Mitschöpfung ist eine Macht, die sowohl zum Guten als auch zum Schlechten eingesetzt werden kann. Viele Menschen konzentrieren sich zu sehr auf dunkle, zornige Gedanken, wodurch sie unangenehme Situationen und Beziehungen sowie dunkle Kreaturen erschaffen.

Es ist aber nicht zu spät, sich mit Herz und Verstand auf eine Vision zu konzentrieren, die das Wohl aller Bewohner Ihres Planeten im Auge hat. Denken Sie immer daran, dass jeder Gedanke, dem Sie Energie geben, etwas erschafft. Sie verfügen über ein unglaubliches Potenzial, etwas Wunderbares aus Ihrer Welt zu machen. Seien Sie sicher, dass Sie die göttliche Macht dabei unterstützen wird.

Wie kann ich mir gemeinsam mit Gott ein besseres Leben erschaffen?

Das Leben, das sich Ihr Herz wünscht, existiert bereits auf der ätherischen Ebene. Es wartet nur darauf, dass Sie es manifestieren und Realität werden lassen. Hören Sie auf Ihre innere Stimme. Wenn Ihnen klar geworden ist, was Sie wirklich wollen, dann richten Sie Ihre Gedanken, Worte und Vorstellungen darauf. Bitten Sie die Engel, ihre Energie hinzuzufügen und handeln Sie, wenn Sie eine Botschaft der Engel empfangen. Fügen Sie jedem Gebet immer diese Worte hinzu: »Möge sich dies oder etwas Besseres nun im höchsten Interesse aller manifestieren.« Das ist eine Schutzmaßnahme, denn wenn Sie die Stimme Ihres höheren Selbst richtig verstanden haben, werden Ihnen die Engel bei Ihrem Vorhaben helfen. Haben Sie sie aber nicht richtig verstanden und liegt das, was Sie sich wünschen, nicht in Ihrem besten Interesse, dann werden diese Worte dafür sorgen, dass es sich nicht manifestiert.

Eine Übung, um etwas zum Wohle aller zu manifestieren

- Überlegen Sie sich, auf welche Weise sich Ihr Leben verbessern soll. Wenn Sie dabei an das denken, was Sie nicht wollen, oder glauben, etwas nicht verdient zu haben, senden Sie eine konfuse Botschaft an das Universum und blockieren so die Verwirklichung Ihrer Wünsche.
- Schreiben Sie exakt auf, was Sie gemeinsam mit Gott erschaffen wollen. Achten Sie darauf, dass jedes Wort positiv formuliert und in der Gegenwartsform geschrieben ist. Je klarer Sie sich über Ihre Absichten sind, desto besser. Fügen Sie zum Schluss immer hinzu: »Dies oder etwas Besseres manifestiert sich jetzt im höchsten Interesse aller.«
- Stellen Sie sich jetzt vor, dass es bereits Realität geworden ist. Bedenken Sie, dass das Universum völlig unparteiisch ist. Sie bekommen alles, was Sie glauben verdient zu haben. Das Einzige, was verhindert, dass Sie das bekommen, was sich Ihr Herz wünscht, ist mangelndes Selbstwertgefühl.
- Bedanken Sie sich bei den Engeln, dass sie geholfen haben, Ihre Wünsche wahr werden zu lassen. Dadurch wird die Macht des Glaubens aktiviert.
- Je mehr Sie darauf vorbereitet sind, Ihren Traum mental, emotional, körperlich und spirituell zu leben, desto schneller wird er Realität werden.

Eine Zeichenübung, um etwas zum Wohle aller zu manifestieren

Wenn Sie etwas schreiben, arbeiten Sie mit der linken Hirnhälfte. Wenn Sie aber etwas zeichnen, benutzen Sie die rechte. Wenn Sie Ihre Wünsche also nicht nur aufschreiben, sondern auch zeichnen, ist das ganze Gehirn daran beteiligt, Ihre Vision Wirklichkeit werden zu lassen.
Wenn Sie Ihre Zeichnung so detailliert wie möglich fertiggestellt haben, zeichnen Sie noch einen rosafarbenen Ballon drum herum. Dann stellen Sie sich vor, dass Sie den Ballon loslassen, damit er in das Universum hinauffliegen kann. Sie müssen nämlich Ihre Vision loslassen, damit die Engel ihr ihre Energie hinzufügen können.

Und was, wenn sich meine Wünsche nicht erfüllen?
Wenn sie sich nicht erfüllen, waren sie nicht in Ihrem besten Interesse. Vielleicht waren Sie auch nicht bereit dafür oder haben nicht wirklich daran geglaubt, dass sie sich erfüllen würden.

Wenn die Menschen Gottes Schöpfung fortführen sollten, heißt das, dass sie nicht perfekt ist?
Gottes Schöpfung war und ist immer perfekt. Alles ist im Geist Gottes immer ganz und vollkommen. Die Fortführung, so wie Gott sie geplant hatte, sollte auf Erfahrung basieren. Auch Eltern schicken ja ihre Kinder in die Welt hinaus, damit sie neue Erfahrungen machen, die die Familie dann bereichern. So bereichert auch das Leben

eines jeden Menschen die Quelle des Seins. Wie im Himmel, so auf Erden.

Haben Menschen das Recht, mit Gottes Schöpfung zu experimentieren?
Die Menschen haben den freien Willen, gemeinsam mit Gott zu erschaffen. Das gibt ihnen aber nicht das Recht, mit dem genetischen Material ihrer eigenen oder der anderer Lebensformen herumzuexperimentieren.

Ich habe viel von Bestellungen beim Universum gehört. Ist das Mitschöpfung?
Ja, das ist nur eine andere Art, die Zusammenarbeit mit dem Göttlichen zu umschreiben. Stellen Sie sich den Kosmos als ein gigantisches Warenhaus vor. Sie können sich bestellen, was Sie wollen. Es wird Ihnen geliefert werden, solange Sie das nötige Geld dafür haben. Das Geheimnis besteht darin, in der richtigen Währung zu zahlen. Das heißt für kosmische Bestellungen: mit der richtigen Schwingung von Gedanken und Gefühlen. Sie müssen sicherstellen, dass Sie emotional bereit sind, das zu empfangen, was Sie bestellt haben. Sind Ihre Gedanken hundertprozentig positiv? Glauben Sie, dass Sie das Gute verdient haben? Können Sie sich vorstellen, dass das Gewünschte ein Teil Ihres Lebens wird? Wird es Sie bereichern? Können Sie damit umgehen? Werden Ihre Freunde und Familie Sie dabei unterstützen? Sind Sie bereit, Veränderungen vorzunehmen, damit es Platz in Ihrem Leben hat? Wenn die Antwort auf alle diese Fragen Ja lautet, dann dürfen Sie ein Wunder erwarten.

Ich manifestierte mir ein Auto, von dem ich schon ewig geträumt hatte. Aber kurz darauf wurde es mir gestohlen. Warum?
Weil Sie nicht glaubten, es wirklich verdient zu haben, zogen Ihre Gedanken einen Dieb an, der es Ihnen wegnahm. Dank des Diebstahls können Sie sich nun überlegen, welche Gedanken Sie zurückhalten.

Bei meiner Großmutter hing ein Teller mit folgender Aufschrift an der Wand: »Es ist sinnlos, Rolls-Royce-Ideen und ein Tretrollereinkommen zu haben.« Tatsächlich starten Tagträume den Prozess der Manifestation. Dann müssen Sie fest daran glauben, dass Ihre Träume wahr werden können. Dafür müssen Sie aber Ihr Bewusstsein in das eines Luxusautobesitzers ändern. Denken Sie also an ein bestimmtes Auto, sprechen Sie darüber, als ob Sie es schon besäßen und handeln Sie dementsprechend. Halten Sie Ausschau nach Hinweisen, wie Ihnen das Universum das Auto zukommen lassen will. Sobald Sie geistig bereit sind, wird es da sein.

Wir zeichneten unser Traumhaus und bestellten es beim Universum. Es war unheimlich, denn wir fanden genau das Haus, das wir uns vorgestellt hatten. Vor zwei Jahren zogen wir ein. Jetzt haben wir aber Probleme, die Hypothek abzubezahlen. Was ist schiefgegangen?
Sie wissen bereits, dass Sie Dinge manifestieren können. Nun müssen Sie dasselbe Prinzip auf Ihre finanzielle Situation anwenden. Überlegen Sie sich, wie viel Geld Sie brauchen. Zeichnen Sie ein Bild Ihres Kontoauszugs, auf

dem die Summe steht, die Sie benötigen. Überlassen Sie es dem Universum, auf welche Weise Ihr Wunsch Wirklichkeit wird, denn es gibt viele Möglichkeiten, durch die Reichtum in Ihr Leben strömen kann. Konzentrieren Sie sich nur auf das gewünschte Ergebnis.

Bitte denken Sie daran, dass alle Zweifel sehr schädlich sind. Jede Aussage wie »Das können wir uns nicht leisten!« verschließt die Pforten zum Wohlstand. Sie müssen überall und jederzeit Ihre Vision bekräftigen. Dann wird die volle Rate immer da sein.

Ich möchte ein Heilzentrum gründen und habe klare Vorstellungen davon. Ich habe sogar schon das Gebäude gesehen, aber woher soll ich wissen, ob es wirklich das Richtige für mich ist?
Ihre Vision ist zu verschwommen. Allein die Tatsache, dass Sie diese Frage stellen, zeigt, dass Sie Zweifel haben. Meditieren Sie jeden Tag, bis Sie sich sicher sind, dass es wirklich das Richtige für Sie ist. Wenn Sie zu dem Schluss kommen, dass es nicht das Richtige ist, geben Sie die Idee auf, damit eine neue an ihre Stelle treten kann.

Mein Leben verändert sich ständig. Ich baue etwas auf und stecke meine gesamte Energie hinein. Aber nach ein paar Jahren langweile ich mich und begeistere mich für etwas Neues. Bin ich nur ein Hans Guckindieluft oder soll das so sein?
Ihre Seele hat eine Vision. Aber Sie müssen unterschiedliche Erfahrungen sammeln und mehrere Stufen meistern, bevor Sie dafür bereit sind. Es ist gut, dass Sie Ihrer

Intuition folgen. Das Universum hilft Ihnen gegenwärtig, die Situationen zu erschaffen, in denen Sie etwas lernen können. Wenn die Zeit gekommen ist, werden Sie ermutigt werden, sich auf den göttlich vorbestimmten Weg zu begeben. Dann werden Sie das Gefühl haben, angekommen zu sein.

Katastrophen

Warum lässt Gott zu, dass Katastrophen geschehen?
Gott lässt das nicht zu. Katastrophen sind lediglich die natürliche Folge des kollektiven Karma der Menschheit. Gott hat Ihnen den freien Willen gegeben, zu lieben oder zu zerstören. Nun beobachtet er, was Sie damit tun.

Warum geschah die Katastrophe vom 11. September?
Dieses fürchterliche Ereignis wurde bereits vor Hunderten von Jahren von Nostradamus vorausgesehen. Er prophezeite, dass es sich ereignen würde, wenn die Menschheit sich nicht ändert. Es gibt verschiedene Gründe dafür. Die Menschen haben eine Welt geschaffen, in der Ungleichheit herrscht, obwohl sie in ihren Herzen wissen, dass in den Augen Gottes alle gleichwertig sind. Gier und Machtgelüste haben dazu geführt, dass einige Menschen große Besitztümer angehäuft haben – oft auf Kosten derjenigen, die nichts haben. Es ist unvermeidlich, dass die Armen zornig und frustriert sind. Das ist besonders dann der Fall, wenn sie sich selbst als gut und arbeitsam wahrnehmen und die Reichen als genusssüchtig und dekadent.
Die Wut dieser Menschen wird noch zusätzlich angefacht, weil sie sich ausgebeutet fühlen, gezwungen wer-

den, irrsinnige Zinsen für Kredite zu zahlen oder wenn ihr Broterwerb durch Handelsbeschränkungen gefährdet ist. Wenn sich Menschen oder Tiere in die Enge getrieben fühlen, werden sie wütend. Diese Wut wird dann auf gewalttätige Weise von Menschen mit einem niedrigen Bewusstseinsstand zum Ausdruck gebracht.

Gewalt kann nie der rechte Weg sein und wird von der spirituellen Hierarchie niemals gutgeheißen. Aber die Engel haben großes Mitgefühl mit den Entrechteten und Armen.

Gibt es außer Gewalt noch einen anderen Weg, um Gleichheit zu erlangen?

Mahatma Gandhi inkarnierte sich, um der Menschheit zu beweisen, dass es einen anderen Weg gibt. Gewaltlosigkeit ist ein großes spirituelles Ideal. Es braucht Zeit, aber der Respekt, der dadurch erzeugt wird, führt schließlich zu den gewünschten Veränderungen und einem gegenseitigen Verständnis.

Warum geschah 1966 die Katastrophe von Aberfan?

Dieses schreckliche Unglück ist vielen lebhaft in Erinnerung geblieben. Eine Abraumhalde über dem Dorf Aberfan in Wales kam ins Rutschen und begrub Wohnhäuser und die Schule unter sich. Die materiellen Ursachen waren Wasser aus einer unterirdischen Quelle und heftiger Regen, die den Abraum ins Rutschen brachten. Der spirituelle Grund aber war die Vergewaltigung der Erde und der Raubbau an ihren Bodenschätzen. Zusätzliche Energie erhielt das Ereignis durch die angestaute Wut der Bewohner. Durch das Unglück wurde die Weltöffentlichkeit auf die Bedeutung von Kindern und Familien aufmerksam gemacht. Es war eine Warnung an die Regierenden der Welt, die Erde mehr zu respektieren und die Menschen besser zu schützen.

In diesem Fall führte die Tragödie dazu, dass in Großbritannien ein Gesetz verabschiedet wurde, das in Zukunft verhindern sollte, dass stillgelegte Gruben eine Gefahr für die Öffentlichkeit werden können. Gesegnet seien die toten Kinder und ihre Familien.

Warum ging die Titanic unter?
Die Energie, die in den Bau und die Jungfernfahrt der Titanic ging, war die pure Arroganz. Es war die Absicht, die Meere zu erobern, ohne Respekt oder Demut vor den Naturgewalten. Wasser hat eine sehr große Macht und es ist wichtig, dass die Menschen lernen, es zu ehren und verantwortungsvoll damit umzugehen. Viele Seelen gaben ihre Körper auf, um die Welt auf dieses Thema aufmerksam zu machen.

Warum würde sich irgendjemand dafür entscheiden, in einer Erdbebenzone zu leben?
Manche Menschen leben gerne auf Messers Schneide und suchen stets Unsicherheit, Drama und Abenteuer, ob sie sich dessen bewusst sind oder nicht. Solche Seelen fühlen sich von Erdbebengebieten geradezu magisch angezogen.

Warum gibt es immer wieder Amokläufe?

Amokläufe sind die Folge einer völlig außer Kontrolle geratenen Aggressivität und der Wut bestimmter Menschen in Kombination mit der Verfügbarkeit von tödlichen Waffen. Es hat eine ganze Reihe furchtbarer Tragödien gegeben, bei denen viele Jugendliche ermordet wurden. Normalerweise haben sich deren Seelen bereit erklärt, auf diese Weise zu sterben, um die Aufmerksamkeit auf die Gefahr zu richten, die von frei verfügbaren Waffen ausgeht. Aber gegenwärtig weigern sich die Menschen in bestimmten Teilen der Welt dies zu sehen. Sie wählen Angst statt Frieden.

Warum ereignete sich ein solches Massaker dann in einer Gemeinde der Amischen, die doch Frieden lehren?

Vereinfacht gesagt, weil die Amischen die Außenwelt für gefährlich halten. Dieser Glaube an das Böse zog das Böse an. Und: Über Frieden zu reden ist nicht dasselbe, wie ihn auch in sich zu spüren. Angst und Unzufriedenheit öffnen dem Schrecken Tür und Tor. Diese schreckliche Bluttat hat aber einen höheren Sinn, denn die Gemeinde wollte ihren Glauben und ihre Bereitschaft zur Vergebung auf die Probe stellen. Gleichzeitig richteten sich die Augen der Welt nicht nur auf die Tragödie, sondern auch auf das einfache Leben der Amischen.

Naturkatastrophen

Was ist die metaphysische Bedeutung von Überschwemmungen?

Tränen spülen Trauer und Schmerz aus dem menschlichen Körper. Wasser, ein kosmisches Reinigungsmittel, umspült den Planeten. Die Überschwemmung eines Hauses weist darauf hin, dass es für die Bewohner an der Zeit ist, verdrängte und ungelöste emotionale Probleme loszulassen. Eine Überschwemmung großen Ausmaßes zeigt an, dass es viel Schmerz und andere Formen der Negativität in dem betroffenen Gebiet gibt, die gereinigt und geheilt werden müssen.

Was ist die spirituelle Bedeutung der Überschwemmung von New Orleans?

Für dieses Unglück gibt es verschiedene Gründe. New Orleans, im tiefen Süden der Vereinigten Staaten gelegen, trägt noch die Narben der Sklaverei mit all den Verletzungen, dem Schmerz, der Unmenschlichkeit und dem Hass. Diese Lektion wurde nie gelernt, deshalb hatte die Überschwemmung den Zweck, die Aufmerksamkeit der Welt auf die ungleiche Behandlung von armen Schwarzen und reichen Weißen zu lenken. New Orleans ist eine Stadt der sinnlichen Genüsse, die viele Menschen anzieht, die nur an die Befriedigung ihrer niederen Triebe denken. Die Leidenschaft, Freude und Kreativität des Jazz, für den die Stadt so berühmt ist, reichte nicht aus, um das über viele Jahre angesammelte Karma auszugleichen.

Wenn sich ein starker Mensch nur auf sich selbst verlässt und immer nur anderen hilft, selbst aber keine Hilfe annimmt, befindet er sich nicht im Gleichgewicht. Das gilt auch für Nationen. Es war höchste Zeit, dass die Bewohner eines starken Landes spürten, wie verwundbar sie sind. Wenn Kinder erwachsen werden, sollten sie von ihren armen Eltern nicht erwarten, dass diese sie auch weiterhin unterstützen. Das gilt auch für bankrotte Staaten und ihre Teilstaaten. Es war höchste Zeit, dass New Orleans lernte, sich auf die eigene Kraft zu besinnen.

Und warum ereignete sich der Tsunami?

Der intergalaktische Rat hatte diesen Säuberungsprozess schon lange geplant. Es ergingen im ganzen Universum Einladungen an alle Seelen, sich freiwillig für diese Heilungsmission auf Erden zu melden. Tausende, die erkannten, welche großartige Möglichkeit sich ihnen hier bieten würde, meldeten sich und inkarnierten sich in den betroffenen Ländern. Für einige war es eine Gelegenheit, sich von allem irdischen Karma zu befreien, für andere eine spirituelle Beförderung, für einige wenige eine Chance, das Leben auf der Erde für kurze Zeit kennenzulernen. Diese besonderen Seelen nahmen es auf sich, die aus Begierde, Machtlust, Gier und Armutsbewusstsein gebildete Negativität, die in der Erde gespeichert war, in ihr Energiefeld aufzunehmen. Zur vorgesehen Zeit am 24. Dezember 2004 versammelten sie sich an den angegebenen Orten. An diesem Tag erhob sich eine gewaltige Welle, die durch den Vollmond noch an Macht gewonnen hatte, und riss all diese Menschen und all das Gift, das sie aufgenommen

hatten, in das Licht. Nur die, denen es vorbestimmt war, ins Licht zu gehen, starben bei dem Unglück. Millionen Engel warteten auf sie, um sie willkommen zu heißen.
Da viele der Toten aus reichen Ländern stammten, sah die ganze Welt dem Geschehen zu, und überall öffneten sich Herzen, sodass ein große Welle des Mitgefühls verbunden mit Großzügigkeit und dem ehrlichen Wunsch zu helfen entstand. Tausenden anderen Menschen wurde die Lebensgrundlage entzogen, wodurch sie Karma abtrugen und Mut, Selbstlosigkeit, Zusammenarbeit und andere positive Eigenschaften an den Tag legen konnten.
Natürlich werden die Trauer, der Verlust und das Leid der Menschen, die ihre Angehörigen verloren haben, durch diese spirituelle Perspektive nicht geringer, aber der Tsunami veränderte mehr als nur die direkt betroffenen Menschen und Länder. Weil die Opfer aus so vielen verschiedenen Ländern stammten, beteten überall auf der Welt Millionen von Menschen. Diese Gebete stiegen wie eine Wolke auf und führten dazu, dass die himmlischen Mächte auf das Leiden der Menschheit aufmerksam wurden. Beten Sie weiterhin für Ihren Planeten, für die Menschen und die Natur. Beten Sie, wie Sie es noch nie getan haben, denn die Erde befindet sich noch immer in einer Heilkrise.
Etwas Ähnliches ereignete sich, als Prinzessin Diana starb. Die Welt konzentrierte sich ganz auf diesen schrecklichen Verlust und drückte offen ihre Trauer aus. Als Ergebnis der kollektiven Gebete und der Liebe, die auf Diana gerichtet wurden, war ihre Seele in der Lage, eine gewaltige Menge negativer Energie mit sich ins Licht zu nehmen, wo sie umgewandelt wurde.

Eine Frau erzählte mir, dass ihr Sohn mit seinem besten Freund in Thailand gewesen war, als sich der Tsunami ereignete. Er überlebte, aber sein Freund starb. Ihr Sohn suchte die Gegend fünf Tage lang nach seinem Freund ab, bis er ihn schließlich fand. Dann brachte er den toten Körper heim zu den Eltern seines Freundes. Ein Jahr später wurde ihr Sohn krank und hatte Schmerzen im ganzen Körper. Sie wollte wissen, ob dies etwas mit dem Tsunami zu tun habe und wie sie ihm helfen könnte.
Höchstwahrscheinlich besteht tatsächlich ein Zusammenhang. Ihr Sohn hatte ein furchtbares Trauma durchlebt und es braucht Zeit, bis sich der emotionale Schock im Körper zeigt. Möglicherweise hilft es ihrem Sohn zu wissen, dass sein Freund sich vor seiner Geburt bereit erklärt hatte, in diesem Tsunami zu sterben. Er hingegen hatte sich verpflichtet, die Riesenwelle zu überleben und den Körper seines Freundes nach Hause zu bringen. Dies hat er auf bewundernswerte Weise getan. Daher ist es nicht nötig, dass er Schuldgefühle hat. Sein Freund ist da, wo er sein will.

Waren auch Tiere an diesem Reinigungsprozess beteiligt?
Die meisten Tiere, die ja im Einklang mit der Natur leben, spürten die Anzeichen des kommenden Tsunamis und retteten sich in höher gelegene Gebiete, sodass nur die starben, die dazu bereit waren. Tiere waren nicht an dem Reinigungsprozess beteiligt, weil sie nicht für die negative Energie verantwortlich waren, die umgewandelt werden sollte.

Haben die Tiere auch etwas daraus gelernt?
Einige schon, aber die meisten haben den Menschen gedient oder ihnen etwas gezeigt.

Ich habe eine Geschichte aus Phuket in Thailand gehört. Darin ging es um Arbeitselefanten, die zwanzig Minuten vor dem Tsunami sehr unruhig wurden. Vier Elefanten, die gerade von der Arbeit zurückgekommen und noch nicht angekettet waren, halfen den anderen fünf sich zu befreien. Dann liefen sie einen Hügel hinauf, von wo aus sie laut trompeteten. Viele Menschen, die spürten, dass etwas nicht stimmte, folgten ihnen. So befanden sie sich außer Gefahr, als die erste Welle auf den Strand traf. Kaum hatte sich das Wasser zurückgezogen, stürmten die Elefanten den Hugel hinunter, luden sich Kinder auf und brachten sie in Sicherheit. Als alle Kinder gerettet waren, kümmerten sie sich um die Erwachsenen. Nachdem sie zweiundvierzig Menschenleben gerettet hatten, trugen sie noch vier Leichen auf den Hügel. Sie ließen nicht zu, dass ihre Besitzer sie bestiegen, bis sie ihre Aufgabe erfüllt hatten. Dann begannen sie damit, die Trümmer aufzuräumen.

Warum geschehen so schreckliche Erdbeben?

Wenn jemand zittert, löst sich Angst in seinem Inneren. Dort, wo sich Angst im Boden befindet und bis in den Fels und die tieferen Schichten des Planeten vorgedrungen ist, erzittert die Erde, um sich von der Angst zu befreien. Das bringt aber Schmerz, Leid und Zerstörung über die Menschen, die dort leben. Nur diejenigen Menschen, deren Seelen sich bereit erklärt haben, bei einem Unglück zu sterben, werden davon betroffen.

Manche von denen, die sterben, nehmen die Angst in sich auf und mit ins Licht, um den Planeten von dieser negativen Energie zu befreien. Sie tun dies aus karmischen Gründen oder weil sie dem Planeten dienen wollen. Andere treffen ebenfalls sehr mutige Entscheidungen. Sie nehmen Verluste, Obdachlosigkeit, Chaos, Hilflosigkeit, Verletzlichkeit und Machtlosigkeit auf sich. Manche Seelen wollen ihren Glauben auf die Probe stellen, andere wollen die Möglichkeit erhalten, Mut und Mitgefühl zu zeigen und Heilung zu gewähren.

Warum kommt es zu Grubenunglücken?

Die Erde ist die Mutter der Menschen. Wenn man in sie eindringt, muss man dies respektvoll tun. Die Menschen haben die Ressourcen der Erde seit Hunderten von Jahren geplündert. Sie haben sie mit ihren Chemikalien und ihrer Negativität vergiftet. Wenn sie sich vergewaltigt fühlt oder angesichts der ständigen Ausbeutung erschöpft ist, bricht sie zusammen. Das ist die spirituelle Ursache von Grubenunglücken.

Welches sind die spirituellen Ursachen von Wirbelstürmen?

Das Element Luft hat mit Kommunikation zu tun. Wirbelstürme, plötzliche Windböen und Orkane sind Botschaften, die die Menschen daran erinnern sollen, miteinander und mit der Natur in engeren Kontakt zu kommen. Der Wind bläst Spinnweben fort, reinigt den Geist und macht es möglich, dass neue Gedanken gefasst werden. Zerstörerische Winde sollen die Menschheit daran erinnern, dass es höchste Zeit ist, überalterte Glaubenssysteme aufzugeben und den Verstand zu läutern. Wenn ganze Landstriche verwüstet werden, lautet die spirituelle Botschaft, dass eine kollektive Veränderung der Denkgewohnheiten vonnöten ist.

Warum ereignen sich Feuersbrünste?
Feuer reinigt. Es bricht immer dort aus, wo sich tief sitzender Zorn verbirgt. Dadurch wird Raum für etwas Neues geschaffen. Wald-, Haus- und Autobrände wandeln negative Energien um. Natürlich sind der Schrecken, den ein Feuer verbreitet, und der Verlust von Leben oder Eigentum tragisch, aber dadurch wird ein Teil des Karma der Beteiligten aufgelöst.

Gibt es eine metaphysische Erklärung für Vulkanausbrüche?
Wenn ein Mensch ein Furunkel hat, wird es sich irgendwann öffnen und Eiter aus der Wunde fließen lassen. Dadurch werden nicht nur materielle Giftstoffe, sondern auch emotionale Gifte wie Zorn ausgeschieden. Ein Vulkanausbruch hat die gleiche Bedeutung für den ganzen Planeten. Die feurige Lava reinigt die betroffene Gegend auf verschiedenen Ebenen.

Was kann ich tun, wenn ich von einer Naturkatastrophe höre?
Wenn Sie praktisch helfen können, indem Sie Ihre Zeit, Ihr Geld oder Ihre Erfahrung zur Verfügung stellen, dann tun Sie es.
Wenn Ihnen das nicht möglich ist oder wenn Sie sich nicht berufen fühlen, praktisch einzugreifen, dann zünden Sie eine Kerze an und beten Sie für die Seelen der Betroffenen. Stellen Sie sich vor, dass sie anmutig ins Licht gehen. Gebete sind unendlich mächtig, viel mächtiger, als die meisten Menschen ahnen. Gebete können denen hel-

fen, die hinübergehen, denn sie bilden eine Lichtwelle und ziehen mehr Engel an, die die Toten unterstützen und ihnen Liebe oder Heilung gewähren.
Gebete, die Dankbarkeit gegenüber jenen Menschen ausdrücken, die sich an bestimmten Aktionen beteiligen, sind ebenfalls sehr hilfreich, denn es verstärkt ihre Seelenenergie und zieht mehr Energie zur Erde.

Eine Visualisierungsübung, um Katastrophenopfern zu helfen

- Zünden Sie eine Kerze an.
- Stellen Sie sich vor, dass ein goldenes Licht auf die betroffene Gegend scheint, und sehen Sie, wie die Seelen der Menschen, die hinübergehen, mit den Engeln ins Licht aufsteigen.
- Stellen Sie sich vor, dass die Engel allen, die verletzt und traumatisiert sind oder materielle Hilfe brauchen, Heilung und Hilfe gewähren.

Die Energie, die Sie aussenden, wird dazu beitragen, dass den betroffenen Menschen und der in Mitleidenschaft gezogenen Gegend mehr spirituelle Hilfe zuteil wird.

Versammeln sich die Engel an Unglücksstellen?
Viele Engel versammeln sich dort, wo sich große Katastrophen ereignen, um den Betroffenen zu helfen. Sie er-

zeugen ein großes Licht, um den Seelen der Toten auf ihrem Weg zu helfen. Sie versammeln sich auch auf der anderen Seite, um die Seelen willkommen zu heißen.

Was können wir aus Naturkatastrophen lernen?

Es gibt viele verschiedene Dinge, die Sie lernen können. Sie sind auf der Erde, um alles über die verschiedenen Aspekte der Liebe zu lernen. Daher bietet eine Katastrophe eine wunderbare Gelegenheit zu selbstlosem Dienen und um Mut, Hingabe, Tapferkeit, Großzügigkeit, Mitgefühl und andere positive Eigenschaften zu zeigen. Eine Katastrophe ermöglicht den Menschen auch, ihren gesunden Menschenverstand und ihr Unterscheidungsvermögen einzusetzen, indem sie sich gut überlegen, wofür sie spenden und wo sie helfen wollen. Die Betroffenen haben schweres Leid erlitten und große Verluste erlebt, was manchmal dazu führt, dass sie anfangen, nach einem spirituellen Sinn zu suchen.

Eine weitere Lektion besteht darin, sich emotional nicht von der Katastrophe vereinnahmen zu lassen. Das ist natürlich für viele Menschen sehr schwierig, aber wenn es gelingt, kann man die ganze Situation von einer spirituellen Perspektive aus betrachten, was hilfreicher ist, als man es sich vorstellen kann.

Warum kommen bei Naturkatastrophen immer so viele Kinder um Leben?

Die Seelen der Kinder, die sich bereit erklärt haben, bei einem Unglück zu sterben, tun dies aus verschiedenen Gründen. Körperlich sind sie schwächer und verletzlicher als Erwachsene, sodass sie weniger gut mit der Situation umgehen können. Aber wichtiger ist, dass solche Tragödien Weckrufe sind. Die Unschuld der Kinder berührt die Herzen der Massen und führt häufig zu Veränderungen, die der Tod von Erwachsenen nicht bewirken könnte. Wenn die Seele eines Kindes nur eine kurze Erfahrung auf Erden braucht, mag sie sich freiwillig melden, um an einem Ereignis teilzunehmen, das die Menschheit so sehr aufrüttelt, dass Veränderungen vorgenommen werden. Die beste Möglichkeit, das Leben und den Tod eines solchen Kindes zu ehren, ist, sich selbst für Veränderungen einzusetzen. Wenn Sie das nicht können, setzen Sie die Macht Ihres Vorstellungsvermögens ein und stellen Sie sich das, was im Argen liegt, als perfekt vor.

Warum musste mir so etwas geschehen? Warum war ausgerechnet mein Haus betroffen? Warum wurde mein Angehöriger verletzt? Warum musste ausgerechnet ich dieses Unglück erleben?
Weil Ihre Seele fand, dass Sie diese Erfahrung machen sollten, um etwas daraus zu lernen.

Und warum wurde nicht mein Nachbar betroffen, der ein wirklich schlechter Mensch ist?
Entweder war es nicht das Karma Ihres Nachbarn oder für ihn war noch nicht die Zeit gekommen, diese Lektion zu lernen. Segnen Sie Ihren Nachbarn.

Träume

Haben Träume eine spirituelle Bedeutung?
Ja, denn Träume sind Brücken zwischen Ihrer Seele und Ihrem Körper. Manche Träume übermitteln Botschaften des Unbewussten an Ihr Bewusstsein, andere stellen den Kontakt zu den Reichen der Engeln oder zu anderen höheren Dimensionen her, wodurch Sie etwas lernen, getröstet oder geheilt werden.

Gibt es verschiedene Arten von Träumen?
Ja, aber die meisten Träume sind verschlüsselte Botschaften Ihrer Seele, die Ihnen in Ihrem Alltag helfen sollen. Albträume und ständig wiederkehrende Träume fallen zum Beispiel in diese Kategorie. Es gibt auch hellsichtige Träume, die in Wirklichkeit Astralreisen sind, während derer sich Ihr Geist vom Körper löst. Dazu gehören Treffen in der inneren Dimension, wo Sie Informationen über die Zukunft erhalten, und Träume aus vergangenen Leben. Außerdem gibt es noch spirituelle Träume. Dazu gehören Visionen, Treffen mit Engeln oder Meistern, der Empfang von Symbolen oder Botschaften von höheren Wesen.

Woher weiß ich, ob ein Traum ein hellsichtiger Traum ist?
Ein hellsichtiger Traum ist normalerweise sehr lebhaft und wenn Sie daraus erwachen, haben Sie das Gefühl, er habe sich tatsächlich ereignet. Die Erinnerung daran wird nicht mit der Zeit schwächer wie bei einem normalen Traum.

Woran erkenne ich einen spirituellen Traum?
Wenn Sie einen haben, werden Sie es wissen. Sie werden nicht den geringsten Zweifel haben.

Warum sind die Botschaften in Träumen verschlüsselt?
Die Informationen der Seele betreffen häufig die Gefühle. Die Menschen unterdrücken oder leugnen ihre Gefühle, weil sie nicht damit umgehen können. Sie verdrängen sie, speichern sie aber im Unbewussten. Ein Zensor wacht darüber, dass sie von dort aus nicht ins Wachbewusstsein dringen. Wenn Ihr höheres Selbst Ihnen etwas mitteilen will, umgeht es den Zensor, indem es die Botschaft oder die Gefühle in einer Geschichte oder einer Metapher versteckt, die Sie dann später im Wachzustand entschlüsseln müssen.

Wie kann ich meine Träume entschlüsseln?
Erinnern Sie sich daran, dass jeder Teil des Traumes einen Teil von Ihnen repräsentiert, der Ihnen eine Botschaft zukommen lassen will. Wenn Sie diesem Teil zuhören und ihn anerkennen, haben Sie einen wichtigen Schritt auf

dem Weg zu Selbsterkenntnis und spirituellem Wachstum gemacht.

Ein Beispiel: In einem Traum, in dem ein Stein, ein Hund und ein weinender Mensch vorkommen, repräsentieren diese Elemente verschiedene Aspekte Ihrer Persönlichkeit. Um die Botschaft zu entschlüsseln, schließen Sie die Augen und rufen sich die Bilder in Erinnerung. Reden Sie mit sich selbst, als wären Sie jedes dieser Elemente.
Werden Sie zum Stein und drücken Sie aus, wie Sie sich fühlen und was Sie als Stein brauchen. Zum Beispiel: »Ich fühle mich, als ob alle auf mir herumtrampeln, ohne mich auch nur zu bemerken. Es tut weh und ich bin wütend. Ich will anerkannt und wahrgenommen werden.« Oder: »Ich bin hart und habe scharfe Kanten. Menschen tun sich an mir weh, deshalb will ich weicher werden. Ich muss auch mit mir selbst besser umgehen und lieber zu mir sein.«
Der Hund kann glücklich, traurig, verspielt oder verängstigt sein. Auf jeden Fall will er etwas Wichtiges ausdrücken. Der weinende Mensch ist verstört, ängstlich, traurig, verletzt, wütend oder hat Schuldgefühle. Finden Sie heraus, was er Ihnen sagen will.
Da dies alles Teile von Ihnen selbst sind, können nur Sie den Traum deuten, die darunter liegenden Gefühle aufdecken und Ihre Bedürfnisse erfüllen. Niemand sonst kann das für Sie tun. Wenn Sie sich selbst geheilt haben, werden sich andere Menschen Ihnen gegenüber positiver verhalten. Träume sind eine wunderbare Möglichkeit, sich selbst besser kennenzulernen und die verschiedenen Persönlichkeitsanteile zu integrieren und ins Gleichgewicht zu bringen.

Können mir Träume helfen, meine inneren Konflikte zu lösen?

Ja. Sobald Ihre Persönlichkeit bereit ist, einen inneren Konflikt zu lösen, wird Ihnen Ihr Unbewusstes einen Traum schicken, der es Ihnen ermöglichen wird, die Lösung zu finden.

Eine Übung, um widerstreitende Persönlichkeitsanteile zu versöhnen

- Rufen Sie sich den Traum gleich nach dem Aufwachen noch einmal in allen Einzelheiten in Erinnerung.
- Übernehmen Sie die Rolle eines Vermittlers.
- Rufen Sie Ihren Schutzengel oder eine von Ihnen verehrte Figur wie Jesus, Mohammed oder Buddha zu Hilfe, damit sie Ihnen zur Seite steht und die verschiedenen Persönlichkeitsanteile auseinanderhält.
- Sprechen Sie als Vermittler mit den Menschen aus Ihrem Traum, finden Sie heraus, was sie brauchen und was sie einander zu sagen haben.
- Handeln Sie einen Vertrag aus, der das künftige Zusammenleben regelt.
- Stellen Sie sich vor, wie sich alle Persönlichkeitsanteile die Hände schütteln, einander anlächeln und künftig harmonisch zusammenarbeiten.

Kann ich in meinen Träumen Lösungen für meine Probleme finden?
Ja. Bitten Sie die Engel, Ihnen einen Traum zu schicken, der Ihnen eine Lösung im höchsten Interesse aller Beteiligten aufzeigt. Wenn Sie den Traum entschlüsselt haben, müssen Sie den Rat aber auch befolgen. Tun Sie das nicht, wird das Universum annehmen, dass Sie es mit Ihrem spirituellen Fortschritt nicht ernst meinen.

Ich hatte einer Freundin ziemlich naiv im Laufe der Jahre eine Menge Geld geliehen, obwohl ich wusste, dass sie es nie würde zurückzahlen können. Da sie so verzweifelt war, gab ich ihr wieder Geld im Austausch gegen einige Arbeiten, die sie für mich erledigen sollte. Sie nahm das Geld und sagte mir dann, dass sie weder genügend Zeit noch Energie habe, um die Arbeiten zu erledigen. Ich war wütend und fühlte mich betrogen, wusste aber, dass mich diese Gefühle nur noch mehr an sie binden würden. Ich stand vor folgendem Dilemma: Sollte ich darauf bestehen, dass sie das Geld zurückzahlte, was sie in enorme Schwierigkeiten gebracht hätte, oder sollte ich mich von ihr abnabeln und ihr alle Schulden erlassen? Was wäre spirituell gesehen richtig? Welche der Alternativen würde die richtige Botschaft an das Universum senden? Ich hatte gedacht, dass ich ihr das Geld aus Solidarität geliehen hatte, aber hatte ich nicht tatsächlich eine Opfer-Täter-Situation erschaffen? Ich bat die Engel, mir einen Traum zu schicken, der die Lösung enthalten würde. Gegen Morgen träumte ich folgenden Traum: Ich habe im Wohnzimmer meiner Nachbarin einen Haufen Ziegel aufgestapelt. Ich muss hinübergehen und die Ziegel wieder abholen. Ich übersetzte den Traum folgendermaßen: Ich muss die Last der Schulden, die ich meiner Freundin aufgeladen habe, von ihr nehmen. Noch am selben Tag schrieb ich ihr, dass ich ihr alle Schulden erlassen würde. Ich dankte den Engeln, dass sie mich diese teure Lektion hatten lernen lassen.

Wie kann ich mich besser an meine Träume erinnern?

Sobald Sie anfangen, sich mehr für Ihre Träume zu interessieren, wird die Erinnerung automatisch besser werden. Teilen Sie auch Freunden und Verwandten Ihre Träume mit, dann erinnern Sie sich besser daran. Schreiben Sie sie auf. Legen Sie Stift und Papier neben das Bett, um Ihrem Unbewussten zu signalisieren, dass Sie sich Ihrer Träume bewusst werden wollen. Erinnern Sie sich immer wieder daran, dass Sie sich an Ihre Träume erinnern wollen.
Wasser ist das Element der Träume. Trinken Sie daher ein Glas Wasser, bevor Sie schlafen gehen. Essen Sie abends früh und nur eine leichte Mahlzeit. Schweres Essen spät gegessen verhindert jegliche spirituelle Aktivität. Bitten Sie die Engel vor dem Einschlafen, Ihnen bei der Traumarbeit zu helfen.

Kann ich die Träume eines anderen Menschen deuten?

Ja und nein. Manche Menschen sind hellsichtig veranlagt und können sich auf die Bedeutung der Träume anderer Menschen einstimmen. Einige Träume scheinen sehr klar und eindeutig zu sein, aber jeder Mensch interpretiert dieselben Dinge anders. Die meisten Menschen projizieren ihre eigenen Gedanken und Überzeugungen in den Traum hinein, der ihnen erzählt wird. Es ist besser, den

Träumer darin zu unterstützen, seine Träume selbst zu deuten.

Ein Beispiel: Zwei Menschen träumen von einem Känguru, das durch die Wüste hüpft. Für den einen repräsentiert das Känguru die Fähigkeit, schnell und leichtfüßig voranzukommen. Die Wüste ist für ihn einfach ein flacher Ort ohne Hindernisse. Für ihn enthält der Traum die Botschaft, dass sein Leben flott vorangeht und dass ihm nichts im Weg steht. Für den anderen ist das Känguru aber eine fremdartige Kreatur und die Wüste ein trostloses, leeres Fleckchen Erde. Dann enthält der Traum die Botschaft, dass er sich fremd, isoliert, verlassen und einsam fühlt. Nur der Träumer kann seine Träume wirklich deuten.

Haben bestimmte Traumsymbole eine universelle Bedeutung?
Ja, manche Symbole haben tatsächlich eine universelle Bedeutung. Es ist aber immer wichtig, herauszufinden, was sie für Sie persönlich bedeuten.

Ich kenne zwei Therapeutinnen, die beide mit Träumen arbeiten. Woher weiß ich, zu welcher ich gehen soll? Die beiden arbeiten nämlich auf sehr unterschiedliche Weise.
Lassen Sie Ihre Intuition entscheiden, welche von beiden die richtige Therapeutin für Sie ist. Aber bedenken Sie bitte, dass Ihre Seele möchte, dass Sie Ihre Lektionen lernen und sich spirituell entwickeln. Daher wird sie Ihnen die Träume schicken, mit denen die Therapeutin, für die Sie sich entscheiden, arbeiten kann.

Ich träume nur, wenn ich im Urlaub bin. Warum ist das so?

Sie träumen jede Nacht, aber Sie erinnern sich nur daran, wenn Sie – das heißt vor allem Ihr Verstand – entspannter sind.

Immer wenn ich im Urlaub bin, habe ich Albträume. Warum ist das so?

Wenn Ihr Leben sehr hektisch und aktiv ist, erinnern Sie sich wahrscheinlich entweder gar nicht an Ihre Träume oder nur an die, die mit Ihrem täglichen Leben zu tun haben. Wenn Sie sich dann im Urlaub entspannen und Zeit haben, sich Ihre Träume anzuschauen, wird Ihre Seele die Gelegenheit ergreifen, um Ihnen Ihre verdrängten Ängste und tief sitzenden Überzeugungen bewusst zu machen. Diese unterdrückten Energien haben nämlich Ihr Denken und Verhalten oft auf negative Weise bestimmt, daher ist es lebensnotwendig, dass Sie Ihre Träume aufschreiben und herausfinden, was sie Ihnen sagen wollen.

Worin besteht der Sinn von Albträumen und warum gibt es sie überhaupt? Was kann man dagegen tun?

Ein Albtraum offenbart dem Wachbewusstsein Angst machende, unangenehme Gefühle, die seit Langem unterdrückt wurden. Diese Gefühle, die während eines lang zurückliegenden Ereignisses in Ihrer Kindheit oder einem vergangenen Leben entstanden sind, sind tief in Ihnen gespeichert. Als dieses Ereignis stattfand, waren Sie zu verletzlich oder zu machtlos, um angemessen mit dem Geschehen umzugehen. Wenn die verdrängten Gefühle aber durch irgendetwas aktiviert werden, werden sie sich in einem Albtraum zeigen. Es ist oft sehr hilfreich, sich den Traum noch einmal in Erinnerung zu rufen und sich dabei klarzumachen, dass Sie jetzt die Macht haben, sich dieser Situation zu stellen. Stellen Sie sich jetzt Ihren Gefühlen. Heute können Sie es besser als damals, als Sie so verletzlich waren.

Ein immer wiederkehrender Albtraum weist darauf hin, dass ein Gefühl seit sehr langer Zeit unterdrückt wurde und nun versucht, sich mit allen Mitteln Beachtung zu verschaffen.

Ein Angst machender Traum kann auch die Folge einer beängstigenden Begegnung mit einem anderen Geist in der astralen Dimension sein. Ist das der Fall, sollten Sie einen sehr effektiven Schutz um sich herum platzieren, bevor Sie schlafen gehen. Wenn Sie kleine Kinder haben, die Sie möglicherweise während der Nacht brauchen, können Sie bestimmen, dass diese Ihren Schutz durchdringen dürfen.

Visualisierungsübung, um sich zu schützen

- Bitten Sie den Erzengel Michael, seinen dunkelblauen Schutzmantel über Ihnen auszubreiten. Spüren Sie, wie er dies tut. Ziehen Sie den Mantel bis zum Kinn hoch und legen Sie sich die Kapuze über den Kopf.

- Rufen Sie drei Mal den goldenen Strahl Christi herbei und spüren Sie, wie sich das Licht dieses Strahls über Sie ergießt.
- Stellen Sie sich einen weißen Lichtball vor, der Sie einhüllt und an dem jeglicher Angriff abprallt.
- Malen Sie ein Kreuz oder ein anderes Schutzsymbol vor sich, hinter sich, zu beiden Seiten, über und unter sich in die Luft.

Traumbotschaften

Im Traum sah ich zwei Wege, die einen Berg hinaufführten. Ich kämpfte mich auf einem sehr schwierigen Pfad voran, der mit Felsbrocken und scharfkantigen Steinen übersät war. Der andere Pfad war leicht und lag im Sonnenschein, aber um ihn zu erreichen, musste ich einen Abgrund überqueren. Mir ist die Botschaft eigentlich klar und ich weiß auch, dass sie sehr wichtig für mich ist. Mein Leben ist so schwer, aber wie komme ich auf den Weg, der im Sonnenschein liegt? Ich habe keine Ahnung, was mein Weg ist und wie ich dorthin komme.

Sie müssen etwas verändern, um glücklich zu sein. Ihr wahrer Lebensweg wird Ihnen offenbart werden, wenn Sie diese Veränderungen vorgenommen haben.

Dass Sie einen Berg besteigen, symbolisiert eine spirituelle Herausforderung und offenbart Ihnen, dass Sie einen anderen Weg wählen sollen. Um aber auf diesen Weg zu gelangen, müssen Sie den Abgrund überqueren. Sie müssen sich also von einer Situation in eine andere begeben. Träume sind Botschaften des Unbewussten an das Bewusste, aber Sie können durchaus auch Ihrem Unbewussten Botschaften schicken, um es neu zu programmieren. Sie tun dies durch Visualisierungen, mit denen Ihr Bewusstsein dem Computer Ihres Geistes neue Instruktionen erteilt.
Hier ist eine Übung, mit der Sie Ihrer Seele mitteilen, dass Sie die Traumbotschaft verstanden haben und dass Sie bereit sind, alles Nötige zu tun, um auf den sonnigen Weg zu kommen. Auch wenn Sie jetzt nicht wissen, was Ihre wahre Bestimmung ist, so seien Sie doch sicher, dass sie auf Sie wartet.

Eine Übung, um mit einem Traum zu arbeiten

- Schließen Sie die Augen und entspannen Sie sich.
- Stellen Sie sich vor, Sie befänden sich wieder im Traum und mühten sich auf dem schweren Weg ab.
- Rufen Sie Ihren Schutzengel an und stellen Sie sich vor, Sie gingen gemeinsam mit ihm zum Abgrund.
- Bitten Sie den Engel, Ihnen dabei zu helfen, eine tragfähige Brücke über den Abgrund zu bauen.
- Benutzen Sie Ihr Vorstellungsvermögen, um Ihrem Unbewussten eine eindeutige Botschaft zu senden. Vielleicht reicht es, einfach ein dickes Brett über den

Abgrund zu legen. Vielleicht müssen Sie aber auch einen Brückenbauer und schweres Gerät zu Hilfe holen.
- Wenn die Brücke fertig ist, danken Sie Ihrem Engel und gehen Sie zu dem leichten Pfad hinüber.
- Sie müssen diese Visualisierungsübung vermutlich mehrmals wiederholen, um Ihrem Unbewussten die Botschaft eindrücklich mitzuteilen, dass Sie für Veränderungen bereit sind.
- Lauschen Sie aufmerksam, was das Universum Ihnen bezüglich des nächsten Schrittes mitzuteilen hat.

Ich träumte, dass ich von einer starken Frau erdrückt wurde. Was kann das bedeuten?
Sie machen sich so viele Sorgen wegen Ihrer Gesundheit, dass Sie das Leben gar nicht mehr genießen können.

Eine Frau symbolisiert im Traum einen weiblichen Teil von Ihnen. In diesem Fall ist die innere Mutter überfürsorglich. Der Traum warnt Sie davor, dass Ihnen dieser weibliche Teil Ihrer Persönlichkeit nicht gestattet, Sie selbst zu sein. Es gibt aber noch eine andere Botschaft: Den geistigen Gesetzen der Erde zufolge, spiegeln sich Ihre inneren Gefühle in der äußeren Welt wider. Daher ist es auch möglich, dass eine Frau Sie auf irgendeine Weise erdrückt. Ist das der Fall, sollten Sie sich innerlich entspannen, dann wird sich die äußere Widerspiegelung automatisch verändern.

Aus dem folgenden Traum erwachte ich mit einem ganz schrecklichen Gefühl. Eine wunderschöne rosa Blüte fiel auf einen stillen See. Sie begann sich zu öffnen, wurde aber plötzlich unter Wasser gezogen. Ich habe gerade geheiratet und ich liebe meinen Mann. Wird in unserer Ehe etwas schieflaufen?

Sie haben recht, die rosafarbene Blüte repräsentiert das Erblühen Ihrer Liebe und der stille See den Frieden in Ihrer Beziehung. Sie sollten sich Ihre unbewussten Motive bewusst machen, denn diese könnten Sie herunterziehen.

Rosa ist die Farbe der Liebe. Die Blüte symbolisiert das Erblühen der Liebe. Wasser repräsentiert die Gefühle. Achten Sie also darauf, wie Sie Ihre Gefühle ausdrücken, damit nicht etwas aus dem Unbewussten an die Oberfläche kommt, das Ihre Ehe gefährden könnte.

Eine Übung, um einen Traum zu erforschen

- Schließen Sie die Augen und entspannen Sie sich.
- Stellen Sie sich vor, Sie befänden sich mit Ihrem Schutzengel an der Seite wieder im Traum.
- Richten Sie einen starken Lichtstrahl auf das Wasser, damit Sie sehen können, was die Blüte in die Tiefe zieht.
- Möglicherweise sehen Sie etwas Symbolisches, etwa einen Fisch oder einen Kraken. Kommunizieren Sie mit dem Wesen. Fragen Sie das Tier, wie es sich fühlt,

warum es das tut und was es braucht, um damit aufzuhören.

- Vielleicht sehen Sie aber auch einen Menschen, einen Aspekt Ihres Selbst, zum Beispiel Ihr inneres Kind oder Ihre innere Hexe. Es kann auch sein, dass Sie Ihren Chef sehen oder dass eine vergangene oder gegenwärtige Situation sichtbar wird. Kommunizieren Sie auf jeden Fall damit und kommen Sie zu einer Übereinkunft. Jede Lösung, die Sie in Ihrer inneren Welt erzielen, wird sich auf Ihre äußere Welt auswirken.

Ich träumte, ich hätte zwei Kinder. Das ältere war sehr hübsch, aber das jüngere war kränklich und brauchte besondere Pflege. Im realen Leben habe ich keine Kinder, ich war immer sehr gesund, aber mein jüngerer Bruder war immer sehr kränklich. Jetzt als Erwachsener geht es ihm gut. Ich besitze ein gut gehendes Geschäft, habe aber gerade ein neues Projekt begonnen, das noch nicht so gut läuft. Bezieht sich der Traum darauf und was soll ich mit der Botschaft anfangen?
Schenken Sie dem neuen Projekt besondere Aufmerksamkeit. Es ist ein vielversprechendes Projekt, das überleben wird, aber in den ersten Jahren viel Arbeit braucht.

In Träumen symbolisieren Kinder häufig neue Projekte, Ideen oder Vorhaben. Es ist vermutlich hilfreich, sich den Traum noch einmal in Erinnerung zu rufen und herauszufinden, was das kränkelnde Kind braucht. Es ist sehr aufschlussreich, dass Sie sich daran erinnert haben, dass Ihr jüngerer Bruder als Kind häufig krank war, es ihm jetzt als Erwachsener aber gut geht. Ihr höheres Selbst hat

Ihnen eine klare Botschaft geschickt. Es hat Ihnen dieselbe Botschaft gleich zwei Mal geschickt. Einmal im Traum mit dem kränkelnden Kind und einmal in der Erinnerung an den Gesundheitszustand Ihres Bruders. Danken Sie Ihrem Unbewussten dafür, dass es Ihnen so klare Botschaften übermittelt. Stecken Sie viel Energie in das neue Projekt, dann wird es ihm gut gehen, wenn es herangereift ist.

Ich träumte, dass mein Mann und ich mit dem Auto fahren. Meine Mutter sitzt hinten und hat ihre Hände am Lenkrad, ohne dass wir es merken. Ich spürte nichts Besonderes, als ich erwachte, hatte aber eine klare Erinnerung. Wie lautet die Botschaft und was soll ich unternehmen?
Ihre Mutter mischt sich in Ihre Ehe ein.

Wenn Ihre Mutter die Geschicke Ihrer Ehe lenkt, wird es helfen, sich von ihr abzunabeln. Das wird Ihnen auch helfen, in Kontakt mit verdrängten Gefühlen zu kommen.
Wenn Sie jemandem einen Gedanken oder ein Gefühl schicken, erschaffen Sie ein psychisches Band zwischen sich und dem anderen. Auch er streckt seine energetischen Fühler aus, die sich in Ihrem Energiesystem festsaugen, wenn Sie dafür offen sind. Sie werden sich gegenseitig durch diese Verbindungsschnüre beeinflussen, auch wenn Sie sich dessen nicht bewusst sein mögen. Es ist sehr nützlich, alle Schnüre zu durchtrennen, denn bedingungslose Liebe kennt keine Fesseln. Sie befreien die andere Person und ermöglichen es ihr, sich mit mehr Integrität zu verhalten. Sie befreien auch sich selbst, sodass Sie reifen und Ihre Macht zurückgewinnen können.

Ich habe geträumt, dass ich in einem schlammigen Teich voller Krokodile schwamm. Es war schrecklich. Was soll das bedeuten? Was kann ich tun?
Sie befinden sich in einer gefährlichen emotionalen Situation. Finden Sie einen Ausweg und bringen Sie Ihr Leben in Ordnung.

Sie befinden sich sozusagen in trüben Wassern. Lassen Sie Ihre Wut, Verletztheit, Angst und andere Emotionen los, die Ihre Aura trüben. Wenn Sie sich läutern, werden viele Ängste verschwinden. Was bedeutet ein Krokodil für Sie? Macht es Ihnen Angst? Finden Sie es gefährlich, verschlagen oder hinterlistig? Wenn Sie stolz darauf sind, immer nett zu sein, möchten Sie sich vielleicht Ihre negativen Seiten nicht anschauen und projizieren diese lieber auf andere, die sich Ihnen gegenüber gemein verhalten.

Eine Visualisierungsübung, um sich zu läutern

Die Gold und Silber Violette Flamme repräsentiert eine machtvolle Transformationsenergie, mit deren Hilfe Sie dunkle Gefühle und Gedanken auflösen können. Rufen Sie sie herbei und stellen Sie sich dann vor, dass sowohl Sie als auch alle Menschen, mit denen Sie in Kontakt kommen, und alle Ihre Lebensumstände vollständig von dieser Flamme umgeben sind.

Ich habe geträumt, dass ich nackt die Straße hinunterging. Als ich aufwachte, war mir das sehr peinlich. Was hat das zu bedeuten?
Träume, in denen Sie nackt sind, haben mit dem Gefühl zu tun, verletzbar und bloßgestellt zu sein.

Vielleicht haben Sie jemandem ein Geheimnis erzählt, etwas Intimes von sich preisgegeben oder sind beim Lügen erwischt worden. Der Traum soll Ihre Aufmerksamkeit darauf richten, dass Ihr verletzbares inneres Selbst offengelegt wurde.

Ich träumte, dass ich in aller Öffentlichkeit auf die Toilette ging. Was kann das bloß bedeuten?
In Toilettenträumen geht es immer darum, Emotionen oder Überzeugungen loszulassen. In diesem Fall ist dies öffentlich geschehen.

Ich habe gerade eine neue Stelle angetreten und am zweiten Tag träumte ich von einer großen Kiste herrlicher Äpfel, von denen einer aber faul war.
Passen Sie auf, was Sie Ihren Kollegen mitteilen. Einer von ihnen ist nicht so ehrlich wie Sie vielleicht glauben.

Ihr Unbewusstes spürt so etwas viel eher als Ihr Bewusstsein.

Ich hatte einen Traum, den ich für sehr wichtig halte. Ich habe ihn von allen Seiten aus betrachtet, aber ich verstehe ihn immer noch nicht. Was kann ich denn noch tun?
Wenn Sie einen Traum partout nicht verstehen können, erklimmen Sie im Traum oder während der Meditation den Berg der Meister und bitten Sie darum, dass Ihnen

seine Bedeutung enthüllt werden möge. Machen Sie die folgende Visualisierungsübung während der Meditation oder vor dem Einschlafen.

Eine Visualisierungsübung, um die Meister um Informationen zu bitten

- Entspannen Sie sich, indem Sie ruhig und gleichmäßig atmen.
- Stellen Sie sich vor, dass sich vor Ihnen ein gewaltiger Berg erhebt.
- Klettern Sie bis zum Gipfel. Selbst wenn Ihr Körper dazu nicht in der Lage sein sollte, Ihr Geist kann es.
- Auf dem Gipfel befindet sich ein wunderschöner runder Tempel.
- Betreten Sie ihn ehrfurchtsvoll, denn in ihm lebt ein erleuchteter Meister, der Ihnen helfen kann.
- Bitten Sie ihn, Ihnen im nächsten Traum eine Botschaft zu senden, die ganz eindeutig und leicht zu verstehen ist.
- Bedanken Sie sich.
- Klettern Sie wieder hinunter und ruhen Sie sich aus.

Am Abend sollten Sie Stift und Papier neben Ihrem Bett bereitlegen und als Antwort auf Ihre Bitte eine klare Botschaft erwarten.

Hellsichtige Träume

Ich träumte von meinem Sohn, der letztes Jahr starb. Im Traum sagte er mir, dass es ihm gut ginge und er glücklich sei. Was hat das zu bedeuten?
Ihr Sohn liebt sie sehr und wollte Ihnen zeigen, dass es ihm gut geht. Deshalb schickte er seinen Geist zu Ihnen. Das geschieht übrigens recht häufig, aber es passiert nicht so oft, dass sich jemand daran erinnert. Es muss ihm sehr wichtig gewesen sein.

Ich träume häufig, dass meine Großmutter, die vor einigen Jahren starb, über mich wacht. Ist das möglich?
Ja, Ihre Großmutter hilft Ihnen von der geistigen Welt aus.

Ich habe meinen Großvater nicht gekannt, weil er starb, bevor ich geboren wurde, aber ich habe oft das Gefühl, dass er in der Nähe ist. Kann das sein?
Ja, er kommt häufig vorbei, um nachzusehen, ob es Ihnen gut geht. Es ist nicht von Bedeutung, dass er Sie niemals auf der körperlichen Ebene kennengelernt hat, denn er hat eine starke spirituelle Bindung an Sie und liebt Sie sehr.

Meine Freundin träumte, dass ein Engelchor über ihr schwebte und sang. Als sie erwachte, war sie sehr glücklich und fühlte sich wunderbar. Kann das wirklich geschehen sein?
Die Engel singen häufig nachts zu den Menschen. Diese werden dadurch getröstet, ihre Verbindung zum Reich

der Engel wird gestärkt und ihre Schwingungsfrequenz erhöht sich. Sie ist wirklich gesegnet, dass sie sich daran erinnern konnte.

Vor fünf Jahren träumte ich, dass ich mit einem Gipsbein im Krankenhaus lag. Der Traum schien so real, dass ich mich in allen Einzelheiten an die Abteilung erinnern konnte. Ich hatte zuerst Angst, dass dies ein prophetischer Traum sein könnte, entspannte mich aber nach ein paar Wochen wieder. Drei Jahre später lag ich wirklich mit einem gebrochenen Bein in dem Krankenhaus, von dem ich geträumt hatte. Ist das nicht verrückt?
Sie sind im Traum in eine mögliche Zukunft geschlüpft, daher war es wirklich ein prophetischer Traum. Ihre Seele gab Ihnen drei Jahre Zeit, Ihre Lebensumstände zu ändern, damit Sie diese Erfahrung nicht machen mussten. Aber Ihre Lebensumstände und Ihr Glaubenssystem hatten sich nicht so weit geändert, dass sich dadurch auch Ihre Zukunft geändert hätte.

Ich habe einmal von einem Flugzeugabsturz geträumt, bei dem viele Menschen starben. Ich konnte das Wrack ganz deutlich sehen. Als ich erwachte, war ich sehr aufgewühlt und mir war ganz schlecht. Als ich am nächsten Tag den Fernseher anstellte, sah ich zu meinem Entsetzen, dass es tatsächlich einen Absturz gegeben hatte. Wie ist so etwas möglich?
Im Traum haben Sie Zugang zu anderen Dimensionen und Zeiten. Sie sahen ein Ereignis, dass eine gewaltige

emotionale Ladung hatte. Sie nahmen einige der Gefühle der Betroffenen wahr. Aus diesem Grund konnten Sie sich so lebhaft daran erinnern.

Ich träume oft von Erdbeben und Naturkatastrophen, die dann auch tatsächlich geschehen. Dann wache ich immer völlig erschöpft auf. Warum?
Sie sind in der Lage, sich hellsichtig auf solche Katastrophen einzustimmen. Ihr Geist verlässt Ihren Körper, um denen zu helfen, die gestorben sind, und die zu trösten, die überlebt haben. Sie wachen deshalb so erschöpft auf, weil Sie im Traum schwer gearbeitet haben.

Als ich einmal hohes Fieber hatte, träumte ich, dass meine Mutter an meinem Bett saß und mir übers Haar strich. Sie sagte, alles würde gut werden. Ich war sehr erleichtert, aber als ich erwachte, erinnerte ich mich daran, dass sich meine Mutter in einem anderen Land befand. Wie ist so etwas möglich?
Der Geist ist nicht an Raum und Zeit gebunden und Ihre Mutter war nur einen Gedanken weit von Ihnen entfernt. Auf der psychischen Ebene ist sie sehr stark mit Ihnen verbunden, deshalb flog ihr Geist zu Ihnen, als sie spürte, dass Sie sich in Gefahr befanden. Sie erinnerten sich an Ihre Anwesenheit und daran, dass Sie Ihnen übers Haar gestrichen hatte, hielten dies aber für einen Traum.

Als meine Kinder noch klein waren, träumte ich manchmal, dass das Haus brannte und ich nicht alle in

Sicherheit bringen konnte. Dann erwachte ich immer voller Panik. Die Träume hörten auf, als die Kinder älter wurden.

Dies ereignete sich tatsächlich in einem anderen Leben und Sie haben die Panikgefühle niemals wirklich losgelassen. Die unbewussten Erinnerungen kamen wieder an die Oberfläche, als Ihre Kinder klein waren. Ein solcher Traum löst einige der festsitzenden Gefühle auf und befreit Sie aus ihren Klauen.

Ich habe mehrere Freunde, die sehr intuitiv sind. In den Wochen vor Kennedys Ermordung träumten wir alle davon, dass auf ihn ein Attentat verübt werden würde. Aber niemand von uns konnte die Zeit oder den Ort bestimmen. Hätten wir das Attentat verhindern können?

Sie alle haben sich auf die Energie eingestimmt, die sich in den Wochen vor dem tragischen Ereignis aufbaute. Aber das Ereignis war vorbestimmt, deshalb hätten Sie es nicht verhindern können.

Wenn ich von einem Unglück oder einer Katastrophe träume, kann ich etwas tun?

Möglicherweise können Sie jemanden warnen, aber es ist nicht sicher, dass man auf Sie hören wird. Aber Sie können immer für die Sicherheit der Betreffenden beten und dafür, dass ihnen schnell geholfen werden möge. Umgeben Sie die Szene mit Licht und bitten Sie die Engel, denen, die sterben, bei ihrer Reise ins Licht zu helfen.

Mein Sohn starb noch als Baby. An seinem zwölften Geburtstag träumte ich, dass ein junger Mann zu mir kam und mich anlächelte. Er strahlte und ich hatte das Gefühl, es wäre mein Sohn. Er sagte mir, dass es ihm gut ginge. Stimmt das?
Ja, Ihr Sohn im Geiste ist mit Ihnen und Ihrer Familie aufgewachsen. Seine Seele hatte beschlossen, auf diese Weise Erfahrungen zu machen und zu wachsen, statt in einem physischen Körper zu leben. Er kam tatsächlich an seinem zwölften Geburtstag zu Ihnen, um Ihnen zu zeigen, dass es ihm gut geht.

Ich habe eine Abtreibung und eine Fehlgeburt hinter mir. Manchmal träume ich von zwei Kindern, die fröhlich im Garten spielen. Könnten dies die Seelen meiner beiden Kinder sein? Und falls ja, wie kann ich ihnen am besten helfen?
Die Seelen Ihrer beiden Kinder kommen im Traum zu Ihnen, um Ihnen zu zeigen, dass es ihnen gut geht. Sie wachsen in Geistkörpern auf und entwickeln sich parallel zu Ihrer Familie. Es hilft ihnen sehr, wenn Sie sie anerkennen. Zum Beispiel können Sie für die beiden zu Weihnachten je eine Christbaumkugel an den Tannenbaum hängen oder zwei Blumen in ihrem Namen pflanzen. Das gibt ihnen das Gefühl, zur Familie zu gehören. Die größte Hilfe, die Sie ihnen aber anbieten können, besteht darin, selbst glücklich zu sein und sie in Ihre Gebete einzuschließen.

Eine Visualisierungsübung mit Gebet für Kinderseelen

- Zünden Sie für jede Seele eine Kerze an.
- Danken Sie ihnen, dass sie Ihr Leben berührt haben.
- Bitten Sie die Engel, sie in Liebe zu hüllen.
- Sprechen Sie folgendes Gebet: »Lieber Gott, ich bitte dich die Seelen dieser Kinder zu segnen und über sie zu wachen.«
- Stellen Sie sich Ihre Kinder als ganz, strahlend, gesund und vollkommen vor.

Als ich im achten Monat schwanger war, träumte ich, dass ein kleines Mädchen zu mir kam, sich vorstellte und mir erzählte, dass sie meine Tochter sei. Ist das nicht wundervoll? Als sie geboren wurde, gab ich ihr den Namen, den sie mir gesagt hatte.

Ja, es ist wirklich wundervoll. Sie müssen sehr offen und empfänglich gewesen sein, dass sie so klar mit Ihnen Kontakt aufnehmen konnte. Die Schwingung eines Namens ist sehr wichtig, weil sie viele Lektionen anzieht. Normalerweise wird er der Mutter vom Kind auf telepathischem Wege mitgeteilt.

Metaphern und Symbole in Träumen

Warum enthalten manche Träume Wortspiele oder Metaphern?
Träume bringen verdrängte Gefühle oder Situationen ins Bewusstsein des Träumenden. Damit diese den Zensor passieren können, kleidet das Unbewusste sie in Wortspiele oder Metaphern.

Ich träumte von einer Henne mit einer rosaroten Brille. Was bedeutet das?
Die Glucke in Ihnen sieht Ihre Familie durch eine rosarote Brille.

Ich will ein Paar Gummistiefel anziehen, aber meine Füße sind zu groß. Was könnte das bedeuten?
Metaphorisch gesprochen sind Sie zu groß für Ihre Stiefel. Es bekäme Ihnen gut, etwas bescheidener und demütiger aufzutreten.

Ich träumte, dass sich mein neuer Freund sonnte, während ich den Vollmond betrachtete. Hat das etwas zu bedeuten?
Ihre Seele will Ihnen klarmachen, dass Sie und Ihr Freund so verschieden sind wie Tag und Nacht. Da Ihr höheres Selbst immer Ihr bestes Interesse im Sinn hat, möchte es, dass Sie sich dessen bewusst sind und sich noch einmal Gedanken über Ihre Beziehung machen.

In meinem Traum lässt ein Kollege von mir einen großen roten Drachen steigen. Bedeutet das etwas?
Drachen steigen lassen macht Spaß, aber die Symbolik weist auch darauf hin, dass seine Ideen keine Grundlage haben, auch wenn sie voller Energie sind, wie Farbe und Größe des Drachens andeuten. Der Traum will Sie daran erinnern, sich vor Übertreibungen zu hüten.

Ich träumte, dass ein Mann im Pyjama schlafwandelnd aus dem Haus kam und eine belebte Straße überquerte.
Der Mann im Traum repräsentiert Ihre männliche Energie, Ihre Extrovertiertheit oder Ihre Karriere. Dieser Aspekt von Ihnen schlafwandelt und bringt Sie in gefährliche Situationen.

In meinem Traum ist meine Schwester hochschwanger und springt über den Mond. In Wirklichkeit ist sie alleinstehend und arbeitet als Journalistin.
Im Traum schwanger zu sein bedeutet, eine kreative Idee zu haben oder an einem kreativen Projekt zu arbeiten. Dieses ist offensichtlich weit fortgeschritten, wie man an dem Stadium der Schwangerschaft ablesen kann. Über den Mond zu springen bedeutet überglücklich zu sein. Wenn Sie von einem anderen Menschen träumen, sollten Sie sich anschauen, welche Eigenschaften Sie dieser Person zuschreiben. Welche Wörter benutzen Sie, um Ihre Schwester zu beschreiben? Was repräsentiert sie? Diese Aspekte von Ihnen sind sehr glücklich mit etwas, das Sie gerade erschaffen. Dieser Traum ist nicht hell-

sichtig, deshalb geht es dabei um Sie und Ihre inneren Prozesse.

Meine Freundin träumte, dass über mir eine gewaltige schwarze Wolke mit silbernen Rändern schwebte. Mir geht es in letzter Zeit nicht so gut.
Dies ist ein hellsichtiger Traum. Ihre Freundin macht sich große Sorgen um Sie und hat von der geistigen Welt die Botschaft erhalten, dass bald ein Silberstreif an Ihrem Horizont auftauchen wird.

Wiederkehrende Träume

Warum wiederholen sich bestimmte Träume immer wieder?
Träume sollen Ihre Aufmerksamkeit auf ein bestimmtes Thema lenken. Wenn Sie nichts mit der Botschaft anfangen und weiterhin in denselben alten Gefühlen oder Situationen stecken bleiben, wird Ihre Seele Ihnen das Thema so lange in Erinnerung rufen, bis Sie sich endlich damit befassen.

Etwa alle sechs Monate träume ich, dass sich ein kleines Mädchen verlaufen hat und niemand seine Hilferufe hört. Ich wache ziemlich verängstigt auf und habe einen Kloß in der Kehle. Was hat dieser Traum zu bedeuten und was kann ich tun?
Ihr erwachsenes Selbst hat bestimmte Überlebensstrategien entwickelt. Ihre Seele will Ihnen mitteilen, dass Ihr

inneres Kind sich aber immer noch verloren und allein fühlt. Als Sie klein waren, haben Sie manchmal gedacht, dass sich niemand für Sie interessiert. Dann wurden Sie sehr traurig. Immer wenn dieses Gefühl wieder aktiviert wird, taucht auch der Traum auf. Als Kind konnten Sie nichts an der Situation ändern, aber als Erwachsene können Sie den Gefühlen des inneren Kindes mehr Beachtung schenken. Es ist höchste Zeit, dass Sie das tun und die Vergangenheit hinter sich lassen.
Denken Sie daran, dass sich Ihr inneres Leben im äußeren widerspiegelt. Solange Sie diesen Traum haben, werden Sie Menschen anziehen, die auf Ihren Gefühlen herumtrampeln.

Bei Träumen dieser Art spielt es keine Rolle, ob Sie ein Mann oder eine Frau sind. Das innere Kind kann ein Mädchen oder ein Junge sein. Es spiegelt lediglich Ihre Yin- oder Yang-Energie wider.

Eine Übung, um dem inneren Kind zu helfen

- Suchen Sie sich einen Platz, an dem Sie eine Zeit lang ungestört sind.
- Schließen Sie die Augen und versetzen Sie sich wieder in den Traum hinein.
- Finden Sie das kleine Mädchen, das sich verlaufen hat und sich so verlassen fühlt.

- Nehmen Sie es in den Arm und sagen Sie ihm, dass es in Sicherheit ist.
- Fragen Sie es, was es braucht, und hören Sie ihm zu, ohne es zu unterbrechen.
- Nutzen Sie Ihre Vorstellungskraft, um dem Kind zu geben, was es braucht, und um seine Ängste zu besänftigen.
- Sagen Sie ihm, dass Sie immer da sein werden, wenn es Sie braucht. Das bedeutet, dass Sie diese Übung über längere Zeit einmal in der Woche ausführen müssen. Beobachten Sie Ihre Gedanken und Gefühle und erfüllen Sie die Bedürfnisse Ihres inneren Kindes.
- Öffnen Sie die Augen und umarmen Sie sich selbst.

Ich muss immer noch lachen, wenn ich an bestimmte Träume denke, die eine Zeit lang immer wiederkehrten. Als ich aufhörte, individuelle Sitzungen zu geben, und anfing, mit Gruppen zu arbeiten, hielt ich die Seminare zunächst bei mir zu Hause ab, aber meine Seele wollte, dass ich größere Seminare überall auf der Welt anbieten sollte. In meinem ersten Traum rannte eine Herde Büffel durch mein Arbeitszimmer und suchte den Weg nach draußen. In meinem zweiten war mein Garten voller wilder Tiere, die in die freie Wildbahn hinauswollten. Der dritte war sogar noch eindeutiger. Ein großer blauer Fisch sprang aus einem kleinen Teich und kroch über trockenes Land zu einem größeren Teich. Der Fisch ist für mich ein spirituelles Symbol und blau ist die Farbe der Kommunikation. Es war der letzte Traum, der mich endlich überzeugte, dass ich mich vergrößern müsse.

Ich habe denselben Traum im Lauf der letzten Jahre immer und immer wieder geträumt. Ich war auf Geschäftsreise und als ich wieder nach Hause komme, entdeckte ich, dass ich vergessen habe, meinen Hund und meine Katze zu füttern, die beide bis aufs Skelett abgemagert sind. Ich bin geschäftlich viel unterwegs, aber ich habe keine Haustiere. Haben diese Träume etwas zu bedeuten?

In diesem Fall bedeutet das Reisen, dass Sie den Kontakt zu Ihrem Bewusstsein verloren haben. Sie haben vergessen, dass Sie Nahrung brauchen: Nahrung auf körperlicher, emotionaler, mentaler und spiritueller Ebene. Die Katze repräsentiert die weibliche Energie, den hellsichtigen, nährenden, weisen und liebevollen Teil Ihres Selbst. Der Hund repräsentiert die männliche Energie, die Art und Weise, wie Sie Ihren Lebensunterhalt verdienen, wie Sie sich verteidigen und wie Sie Dinge logisch durchdenken. Sie geben keinem dieser Aspekte die nötige Nahrung. Sie werden wissen, dass Sie diese Dinge ins Gleichgewicht gebracht haben, weil die Träume dann aufhören werden.

Wenn Sie träumen, dass jemand verhungert, sollten Sie sich folgende Fragen stellen: Werden meine emotionalen Bedürfnisse erfüllt? Esse ich die richtige Nahrung? Werde ich geistig angeregt? Habe ich eine spirituelle Praxis?

Ich träume häufig, dass ich fliegen kann. Ich fühle mich dabei frei und voller Kraft. Und dann wache ich in meinem normalen Alltag wieder auf. Warum habe ich immer wieder diesen Traum und was hat er zu bedeuten?
Es gibt drei Möglichkeiten, diesen Traum zu interpretieren. Es mag sich um einen hellsichtigen Traum handeln, der Sie daran erinnert, dass Ihr Geist nachts ohne Ihren Körper fliegt. Es kann auch ein wunscherfüllender Traum sein, in dem Ihnen Ihr Wunsch, frei und mächtig zu sein, auf metaphorische Weise präsentiert wird. Wenn das intuitiv richtig zu sein scheint, sollten Sie sich überlegen, was Sie tun können, um dieses Gefühl auch im Alltag zu haben. Dann müssen Sie noch darauf hinarbeiten. Bedenken Sie, dass die Umstände Sie nicht eingrenzen, nur Ihr Verstand kann das. Das Leben wird sich Ihren Erwartungen anpassen.
Drittens kann es sich aber auch um einen Traum aus einem vergangenen Leben handeln. Die Eingeweihten von Atlantis wussten, wie man die Schwerkraft überwindet. Sie flogen, um in den Tempel des Poseidon zu gelangen. Sie besaßen große Kräfte. Wenn Ihnen das richtig zu sein scheint, meditieren Sie über Atlantis und üben Sie sich in Visualisierung und Gedankenkontrolle, um sich Ihre Weisheit und Ihre höheren Kräfte wieder anzueignen.

Ich träume manchmal, dass ich unterwegs bin und von einer Klippe falle. Was hat das zu bedeuten?
Bitte passen Sie auf, wohin Sie gehen. Es wird Probleme geben, die Sie jetzt noch nicht erkennen können, die aber

ernsthafte Herausforderungen darstellen. Ihre Seele möchte, dass Sie diese Probleme vermeiden.

Dies ist ein klassischer Traum, der von der Angst zu versagen handelt. Sie sollten sich fragen: Kann ich mir auf irgendeine Weise selbst ein Bein stellen? Wird das befürchtete Ergebnis wirklich so schrecklich sein? Ein solcher Traum soll Sie daran erinnern, dass Sie Bilanz ziehen und sich überlegen müssen, was Sie tun können und was nicht. Halten Sie nach Fallgruben Ausschau. Meditieren Sie über den Erfolg. Überlegen Sie sich, was Sie erreichen wollen, und stellen Sie sich das gewünschte Ergebnis so bildhaft wie möglich vor. Bleiben Sie dabei aber entspannt und locker.

Graham konnte sich nur selten an seine Träume erinnern, daher war er ziemlich verwirrt, als er zum dritten Mal in drei Monaten mitten aus einem sehr eindrücklichen Traum aufwachte. Er war im Begriff hinzufallen und sich die Nase aufzuschlagen.
Wir sprachen darüber, über was er im Leben stolpern könnte und was seine Nase für ihn bedeutete. Eine Nase steht traditionellerweise entweder für die Intuition oder für Neugierde. Er errötete, als ich ihm dies sagte.
»O«, sagte er, »ich mache mir Sorgen um meine Frau und habe in ihr Tagebuch geschaut, um herauszufinden, was sie so treibt, wenn sie spät nach Hause kommt. Könnte das der Teil mit der Nase sein? Was meinen Sie?«
Ich nickte und fragte: »Und was macht Ihre Frau Ihrer Intuition nach?«
Er antwortete spontan: »Ich glaube, sie trifft sich mit einem anderen Mann. Das würde mich wirklich umhauen.« Er sah einen Moment lang ziemlich gequält aus.

Er überlegte eine Weile und kam zu dem Schluss, dass sein Misstrauen seine Ehe gefährdete. Daraufhin bemühte er sich mehr um seine Frau. Die Beziehung überlebte, möglicherweise weil er auf die dreifache Warnung des Traumes gehört hatte.

In meinem Traum kommen folgende Elemente vor: Ich bin immer gefesselt oder angekettet und vor der Tür steht ein bösartiger Wächter. Er weigert sich, mich herauszulassen, und ich bin völlig frustriert. Was kann das bedeuten? Was kann ich tun, damit der Traum aufhört? Wenn ich aufwache, bin ich völlig verspannt und gestresst.
Die Disziplin in Ihrem Leben ist aus dem Gleichgewicht geraten und ist zur Kontrolle geworden. Ihre Seele will Ihnen sagen, dass Sie sich mehr entspannen und Spaß haben sollen.

Dies ist der typische Traum eines Arbeitssüchtigen, der sich keinen Spaß gönnt, oder eines Menschen, der das Gefühl hat, er könne einer bestimmten Situation nicht entkommen, obwohl er sich selbst in diese gebracht hat. Was es auch sein mag, es bringt Sie auf Ihrem spirituellen Weg nicht voran, deshalb sollten Sie sich erlauben, mehr Spaß im Leben zu haben. Genießen Sie Ihr Leben einfach!

In einem Traum, den ich häufig träume, rase ich in einem außer Kontrolle geratenen Sportwagen dahin. Würde es mir helfen, diesen Traum zu verstehen?
Sie rasen zu schnell durchs Leben. Der Traum will Sie warnen und rät Ihnen, die Dinge langsamer anzugehen,

solange Sie dazu noch in der Lage sind. Nehmen Sie das Leben etwas leichter, bevor etwas geschieht, über das Sie keine Kontrolle mehr haben.

Wenn man sich im Traum zu schnell bewegt und die Kontrolle verloren hat, stellt dies eine Warnung dar. Vielleicht treffen Sie Entscheidungen auf übereilte Weise oder arbeiten zu viel; vielleicht sind Sie überstürzt eine Beziehung eingegangen oder wollen auf allen Hochzeiten tanzen. Der Traum zeigt an, dass es an der Zeit ist, auf die Bremse zu treten.

Spirituelle Träume

Ich hatte jahrelang Schulterprobleme und habe seit langem um Heilung gebetet. Nachdem ich *Angel Inspiration*[8] gelesen hatte, bat ich darum, während des Schlafes vom Erzengel Raphael geheilt zu werden. In der folgenden Nacht träumte ich, dass mir goldene Hände über den Nacken strichen. Als ich erwachte, waren die Schmerzen verschwunden, und sind bisher nicht wiedergekommen. War wirklich ein Engel da, um mich zu heilen?

Ihre Gebete wurden erhört. Ihre Seele besuchte in der Nacht den Erzengel Raphael und wurde von ihm gesegnet. Dadurch wurden Ihre körperlichen Symptome geheilt.

---

8 Deutsch: *Die Engel, deine Freunde. Vom Wirken himmlischer Mächte im Alltag.* Ansata, München 2003

Als mein Vater starb, war ich außer mir vor Trauer. Ich betete und träumte, dass ein Engelchor über meinem Bett sang. Ich spürte, wie aller Schmerz aus meinem Herzen verschwand.
Die Engel haben tatsächlich für Sie gesungen. Sie haben Ihre Gebete erhört, Ihre Trauer gespürt und ihr göttliches Mitgefühl über Sie ergossen. Ihre Liebe und die Schwingung ihres Gesanges lösten den Schmerz auf.

Mir träumte, ich ritt auf einem wunderschönen weißen Einhorn. Es fühlte sich ganz wunderbar an. Ist das auf irgendeiner Ebene wirklich geschehen?
Wie die Engel so sind auch Einhörner ätherische Wesen, die Sie normalerweise nicht wahrnehmen können, es sei denn, Sie sind medial begabt. Aber im Traum können Sie ihnen begegnen. Ihr Einhorn hat Sie aufgesucht, um Sie über die normalen Grenzen des Verstandes hinauszuführen und um Sie an die Magie und das Mysterium des Lebens zu erinnern. Dieses göttliche Geschöpf wird Ihnen helfen, nach einer höheren Vision zu streben und diese voller Mut und Würde zu erfüllen.

Ich träumte, dass ich mit einer Gruppe Delphine schwamm. Einer von ihnen sah mich voller Liebe an, sodass mein Herz dahinschmolz. Dann hatte ich das Gefühl, als ob etwas in mein drittes Auge einprogrammiert werden würde. Ist es möglich, dass dies tatsächlich in einer anderen Dimension geschehen ist?
Ja. Sie haben eine große Affinität zu Delphinen, die die Hüter der Meere und die Bewahrer großen Wissens sind.

Einiges davon wurde auf Sie übertragen. Gleichzeitig öffnete sich Ihr Herz, um ihre Liebe zu empfangen.

Ich träumte, dass eine alte Frau mir einen Amethyst gab. Hat das irgendeine Bedeutung?
Greisinnen waren traditionell weise Frauen. Ein Amethyst ist der Stein der Umwandlung. Mit ihm kann man die höheren spirituellen Dimensionen erreichen. Während des Schlafs wurde Ihre Weisheit aktiviert und Ihnen wurden Ihre psychischen Gaben zurückgegeben.

Meine Mutter war senil und benahm sich mir gegenüber ziemlich gemein. Ich mochte sie nicht. Eines Nachts hatte ich einen sehr eindrücklichen Traum, in dem sie mir als wunderschöne, strahlende junge Frau erschien, die mich voller Liebe anblickte. Ich erwachte in dem sicheren Gefühl, dass mich ihr höheres Selbst besucht hatte. Es war etwas ganz Besonderes.
Ja, das höhere Selbst Ihrer Mutter ist ein wunderschönes Wesen, das sich völlig von der Persönlichkeit unterscheidet, die sie auf Erden hatte. Sie konnte ihre Liebe zu Ihnen nicht ausdrücken, deshalb wurden Sie von ihrem höheren Selbst besucht, damit Sie begreifen, wie sehr sie Sie geliebt hat.

Ich träumte, mir wurde vom Grafen Saint Germain ein Symbol gezeigt. Kann das real sein und was soll ich damit anfangen?
Saint Germain ist einer der Erleuchteten. Sie waren im Schlaf bei ihm und er lehrte Sie etwas. Das Symbol ist der Schlüssel, um einen bestimmten Teil Ihres Geistes aufzu-

schließen. Zeichnen Sie ein Bild davon und sehen Sie es sich häufig an, damit es seine Arbeit im Unbewussten tun kann.

Vor einigen Jahren wachte ich aus einem sehr lebhaften Traum auf, in dem ein junger Mann einem tibetischen Mönch begegnet, der ihm vor seinem Tod eine atlantische Schriftrolle übergibt. Er sagt Marcus, dass es seine Bestimmung ist, diese zu übersetzen und den Inhalt überall auf der Welt zu verbreiten. Der Traum spielte im Himalaja. Ich schrieb den Traum sorgfältig auf, weil ich ohne jeden Zweifel wusste, dass mir der erste Teil eines spirituellen Romans übermittelt worden war. Interessant ist, dass ich im Himalaja geboren wurde. Ein Jahr später traf ich meine Tochter in Indien, um mit ihr den Urlaub zu verbringen, und plötzlich waren wir in einer Szene aus dem Traum. Es benötigte ein weiteres Jahr und viele Reisen, bevor mir der Rest der Geschichte offenbart wurde. Schließlich wurde daraus *The Silent Stones*[9], der erste Teil meiner Romantrilogie.

Ich träumte, dass ich zu einem Baum am Ende meines Gartens ging und dort Elfen tanzen sah. Sie sahen mich nicht, aber ich sah ihnen eine ganze Weile wie verzaubert zu. Dann erwachte ich. War das real?
Sie haben also Elfen in Ihrem Garten tanzen gesehen. Im Traum waren Sie in der Lage, sich auf ihre Frequenz einzustimmen. Jetzt, da Sie wissen, dass es sie tatsächlich gibt und eine Schwingung haben, die für die meisten Menschen nicht sichtbar ist, sollten Sie dafür sorgen, dass in Ihrem Garten kein Gift benutzt wird, damit sie sich dort willkommen fühlen. Sie werden es Ihnen danken, indem sie den Garten noch schöner machen.

---

9 Deutsch: *Das Schweigen der Steine*. Heyne, München 2007

Schlusswort

Ich hoffe, dieses Buch hat Ihnen geholfen, das Leben von einer höheren und positiveren Perspektive aus zu betrachten. Es hat wahrscheinlich einige Ihrer Fragen beantwortet, aber viele andere vermutlich unbeantwortet gelassen. Ihr Schutzengel ist immer ganz in Ihrer Nähe und ist bereit, Ihnen auf Ihre Fragen zu antworten. Bitte fragen Sie ihn und werden Sie dann ganz still, damit Ihr Engel Ihnen die gewünschten Informationen übermitteln kann.

Ihre Engel helfen Ihnen in allen Lebensbereichen. Stimmen Sie sich auf ihre Energie ein, dann werden sie Sie unterstützen. Es ist an der Zeit, dass wir alle vertrauensvoll voranschreiten.

Verzeichnis der Übungen, Visualisierungen und Gebete

Visualisierungsübung, um Kontakt zu Ihrem Schutzengel aufzunehmen 15
Meditation, um dem Engel von Atlantis zu begegnen 32
Wie man die Gold und Silber violette Flamme nutzt 61
Wie Sie das Licht in Ihrem Haus verstärken können 66
Gebet für ein spirituelles Leben 81
Eine Übung, um sein Glaubenssystem zu ändern . . 83
Eine Visualisierungsübung, um Ihr Glaubenssystem zu erforschen 84
Affirmationen, um eine neue Arbeitsstelle zu finden 91
Eine Übung, um Klarheit zu erlangen 91
Eine Übung, um die perfekte Beschäftigung zu finden 92
Visualisierungsübung für Pflegepersonen 99
Eine Übung, um Ihre Situation zu verändern 101
Eine Visualisierungsübung, um Ziele zu erreichen . . 113
Eine Übung, um mit Bäumen Kontakt aufzunehmen 117

Eine Übung, um jemanden zu helfen, sich zu erden 145
Eine Übung, um Auras sehen zu lernen 155
Gebet an die Einhörner 176
Visualisierungsübung, um jemandem ein Einhorn zu schicken 176
Visualisierungsübung, um mit Ihrem Einhorn zu arbeiten 177
Eine Übung, um Jugendlichen zu helfen 182
Gebet für Jugendliche mit Suchtproblemen 183
Eine Übung, um sich seinen Gefühlen zu stellen . . . 188
Gebet für die Seele eines ungeborenen Kindes 194
Wie man Kindern und Jugendlichen helfen kann . . 206
Visualisierungsübung, um jungen Menschen zu helfen 207
Was Sie tun können, um Mördern zu helfen 235
Gebet für jene, die sich das Leben genommen haben 239
Gebet, um jemandem zu helfen, ins Licht zu gehen . . 240
Visualisierungsübung, um das Gebet zu verstärken . . 241
Gebet an die Herren des Karma 253
Visualisierungsübung, um ein Familienmuster aufzulösen 254
Eine Übung, um die Bindung an ein zur Adoption freigegebenes Kind aufzulösen 258
Was man mit genetisch veränderten Nahrungsmitteln tun kann 278
Was man gegen Umweltverschmutzung tun kann . . 290
Gebet zur Regeneration eines verschmutzten Ortes . . 291
Visualisierungsübung für eine saubere Umwelt . . . 292

Visualisierungsübung, um das innere Kind zu heilen 301
Eine Übung, um das Herz für einen anderen Menschen zu öffnen 303
Was Sie tun können, um Wut loszulassen. 304
Affirmationen, um sich der Liebe zu öffnen 305
Visualisierungsübung, um sich von jemandem zu lösen 306
Visualisierungsübung, um das Herz zu heilen 307
Atemübung: Liebe atmen 308
Atemübung: Einem anderen Menschen Liebe schicken 308
Gebet zur Heilung des Herzens 309
Vergebungssatz, um Ängste aufzulösen 322
Visualisierungsübung, um das Sexual-Chakra zu reinigen 326
Was Sie tun können, um der Gesellschaft zu helfen 329
Wie man seine persönliche Integrität verbessern kann 331
Visualisierungsübung, um sich zu schützen 335
Was Sie tun können, um sich zu schützen 335
Eine Visualisierungsübung für Frieden. 336
Affirmationen, um sich sicherer zu fühlen 337
Was Sie tun können, um in Ihrer Nachbarschaft Harmonie herzustellen 338
Wie man alten Menschen helfen kann 343
Eine Übung, um das Altersdasein lichtvoller zu gestalten 344
Visualisierungsübung, um die Welt zu heilen 354

Visualisierungsübung, um sich die Freiheit zu bewahren 362
Eine Übung zu Beginn des Tages 367
Eine Übung, um Ruhe und Gelassenheit zu finden . 370
Ein Gebet für die Tiere 385
Eine Visualisierungsübung, um Tieren zu helfen . . . 385
Ein Gebet, um die Nahrung zu segnen 387
Was Sie tun können, um Tieren zu helfen 388
Ein Gebet für die Kühe 393
Eine Übung, um etwas zum Wohle aller zu manifestieren 403
Eine Zeichenübung, um etwas zum Wohle aller zu manifestieren 404
Eine Visualisierungsübung, um Katastrophenopfern zu helfen 420
Eine Übung, um widerstreitende Persönlichkeitsanteile zu versöhnen 426
Visualisierungsübung, um sich zu schützen 431
Eine Übung, um mit einem Traum zu arbeiten 433
Eine Übung, um einen Traum zu erforschen 435
Eine Visualisierungsübung, um sich zu läutern 438
Eine Visualisierungsübung, um die Meister um Informationen zu bitten 440
Eine Visualisierungsübung mit Gebet für Kinderseelen 446
Eine Übung, um dem inneren Kind zu helfen 450